中华上下五千年

珍藏版

三读国学馆 编

6

清朝
中华民国
大事年表

线装书局

第16章 清朝

清朝是中国历史上第二个由少数民族（满族）建立并统治全国的封建王朝，也是中国历史上最后一个封建王朝。1616年，女真族首领努尔哈赤建立后金政权；1636年，皇太极即皇帝位，改国号为清；1644年，世祖入关，定都北京，逐步统一全国。清朝从皇太极改国号为清起，共历十一帝，二百七十六年。清朝的人口数量是历代封建王朝中最多的，清末时达到了4亿以上。清朝开疆拓土，鼎盛时领土达1300多万平方公里。康熙年间，统一了台湾；乾隆中叶，平定准噶尔叛乱，统一了新疆，一举解决了中国历史上游牧民族和农耕民族之间旷日持久的冲突，奠定了现代中国版图的基础，增强了中华民族的团结力和凝聚力。

努尔哈赤

明朝政治越来越腐败，边防也越来越松弛，在我国东北地区的女真族的一支——建州女真趁机扩大势力，开始强大起来，它的领袖就是爱新觉罗·努尔哈赤。

爱新觉罗·努尔哈赤（1559—1626），生于明建州左卫赫图阿拉（在今辽宁新宾）一个女真族奴隶主的家庭里。其祖父觉昌安、父亲塔克世都曾先后担任过明朝的官职，史籍中有的说是"都督"，有的说是"都督佥事"。

明万历十一年（1583年），建州女真部有个图伦城的城主尼堪外兰，带引明军攻打古勒寨城主阿台,而阿台的妻子是觉昌安的孙女。觉昌安收到消息,便带着塔克世到古勒寨探望孙女,正碰上明军攻打古勒寨,觉昌安和塔克世在混战中都被明军杀死了。努尔哈赤得知祖父和父亲双双惨死后,痛哭了一场,并想为他们报仇,但是想到自己的力量太小,不敢得罪明军,就把一腔怨恨全集中在了尼堪外兰身上。他跑到明朝官吏那里说:"杀我祖父、父亲的是尼堪外兰,只要你们把尼堪外兰交给我,我也就甘心了。"然而明朝官吏只把他祖父、父亲的遗体交还给他,但不肯交出尼堪外兰。

努尔哈赤满腔悲愤地回到家里,翻出了他父亲留下的13副盔甲,分发给他手下的士兵,就下令向图伦城进攻。努尔哈赤英勇善战,尼堪外兰根本不是他的对手,只得狼狈逃走。努尔哈赤攻克了图伦城后,继续追击,趁机又征服了建州女真的一些部落。

尼堪外兰东奔西窜,最后逃到了鄂勒珲,请求明军保护。而努尔哈赤也追到了那里。明军看他不肯罢休,怕因此引起战争,就将尼堪外兰交给了努尔哈赤。

努尔哈赤杀了尼堪外兰,声势越来越大,过了几年,他便统一了建州女真。这就引起了女真族其他部的恐慌。当时的女真族,共有三部,除了建州女真之外,还有海西女真和东海女真。海西女真中有个叶赫部实力最强。1593年,叶赫部联合了女真、蒙古的九个部落,结成联盟,合兵三万,开始分三路进攻努尔哈赤。

努尔哈赤听到九部联军来攻,便事先做好了迎战的准备。他在敌军来的路上埋伏了精兵;在路旁山岭边,也安放了滚木礌石。待一切安排妥当,他就安安稳稳睡起觉来。

第二天,建州派出的探子回报敌兵人数众多,将士们听了有点害怕。努尔哈赤就解释说:"别害怕,现在我们占据险要地形,敌兵虽然多,不过是乌合之众,一定会互相观望。如有哪一个领兵先攻,我们就杀他两个头目,不怕他们不退。"

九部联军到了古勒山下,建州兵在山上严阵以待,先派出了一百骑兵迎战。叶赫部一个头目冲来,马却被木桩绊倒,建州士兵把他杀了,另一头目看到这情景被吓昏了过去。这样一来,九部联军没有统一指挥,四散逃窜,而后努尔哈赤乘胜追击,击败了联军。又过了几年,他基本统一了女真族各部。

为了便于作战和生产,努尔哈赤把女真族各部编为八个旗,即正黄、正白、正红、正蓝、镶黄、镶白、镶红、镶蓝,分别以不同的旗帜颜色命名和做标志。作为军队最高统帅，努尔哈赤还亲自统领正黄旗、镶黄旗，其余六旗则由其子、弟统领。此外，努尔哈赤在经济和文化领域也都有所建树，不但开矿冶铁，制造兵器，发展手工业，放养柞蚕，种植粮食，还创造了自己部落的文字，称为满文。

万历四十四年（1616年），努尔哈赤在赫图阿拉建都，自称大汗，定国号为大金，史称"后金"，年号天命。1618年，努尔哈赤召集八旗首领，商议如何对付明朝，而后与众将誓师，宣布与明朝为敌，正是因为曾有七件事同明朝结下了冤仇，这七件事便被叫作"七大恨"。这第一恨就是明朝无端挑衅，杀了他的祖父和父亲。因这仇恨，他誓与明朝不共戴天，并决定出兵讨伐明朝。

天命三年，努尔哈赤开始向明朝宣战。他公布了"七大恨"的檄文，以示师出有名。而后八旗子弟挥师南下，短短八九年间，抚顺、清河等明朝在辽东辽西的军事重镇先后落入后金军队之手。特别是著名的萨尔浒战役，使明朝与后金之间的力量对比、战争态势发生了根本性的转折，后金实力开始上升，而明朝则一天天转为守势。

努尔哈赤所向披靡，马鞭几乎指到了山海关。但就在这时，67岁的"马上皇帝"努尔哈赤，在宁远城（今辽宁兴城）遭到了明朝大将袁崇焕（1584—1630）的顽强抵抗，最后努尔哈赤受伤，兵退盛京（今辽宁沈阳），不久，忧郁成疾，死于背痈（皮肤和皮下组织发炎引起的毒疮）。这年是明天启六年，后金天命十一年，公历1626年。努尔哈赤死后第三年，被葬于福陵。

努尔哈赤创建的后金在他死后第20年，被改国号为"清"，因此，努尔哈赤不仅是名义上的，也更是实际上的清朝奠基人，是清代"第一帝"。

八旗制度

八旗制度由努尔哈赤开创。

八旗制度由女真人的牛录制扩充而来。一牛录为三百人，首领称"牛录额真"（汉译"佐领"）；五牛录为一甲喇，首领称"甲喇额真"（汉译"参领"）；五甲喇为一固山,首领称"固山额真"(汉译"都统")。每一固山有特定颜色的旗帜,当时有红、黄、蓝、白四种颜色的旗帜。万历四十三年(1615年),满洲军建制扩大,又增设镶黄、镶白、镶红、镶蓝四个固山,共有八个固山,六万人。"固山"是满语,即"旗"的意思,所以八固山亦称"八旗"。

努尔哈赤将全体女真人都编入了八旗之中,实行一种军政合一的制度。每旗的固山额真皆由贵族担任,称为"旗主",一般百姓则称"旗下"。旗民出则为兵,入则为民,有事征调,无事耕猎。在行军时,逢地广则八旗分路并行,逢地狭则合为一路。征战时,长矛大刀为先锋,善射者从后射击,精兵相机接应。八旗兵彪悍善战,纪律严明,所向披靡。努尔哈赤及其继承者就是依靠这支武装力量,打败了明朝军队和李自成的起义军,统一了全国。在八旗制度下,旗主对旗下进行封建统治和剥削。努尔哈赤则高居八旗主之上,为八旗的首领。

萨尔浒之战

完成女真各部的统一大业后,努尔哈赤便将矛头指向了明政权。万历四十七年(1619年)三月初一至初六,后金军只花了5天时间,便以6万人的兵力,在萨尔浒(在今辽宁抚顺东浑河南岸)打败了明军十几万人。这可算是与明军交战的关键性一役,为其后来频繁战胜明军打下了心理上和实战上的基础。

万历四十六年(1618年),努尔哈赤陆续攻陷抚顺、清河等地,使明朝廷震惊不已。为了巩固辽东地区的统治,明朝廷决定集结部队反击,将努尔哈赤部彻底剿灭。

明朝廷任命杨镐为经略,率军分四路,进攻后金都城赫图阿拉,同时筹饷集粮,在后勤上给予了充分保障。这是一场看似一边倒的战争,不过,事实却不一定符合多数人的想法。

明四路大军原商定于万历四十七年(1619年)二月二十四日共同行动,但因大雪挡道,赶到时都比预定的时间要晚。最后,杜松等率兵于二月二十八日由沈阳进军,从西面向后金发动进攻;李如柏等于三月一日出清河鸦鹘关口,攻击后金军南面;马林等于二月二十八日出三岔口,向后金军北面发动进攻;刘綎等则于二月二十五日出宽甸口,从东面发动进攻。

明军虽然在人数上占优势,但是缺乏统一指挥,各自为战,加上山地交通阻塞,很多弱点都暴露了出来。

就在明军大举压境时,努尔哈赤一直密切关注着明军动向。

三月初一清晨,努尔哈赤接到情报,了解到明军杜松部已经出了抚顺关,便召集部下开会,商讨对策。那时,后金所有兵力加起来也不过6万人,面对几十万的明军,一些人产生了畏惧情绪,低头不语。他们都希望努尔哈赤能给出万全之策。

针对当时明军兵分四路的情况,努尔哈赤果断下令:不管他们是几路来,我们只管攻其一路。最终,努尔哈赤的决定得到了众人的拥护。一场以少胜多的战斗就此拉开了序幕。

担任此次主攻任务的杜松出抚顺关后,就在萨尔浒山安营扎寨。杜松,陕西榆林人,将门之后,是位久经沙场的老将,战功赫赫。不过,杜松为人性格急躁,喜欢骂人,而且还酗酒、贪功,显然不是个帅才。

当时天正下着鹅毛大雪,杜松想抢第一功,也不管天气如何,只是督促士兵急行军。这样做,起先确实得了点便宜:他先攻占了萨尔浒山口;接着又兵分两路,把一半兵力留在萨尔浒扎营,自己带了另一半精兵攻打后金的界凡城。当杜松率明军赶到浑河岸边时,天色已晚,但他仍然命令军队渡河。

杜松分散兵力的做法,让努尔哈赤非常高兴。他找到了突破口,于是集中八旗所有兵力,一鼓作气拿下了驻扎在萨尔浒的明军大营,断了杜松的退路。接着,又让部队加速援救界凡。

杜松率部准备过河,哪里知道努尔哈赤早做了准备:他已命人在上游填沙阻水,当明军渡河时,掘开上游的沙堆,一时间,河水猛涨,明军被淹死的有千余人,而武器也没办法运送过河。与此同时,驻守在界凡的后金军从山上猛压过来,明军顿时被打得七零八落。

随后,努尔哈赤亲率大军赶到,对明军形成了合围之势。杜松虽然骁勇善战,但此时的明军乱成了一锅粥,无论杜松如何命令,军队就是无法组织起有效的抵抗。最终,作为统帅的杜松,也在阵脚大乱中,被一箭射死了。

至此,杜松这一支人马彻底覆没。

而北路的马林从开原进发,刚到离萨尔浒40里处,就听到杜松已经阵亡,吓得顿时没了主张,只好就地摆出了"牛头阵"。他亲自率兵驻尚间崖,依山结成方阵,四面深挖三道壕沟,布置红衣大炮等火器,等待着努尔哈赤的到来。

在消灭了杜松部后,努尔哈赤便率部北上,天黑时,宿于巴尔达岗;大贝勒代善则带领部队宿于哈克山;其他诸贝勒大臣率军沿土木河警戒,警惕来犯之敌。

三月初二清晨,努尔哈赤和四贝勒皇太极率部众进攻斡珲鄂漠,歼灭了龚念遂、李希泌部。随后率军快速逼近尚间崖,并命八旗兵下马步战。大贝勒代善勇敢无畏,直接杀入了明军阵中,二贝勒阿敏、三贝勒莽古尔泰等人,也参与了战斗。

狭路相逢勇者胜,在激战中,明军被打得溃不成军。与此同时,待命的八旗兵在收到努尔哈赤的命令后,纵马飞驰,朝马林大营冲去。顷刻之间,马林大营被冲得七零八落,大小将士多数战死,总兵马林跑得快,才总算保住了性命。

此时的杨镐,正在沈阳等待各路汇报获胜的战况,他哪里想得到,收到的会是两路人马覆灭的消息,这让他非常吃惊。这时他才知道努尔哈赤根本就不是一个很好对付的人。于是他调整策略,紧急命令另外两路明军马上停止进攻。

中路右翼主将辽东总兵李如柏生性胆小,接到杨镐命令后,如遇大赦,急忙撤兵。正在巡逻的后金哨兵远远看到明军后退,大声鼓噪,明军以为后金兵正在追来,因而争先恐后地逃跑,自相践踏,死伤无数。

杨镐发出停止进军的命令时,南路统帅刘𬘩部已深入后金军阵地,两路军队接连失败的消息,他一点也不知道。刘𬘩是一员猛将,人送外号"刘大刀"。而刘𬘩部纪律严明,武器火药也充足,进入后金阵地后,连破了几个营寨。

因刘𬘩骁勇善战,与他硬拼,很难取胜,所以只能靠智取。努尔哈赤由此心生一计,他找来一个已投降的明兵,让他冒充杜松部下,送信给刘𬘩,就说杜松部已到赫图阿拉城下,让其会师攻城。而刘𬘩此时根本不知道杜松部已经覆灭,自然信以为真。他担心杜松独占头功,便命令部队火速前进。由于去赫图阿拉城的道路狭窄,并行不可能,只好改成单行军。刘𬘩部走了一会儿,突然之间喊杀声四起,前后左右全是后金伏兵,他们一起向明军杀来。

面对突然的变化,刘𬘩也失去了方寸,急得像热锅上的蚂蚁。这时他看见一支明军赶来,便以为是杜松派来接应的,因此毫不怀疑。哪知道这支部队是努尔哈赤部队伪装的。刘綎虽然勇敢,但面对层层包围,到底显得力不从心,他左右两臂都受了重伤,最终倒下了。

得知三路大军都已溃败后,杨镐急忙下令撤兵。不久,杨镐也被朝廷处死了。

萨尔浒之战,是后金与明朝廷角力过程中的一场关键性战役。此战后,后金政权便掌握了辽东地区攻防主动权,后金军也由起先的战略防御开始转入战略进攻,而明军则只能处于防御状态。至此,后金政权被大大地稳固了。

袁崇焕横戈戍边

当魏忠贤的阉党把明朝朝政闹得乌烟瘴气的时候,后金大汗努尔哈赤正不断在辽东进攻明军。萨尔浒大战以后,明王朝派了一位老将熊廷弼上任指挥辽东军事。熊廷弼是个很有才能的将领,可是担任广宁(今辽宁北镇市)巡抚的王化贞却认为熊廷弼上任,影响了他的地位,于是他千方百计阻挠熊廷弼的指挥。1622年,努尔哈赤向广宁进攻,王化贞带头逃进关内。熊廷弼无法抵御,就只好保护一些百姓退到山海关内。

广宁失守后,明王朝不分青红皂白,就把熊廷弼和王化贞一起打进了大牢。魏忠贤则趁机向熊廷弼敲诈勒索,要熊廷弼拿出四万两银子,才免他死罪。而熊廷弼是个正派人,严词拒绝了他。于是阉党就诬陷熊廷弼贪污军饷,把他处死了。

明王朝杀了熊廷弼,该派谁去抵抗后金军呢?掌管军事的兵部衙门正在着急,恰恰在这个时候,刚从福建调入兵部任主事(官名)的袁崇焕忽然失踪。衙门里的人找到他家里,家里的人也不知道他的去向。过了几天,袁崇焕才回来,原来他看到国事危急,单独一个人骑着马到山海关外视察去了。

袁崇焕详细研究了关内外的形势,回来向兵部尚书孙承宗报告,并且说:"只要给我人马军饷,我能负责守住辽东。"

一些朝廷大臣已被后金的攻势吓破了胆,听袁崇焕自告奋勇说能守住辽东,也都赞成让袁崇焕去试一试。明熹宗批给他20万两饷银,要他负责督率关外的明军。

关外经过几年战争,一片荒凉,遍地都是死亡兵士的尸骨,加上冰天雪地,野兽横行,条件十分艰苦。袁崇焕出关后,带着几个随从兵士,连夜在荒野上骑马奔驰,天没亮就到了宁远的前屯。而后他在那里收容难民,修筑工事。那里的将士非常钦佩袁崇焕的勇气和毅力。

袁崇焕在关外,经过一番实地考察后,决定派兵进驻宁远,在那里修筑防守工事。他把他的想法报告朝廷后,立刻得到了孙承宗的支持。于是,袁崇焕在宁远筑起了三丈二尺高、二丈宽的城墙,装备了各种火器、火炮。孙承宗还派了几支人马分驻在宁远附近的锦州、松山等地,声援宁远。袁崇焕号令严明,受到了军民的普遍爱戴。关外各地的商人听说宁远防守巩固,也都从四面八方来到宁远。辽东的危急局面很快被扭转过来了。

正当孙承宗、袁崇焕守卫辽东有了进展的时候,他们却遭到了魏忠贤的猜忌。魏忠贤唆使阉党说了孙承宗不少坏话,使得孙承宗被迫离职。随后,魏忠贤派了同党高第指挥辽东军事。高第是个庸碌无能的家伙,他一到山海关,就召集将领开会,说后金军太厉害,关外没法防守,要各路明军全部撤进山海关内。

袁崇焕坚决反对撤兵,他说:"边关御敌,我只知进,不知退,已经收复的地方,怎能轻易放弃!"高第硬要袁崇焕放弃宁远。袁崇焕气愤地说:"我是宁远、前屯的守将,死也死在任上,决不后撤。"

高第说服不了袁崇焕,只好答应袁崇焕将一部分明军留在宁远,然后下命令要关外其他地区的明军,限期撤退到关内。这道命令下得十分突然,各地守军毫无准备,只得匆匆忙忙地退兵,把储存在关外的十几万石军粮丢得精光。

努尔哈赤看到明军撤退的狼狈相,觉得明朝很容易对付,1626年,他亲自率领13万大军,渡过辽河,进攻宁远。

那时候,守卫宁远周围几个据点的明军都已经撤走,但是袁崇焕并不气馁。他咬破指头,写了一份誓死抗金的血书给将士们看,并且说了一番激励将士的话。将士们听了,都感动得热血沸腾,纷纷表示一定跟着袁将军死守宁远。接着,袁崇焕命令城外百姓带着全部粮食、用具撤进城里,再把城外的民房烧掉,叫后金军队来了没有粮食吃,没有房屋住。同时,他向城里的官员分派了任务,有的管军粮供应,有的则负责清查内奸。他还发信给山海关的明军守将,如果发现有从宁远逃回关内的官兵,要他们就地处斩。这几道命令一下,宁远的人心都安定了下来,大家除了一心一意守城杀敌之外,再没有别的念头。

没过多久,努尔哈赤带领后金军气势汹汹地到了宁远城下。大批后金士兵头顶盾牌,冒着明军的箭石、炮火,猛烈攻城。明军虽然英勇抵抗,但是后金兵倒下一批,又来一批。在这紧急的关头,袁崇焕便下令动用早就准备好的大炮,向后金军发射。炮声响处,只见一团火焰升起,后金士兵被轰得血肉横飞,幸存下来的也都被迫后撤。

第二天,努尔哈赤亲自督战,集中大股兵力攻城。袁崇焕也登上城楼瞭望台,沉着地监视后金军的行动。直等到后金军冲到逼近城墙的地方,他才命令炮手瞄准敌人密集的地方发炮,这使后金军受到了更大打击,就连正在后面督战的努尔哈赤也受了重伤。因此,后金军不得不撤退。

袁崇焕听到敌人退兵,就乘胜杀出城去,一直追赶了30里,歼灭后金官兵1万多人后,才得胜回城。

努尔哈赤受了重伤,回到沈阳,跟他的部下说:"我从25岁以来,战无不胜,攻无不克,没想到小小的宁远城却攻不下来。"他又气又伤心,加上伤势越来越重,拖了几天,也就咽了气。而后,他的第八个儿子皇太极接替他做了后金大汗。

皇太极巧施反间计

努尔哈赤受重伤死去以后,袁崇焕为了探听后金的动静,特地派了使者到沈阳去吊丧。皇太极(1592—1643)对袁崇焕窝了一肚子的怨恨,但是因为后金刚打了败仗,需要休整,而他也想试探一下明朝的态度,所以,皇太极不但接待了袁崇焕的使者,还派了使者到宁远去表示答谢。双方表面上缓和下来,背地里却都在加紧准备下一步的战斗。

努尔哈赤死后第二年,皇太极便亲自率领大军,攻打明军。后金军兵分三路南下,先把锦州城包围了起来。而袁崇焕料定皇太极的目标是宁远,于是决定自己留在宁远,另派部将带领4000骑兵援救锦州。果然,援兵还没出发,皇太极就已经分兵攻打宁远。于是袁崇焕亲自到城头上督率将士守城,用大炮猛轰后金军,城外的明军援军也和城里的军队内外夹击,最后联手把后金军打败了。

皇太极又把人马撤到锦州,但是锦州的明军也守得严严实实,加上天气原因,后金军士气低落,皇太极只好退了兵。

袁崇焕又打了一个大胜仗。可是,魏忠贤阉党却把功劳记在自己名下,反而说袁崇焕没有亲自救锦州是失职。袁崇焕知道魏忠贤是有心为难他,只好辞职。

1627年,昏庸的明熹宗死去,他的弟弟朱由检即位,就是明思宗,也称崇祯帝。

崇祯帝早就了解到魏忠贤作恶多端,民愤太大。他一即位,就宣布了魏忠贤的罪状,把魏忠贤贬到了凤阳。而魏忠贤知道自己活不成,走到半路上就自杀了。崇祯帝惩办了阉党,又为杨涟、左光斗等东林党人平了反。许多大臣便请求把袁崇焕重新召回朝廷。崇祯帝接受了这个请求,并提拔袁崇焕为兵部尚书,负责指挥整个河北、辽东的军事。崇祯帝还亲自召见了袁崇焕,问他有什么计划。袁崇焕说:"只要给我指挥权,朝廷各部一致配合,不出五年,就可以恢复辽东。"崇祯帝听了十分兴奋,当即赐给袁崇焕一把尚方宝剑,准许他全权行事。

袁崇焕重新回到宁远,选拔将才,整顿队伍,使得军纪严明,士气振奋。而东江总兵毛文龙作战不力,虚报军功,不服从袁崇焕的指挥。袁崇焕便用尚方宝剑,把毛文龙杀了。

皇太极打了败仗,当然不肯罢休,他知道宁远、锦州防守严密,便决定改变进兵路线。他做好一切准备后,于1629年,率领几十万后金军,从龙井关、大安口(今河北遵化北)绕道河北,直赴明朝京城北京。

这一招可出乎袁崇焕的意料。袁崇焕赶快出兵,想在半路上把后金军拦住,但已经来不及了。后金军乘虚而入,径直到了北京郊外。袁崇焕得到情报后,心急火燎地带着明军赶了两天两夜,到了北京,没顾上休息,就和后金军展开了激烈的战斗。而后其他各路明军也陆续赶到,投入了战斗。

后金军突然进攻北京,引起了全城震动。崇祯帝更是心慌意乱,不知该怎么办才好,后来听说袁崇焕带兵赶到,心才定了一些。他还亲自召见袁崇焕,慰劳了一番。但是一些魏忠贤的余党却散布谣言,说这次后金兵绕道进京,完全是袁崇焕引进来的,说不定里面还有什么阴谋呢。

崇祯帝是个猜疑心极重的人,听了这些谣言,也开始怀疑起来。正在这个时候,有一个被金兵俘虏去的太监从金营逃了回来,向崇祯帝密告,说袁崇焕和皇太极已经订下密约,要出卖北京。这个消息犹如晴天霹雳,当即就把崇祯帝惊呆了。

原来,明朝有两个太监被后金军俘虏去以后,被关在军营里。有天晚上,一个姓杨的太监半夜醒来,就听见两个看守他们的金兵在外面轻声地谈话。一个金兵说:"今天咱们临阵退兵,完全是大汗的意思,你可知道?"另一个说:"你是怎么知道的?"一个又说:"听说刚才骑马来的两人是袁将军派来的,他已经跟大汗订了密约,眼看大事就要成功啦……"

姓杨的太监偷听了这番对话,趁看守他的金兵不注意,便偷偷地逃了出来,赶快跑回皇宫,向崇祯帝报告了此事。崇祯帝听后也信以为真,竟将袁崇焕逮捕入狱。

袁崇焕被捕之后,部下将领生怕被牵连,武将祖大寿等便带着军队逃出了山海关。袁崇焕指挥的军队,本是明朝抵抗后金军的主力,也只有他在军中享有极高威信。崇祯帝无可奈何,只好叫袁崇焕写信加以劝说。身陷囹圄的袁崇焕,仍以大局为重,亲笔写信要祖大寿听从朝廷命令,不要轻举妄动。祖大寿接信后向将士们宣读,全军都痛哭起来。祖大寿年逾八旬的老母问明情由,便劝大家应该杀敌立功,求崇祯皇帝保全袁督师的性命。于是将士们当天就回师入关,奋勇作战,收复了关内数城。

此时,皇太极因一时攻不下北京,已引军向东北撤离。关内局势刚有了好转,魏忠贤的余党却又连上奏章,请求斩杀袁崇焕。朱由检便于崇祯三年(1630年)八月十六日,以"谋叛欺君"的罪名,将袁崇焕杀害了。

皇太极用反间计除掉了对手袁崇焕后,退兵回到了盛京。打那以后,后金越来越强大。到了1635年,皇太极把女真改称满洲;崇祯九年(1636年),皇太极又在盛京称帝,改国号为大清,年号崇德,而皇太极就是清太宗。此后,清朝便正式与明朝分庭抗礼,争夺天下了。

皇太极独揽大权

很多人认为,清政权是努尔哈赤建立起来的,其实这是误解。统一女真各部,开创全新局面,是努尔哈赤的功劳,但真正建立清政权的是他的儿子皇太极。

1626年,努尔哈赤去世,34岁的四贝勒皇太极被推举为新汗,是为天聪汗。1630年,皇太极幽禁二贝勒阿敏,次年又革去三贝勒莽古尔泰和硕贝勒的爵位,随后又出手打击了大贝勒代善的势力。皇太极这一连串的出手,是否太不讲兄弟情义了?事实并非如此,如果皇太极不这样做,后金政权就有可能陷入混乱之中。为什么这样说?

其实皇太极即位时,所谓的"金国大汗"并非真正意义上的独揽大权的皇帝,他需要和其他三大贝勒共同治理朝政。努尔哈赤生前虽让四大贝勒共同治理过,但他个人的威望实在太高,决定权一直掌握在他手上。

皇太极并没有什么显赫的功劳,也缺乏努尔哈赤的威望,年纪在四大贝勒中最小,他就只能与三位兄长共坐,共同接受年轻贝勒、大臣们的朝拜。另外,让皇太极很难堪的是,作为一国之汗,过年过节时,按照传统,他依然需要向三位兄长行三跪九叩的大礼。

为了让大权始终掌握在自己手中,从即位一开始,皇太极便将削弱诸大贝勒权力作为了头等大事。在经过一番"操作"后,二贝勒阿敏、三贝勒莽古尔泰被剥夺了权力,皇太极扫除了独揽大权道路上的两个重要障碍。

阿敏是努尔哈赤之弟舒尔哈齐的次子。舒尔哈齐为争夺权力,遭努尔哈赤囚禁,并于两年后死去。而舒尔哈齐被囚时,阿敏受到了努尔哈赤的优待,被赦免,随后跟随努尔哈赤到处征战,立下了赫赫战功。又因为其年纪排第二,无论战功还是资历,都胜过皇太极,这让皇太极颇为忌惮。将阿敏除掉,是皇太极必须要走的一步棋。

父亲被囚禁,随后死亡,在阿敏心中留下了无法抹去的伤痕,努尔哈赤在世时，他只能隐忍不发，不敢流露异志，但皇太极继位后，他便开始肆无忌惮起来，觉得已经没什么可以捆绑住自己了。

在一次跟皇太极的对话中，他说："我与众贝勒共同推举你为汗。你即位后，是否可以给我一个地盘，让我做藩王。"阿敏的要求非常无理，让皇太极十分震惊，由于皇太极和众人一致反对，阿敏的打算最终没有得逞。为此，阿敏愤愤不平，当众扬言："现在大伯已经去世，我还怕谁？"这话传到了皇太极的耳朵里，让他颇为不满。

1627年，阿敏率军征讨朝鲜，与朝鲜议和后，阿敏并不愿意马上退兵，而是想占据此地自立为王，但他的这一想法遭到了其弟和其他随征王公大臣的一致反对。阿敏慑于自己的势力不够强大，于是听从了大家的劝告，班师回朝了。

阿敏为人鲁莽，说话很随便，常常说些令人非常愤怒的话。他曾说：我现在的处境比谁强？就是路边的小草，都比我自在。这话让皇太极听见了，他将做何感想呢？阿敏必将为他的口无遮拦付出代价。

1629年冬，皇太极亲自率领大军征讨明朝，连克山海关内永平、滦州等城。1630年3月，主力撤退，皇太极命令阿敏前去驻守。他刚到永平不久，明军便开始大举反攻，一时之间，永平陷入危机。

见此情景，阿敏决定弃城而逃。但弃城而逃前，他先大开杀戒，将城中降官降民全部杀害，财产也被他洗劫一空。本来就忌惮阿敏的皇太极，便借此机会，历数他的罪状，然后将其囚禁。十年后，阿敏死于狱中。

阿敏下狱，让皇太极的一颗心稍稍安稳了一些。第二年8月，他又借"御前露刃案"铲除了莽古尔泰。

这起案件的起因是当年皇太极率领八旗军进攻大凌河城时，皇太极指责莽古尔泰正蓝旗攻城不力，莽古尔泰也指责皇太极不跟他商量就随意征调正蓝旗，为此二人争得不可开交。鲁莽的莽古尔泰情急之下，竟拔刀相向。急于找到莽古尔泰的把柄的皇太极，这下终于抓住了机会。经大贝勒代善及诸贝勒等会议商定，莽古尔泰被革去了和硕贝勒的爵位，降为一般贝勒；另外罚款一万两白银。莽古尔泰哪受得了这样的打击，一年后便死了。

莽古尔泰死后，皇太极对其亲信大开杀戒，最终，皇太极、豪格父子掌握了正蓝旗。

阿敏、莽古尔泰相继遭到清洗，现在只剩下代善一人。见时机已经成熟，皇太极便建议废除国人朝见时汗与三大贝勒并坐受贺的旧制。但诸贝勒会议时，仍有一半人主张维持旧制。代善对自己的处境心知肚明，于是连忙出面表示，同意皇太极的提议。至此，皇太极终于大权在握，成了真正一言九鼎的皇帝。

吴三桂引清兵入关

李自成率领的大顺起义军攻破北京后，大将刘宗敏首先率领队伍进城，接着，大顺王李自成头戴笠帽，身穿青布衣，骑着骏马，缓缓地进入了紫禁城。北京的百姓像过节一样，张灯结彩，欢迎起义军。

起义军一面出榜安民，让大家安居乐业；一面严惩明王朝的皇亲国戚、贪官污吏。李自成派刘宗敏和李过勒令那些权贵交出平时从百姓身上搜刮来的赃款，充当起义军的军饷，拒绝交付的则处以重刑。少数民愤较大的皇亲国戚被起义军抓起来直接杀了头。

有个大官叫吴襄，被刘宗敏抄了家产，并且被逮捕起来追赃。有人告诉李自成说，吴襄的儿子吴三桂（1612—1678）是明朝的宁远总兵，手下还有几十万大军，如果把吴三桂招降了，岂不是解除了大顺政权的一个威胁？

李自成觉得这个主意很好，就叫吴襄给他儿子写信，劝说其向起义军投降。吴三桂原来是明朝派去抗清的，驻扎在宁远一带。当起义军逼近北京的时候，崇祯帝接连下令要吴三桂带兵援京，对付起义军。但吴三桂赶到河北时，北京已被起义军攻破。过了几天，吴三桂收到吴襄的劝降信，便犹豫起来。北京还有他的家属、财产，他舍不得丢掉，便想：既然李自成来招降，不如到北京去看看情况。

吴三桂带兵到了沙河驿，遇到从北京逃出来的家人。吴三桂一问，听说他父亲吴襄被抓，家产被抄，已经恨得咬牙切齿，接着又听说他最宠爱的妾陈圆圆也被起义军抓走了，更是怒气冲天，立刻下令退回山海关，并且要将士们一律换上白盔白甲，说是要给死去的崇祯帝报仇。

李自成得知吴三桂拒绝投降的消息后,决定亲自率大军进攻山海关。吴三桂本来就害怕农民军,听到这个消息,吓得魂飞魄散。他也顾不了什么气节,便写了一封信,派人飞马出关,请求清朝帮助他镇压起义军。

清朝辅政的亲王多尔衮(1612—1650,皇太极的弟弟)接到吴三桂的求救信后,觉得机会来了,立刻回信表示同意。接着,多尔衮亲自带着大军,日夜不停地向山海关进兵。

清军刚到山海关外,吴三桂就迫不及待地遣使去请多尔衮,后又亲自到清营去见多尔衮,卑躬屈膝地哀求多尔衮帮他报仇。多尔衮自然答应了。而后吴三桂把多尔衮请进关里,大摆酒宴,杀了白马乌牛,祭拜天地,与之订立了盟约。

李自成大军从南面开到山海关后,依山靠海摆开了一字阵,一眼望不到边。多尔衮从城头望见起义军阵容整齐,料想不容易对付,就让吴三桂打先锋,叫清军埋伏起来,自己和几名清将则远远躲在后面的山头观战。

战斗开始了,李自成骑着马登上西山指挥作战。吴三桂带兵一出城,起义军的左右两翼就合围包抄,把吴三桂和他的队伍团团围住。吴兵东窜西突,冲不出重围;起义军英勇奋战,喊杀声震天动地。正在双方激烈战斗的时候,海边吹来一阵狂风,把地面上的沙尘刮起,一时间天昏地暗,完全看不清对面的人。多尔衮看准时机,命令埋伏在阵后的清兵一起出动,向起义军发起突然袭击。起义军毫无防备,也弄不清是哪里来的敌人,心里一慌张,阵势也就乱了。直到风定下来,天色转晴,才看清楚对手是留着辫子的清兵。

李自成在西山上发现清兵已经入关,想稳住阵脚指挥抵抗,却已经来不及了,于是只好传令后撤。而多尔衮和吴三桂的队伍里外夹击,起义军伤亡惨重。李自成便带领将士边战边退。吴三桂仗着清兵人多势众,在后面紧紧追赶。

李自成回北京后即宣布称帝,第二天清早就率领起义军离开北京,向西安撤退。

李自成离开北京后,多尔衮带领清兵耀武扬威地闯进了北京城。1644年9月,多尔衮把顺治帝从盛京(今辽宁沈阳)接到了北京,决定把北京作为清朝国都。从那时候起,清王朝就开始在中国建立它的统治了。

第二年,清军兵分两路攻打西安。一路由阿济格和吴三桂、尚可喜率领,一路由多铎和孔有德率领。李自成率领农民军在潼关抗击清军,经过激烈战斗,最终被迫放弃西安,向襄阳转移。过了几个月,农民军在湖北通山九宫山遭到当地地主武装袭击,李自成战败而死,年仅39岁。

李自成死后,清军就把进攻锋芒指向了张献忠。1645年11月,清廷下诏招抚张献忠,张献忠毫不妥协,断然拒绝。顺治三年(1646年),清朝派肃亲王豪格和吴三桂率军由陕南入四川,进攻大西军。张献忠虽然处境困难,但仍坚决抵抗,并于同年7月率军离开成都,北上抗击清军。同年11月,张献忠驻军川北西充凤凰山。1647年初,由于叛徒的出卖,张献忠受到清军的突然袭击,兵败身亡。

孝庄太后

1625年,年仅12岁的博尔济吉特氏(1613—1688)嫁给了努尔哈赤的第八子皇太极,与姑母同为皇太极之妻。她天生丽质,称得上是清朝的绝代佳人。1636年,皇太极称帝,封博尔济吉特氏为永福宫庄妃。崇德三年(1638年),庄妃生下了皇九子福临。

1643年,皇太极病逝。福临继位为顺治帝,次年迁都北京,尊庄妃为皇太后。由于顺治帝年幼,皇叔多尔衮辅佐朝政。为了消除多尔衮对帝位的威胁,孝庄太后按满族"兄死则妻(娶)其嫂"的习俗,毅然下嫁多尔衮。

经孝庄太后调停,顺治帝的皇位保住了,多尔衮没有取而代之,清朝政权也逐渐转移到顺治帝手中。为了使创建初期的清王朝能得到汉族上层的支持,孝庄皇太后敢于冲破满、汉不得通婚的惯例。她把孔有德的女儿孔四贞接到了宫中,当作宗室郡主看待;又把皇太极第十四女和硕公主嫁给吴三桂的儿子吴应熊,由此起到了拉拢汉军将领的作用。

多尔衮为崇祯帝治丧

多尔衮既有超人的军事之才,又有安抚民心之策。他在确定北京为大清的国都后,为稳定北京的社会秩序,安定民心,消除民族矛盾,迎接顺治帝进京,首先颁布了一道晓谕天下的檄文。

檄文把矛头直指李自成的农民起义军,指出官、军、民等只要不反对新朝,就可以安居乐业;对新朝有功者赏,有罪者罚。他接着又寻访、起用明朝官吏,动员他们出来为新朝服务,同时还广泛地听取他们的意见。他对能提出稳定社会秩序、安邦兴国策略的人,不仅加官晋爵,还有重赏。多尔衮为国求贤,做到了礼贤下士,甚至亲自登门拜访,以求能人出仕,辅佐新朝。在听取一些人的策略时,他还能做到既虚心又不盲从。

多尔衮的这些措施,正迎合了汉族官民之心,他们纷纷出来投奔新朝。在这众多的归顺者中,也难免有些贪官污吏混入,多尔衮的态度是:"既往不咎,来者可追。"这样一来,一些明朝的贪官污吏也不得不老老实实地做官,扎扎实实地办事。

在实施新政的过程中,多尔衮又听取了明朝顺天巡抚宋权的建议:尊崇明代最后一位君王崇祯。多尔衮不仅采纳了这个建议,还扩大到对明朝历代所有皇帝进行祭祀。他选了一个良辰吉日,亲自主持隆重的祭祀大典。为扩大影响,做到家喻户晓,多尔衮命人擎着明朝历代皇帝的牌位,先绕北京城一圈,然后才恭恭敬敬地把它们送到历代帝王庙中供奉。其虔诚之心,为世人所睹。祭祀后,多尔衮又将崇祯及其死难的嫔妃们进行安葬,并举行了隆重的安葬仪式;同时下令全国臣民一律戴孝三天,以表示对崇祯皇帝的哀悼。多尔衮的这些做法,对于团结汉族民众起了很大的作用。

多尔衮为了巩固清朝的统治,还大刀阔斧地改革了明朝的一系列腐败制度,取消了一些由战争带来的苛捐杂税。他在发布的政令中写道:"大清入关救民于倒悬,一切均须革故鼎新。凡原先明朝的窳(yǔ)劣制度和陈规陋习,都在改革之列。现规定凡原先征收的加派加征一律取消,蒙受战火的地区,民间损失严重者,征赋亦可酌情蠲免。今后地方官吏如违犯朝廷政令,肆意向民间加派加征、贪污勒索,一经告发,立即就地正法,决不轻饶!"这一举措,对稳定当时的社会秩序、缓和阶级矛盾、维护清王朝的统治起到了重大作用。多尔衮还把军国大事安排得有条不紊,以迎其侄福临来北京。

福临虽5岁就继承了皇位,但在其母孝庄皇太后的教导下,可称得上是一位聪明的小皇帝。1644年6月,多尔衮派何洛会到达盛京,把迎帝入北京的来意说明,福临听后十分高兴。8月,他任命何洛会为盛京总管,留守盛京。9月,福临与其母孝庄皇太后携带众皇亲、文武百官,在大队人马的扈从下,浩浩荡荡开入山海关,直奔北京城。

多尔衮率领诸王、贝勒及文武大臣在北京郊外的通州接驾,君臣见面十分高兴。在一片欢呼声中,顺治帝首先嘉奖了多尔衮及随征的诸将,对其他官吏也予以勉励,然后在多尔衮的引导下,由正阳门进入紫禁城。一切就绪后,多尔衮便率领文武大臣上表劝进,望顺治早登龙位。几天后,由多尔衮选择良辰吉日,顺治帝按照汉族皇帝继位的仪式,正式坐上了龙椅,成为清朝入关后的第一个皇帝。

史可法抗清

1644年,李自成攻破北京,崇祯皇帝自尽。于是,明朝大臣们在南京拥立福王朱由崧称帝,史可法则被授为礼部尚书兼东阁大学士。

朱由崧是个昏君,他不顾清军入关,只是用军饷建造华丽宫殿,供自己享受。朝政则把持在奸臣马士英、阮大铖等人手中。他们揽权行私,搜刮民脂民膏,互相倾轧。而当时,史可法正督师江北,坚决抗战。

史可法(1602—1645),字宪之,号道邻,河南祥符(今河南开封)人。史可法青年时代因文才出众,富于正义感,曾受到东林党著名人物左光斗的赏识,崇祯元年（1628年）考中进士，后官至南京兵部尚书。当时，清军占据北京，南明小朝廷风雨飘摇。史可法作为主战派的代表被排挤到扬州督师。因为奸臣当道，史可法只能在重重困难中支撑前线防务。1645年，清豫亲王多铎统率十万人马，兵临扬州城下，而当时扬州守军只有万余人。

史可法决意死守扬州，并亲守西门重地。清军统帅多铎多次劝史可法投降，史可法坚决不答应。多铎恼羞成怒，遂率领清军攻城。史可法亲自把守险要关口，指挥士兵用铁炮还击清军，致使清军死伤无数。多铎见强攻不行，便亲自督阵，猛攻城墙的西北角，最后攻入城内。

史可法见清军攻入城来，局势无可挽回，欲拔剑自刎，由于部将拼命阻拦，才没有砍中要害。他又命令部将动手杀他，部将却不忍心，一个个都不愿动手。

而后将士们保护着史可法从小东门突围，不料，遭到清军拼死阻击。最后，由于寡不敌众，部将多数被清兵杀死，史可法被俘。

史可法被俘，多铎欣喜若狂，待史可法如上宾，以高官厚禄诱降，但史可法坚贞不屈。多铎见劝降不行，诱降不成，便命令清兵将史可法处斩了。史可法时年43岁。后来，扬州人民在城外梅花岭为其筑下了衣冠冢，以此作为纪念。

嘉定三屠事件

1645年5月，南京被清军攻下后，明朝建立的弘光政权彻底坍塌。之后不久，清朝廷统帅豫亲王多铎进入南京后，重行颁布了"剃发令"，规定：凡清军所到之处，限十日之内，尽行剃去前半部头发，后半部依满族习俗，男子削发垂辫，废弃明朝衣冠。命令一出，江南各地民众一片哗然，实难接受。对汉人来说，受孔孟儒家思想两千多年的影响，"身体发肤，受之父母，不敢毁伤，孝之始也"，剃发实在有违传统伦理，更是对祖宗的侮辱。怎么能随随便便剃掉头发？

受此传统思想影响，江南各地揭竿而起，开始反抗。反抗的人中，不仅有下层民众，更有文人参与。而嘉定这个地方反应最为强烈，为了镇压江南人民的反抗，清军制造了一起又一起惨案,其中在嘉定制造的三次屠杀事件最为惨烈。

嘉定人并非从一开始就恨清军,在清军刚刚攻入嘉定时,他们也曾像那些被占领的城市一样,张灯结彩,全城欢庆。然而,清军"剃发令"的发布,触碰了他们的底线,他们便开始反抗。

1645年6月24日,嘉定各地民众和官员,在明总兵吴志葵的带领下,赶走了清县令张维熙,占领了嘉定城。曾经的明朝将领,后投降清朝廷的李成栋(?—1649)见状,大为恐慌,即刻进行镇压。

他集结所能集结到的清军,在7月3日这天,猛烈攻击嘉定城。刚开始的时候,他们用炮火猛烈轰击城墙,想将城墙摧毁,接着,在守城的士兵、乡民疲惫不堪之时,他们又拥至城下,准备找机会进入城内。

炮火轰击从早上一直进行到傍晚。傍晚时分,天气突变,狂风夹杂着大雨而来。很快,嘉定城下的护城河便涨了起来。

猛涨的河水虽然对清军的攻势有影响,但那已经被清军的炮火轰击得千疮百孔的城墙,随时有坍塌的危险。果然,城墙角有处地方在大雨的冲刷下塌了。守城的民众急忙搬来木头撑在那里,以避免城墙完全坍塌,随即又寻找各种能堵塞缺口的东西。由于风雨的原因,城墙上无法点灯,城门下一片漆黑。守城的民众根本看不清城下的情况,他们不知道,此时清军正偷偷地靠近城墙,在被雨水浸泡得松软的城墙上凿洞。

黑夜和狂风暴雨使守城的民众既听不到清军凿洞的声音,也看不到人影,根本意识不到危险正在降临。

洞凿好了,清军开始在洞里安放炸药,他们不仅要将城墙炸掉,还要将守城的民众炸死。

第二天,大雨还在继续,没有停的迹象。李成栋下令点燃了埋在城门洞中的炸药,顿时,随着轰隆隆的巨响,城墙倒了,飞石乱溅,血肉横飞。见城门被炸出巨洞,李成栋一声令下,早已准备好的骑兵呼啸着从洞口穿过,冲入城内,失去了最后一道防线的嘉定人,再没有了还手之力。

骑兵做先锋,步兵紧跟其后,清军来势汹汹。一番挣扎后,这场战争的嘉定指挥官侯峒曾见无力回天,遂投河自尽,而那抗清的组织者张锡眉等人也纷纷悲愤自杀。虽然他们死了,但李成栋依然不解恨,他令人将侯峒曾的尸体找到,将其头砍下泄愤。还有两位守城指挥黄淳耀、黄渊耀最终也悲壮献身。

在清军炸破城,涌向城内时,黄淳耀正在城中一寺庙里祈求神灵保佑,当其弟黄渊耀跑来告诉他,清军进了城后,黄淳耀表现得很平静,在与弟弟整理好仪容,又在墙壁上题下"呜呼!进不能宣力王朝,退不能洁身自隐,读书寡益,学道无成,耿耿不寐,此心而已"后,他便和弟弟一起在寺庙里上吊自杀了。

而那在南门守城的张锡眉得知城被攻破后,也与爱妾一起投河身亡了。投河前,他还留下了一首绝命诗:

我生不辰,侨居兹里。

路远宗亲,邈隔同气。

与城存亡,死亦为义。

后之君子,不我遐弃。

和张锡眉一样投河的还有守城的董用圆、董用广两兄弟。发誓与城门共存亡的两兄弟,在城破后,禁不住抱头痛哭,在吼出"我祖父清白自矢,已历三世。今日苟且图存,何面目见祖宗于地下"后,也双双投河身亡。

除了这些组织者情愿死也不屈服外,还有一些不愿投降的仁人志士,他们有的选择了单独自杀,有的选择了全家一起就义……

城攻破了,组织者也死了,李成栋以为自己已经成功镇压了起义者。没承想,在他带着人马撤出嘉定后不久,那些原本四散逃亡的民众又回到了他们的家园,并再次聚集起来。与此同时,反清人士朱瑛也率众进入嘉定,与那些聚集起来的民众会合,于是嘉定再次回到了反清民众手里。

李成栋得知后,又派遣部将徐元吉去嘉定镇压。"宁可错杀一千,不可放过一人",清军找不到组织者,就不问青红皂白,开始屠城。仅仅3天,从西关到葛隆镇的那条河里漂满了尸体,闻者无不落泪。

即使如此,还是有人前赴后继地反清。不久,吴之蕃,这位嘉定绿营把总又举竿起义,但也同样被镇压,而嘉定同样又遭屠城。

从6月到8月,在短短2个月时间里,嘉定人民的自发反清起义次数就达到了10余次,先后有10余万人参加,被杀害的人不计其数。

这三次屠杀事件,在历史上被称为"嘉定三屠"。

冯铨被参案

1644年,清军入主中原,迁都北京。既然要统一中原,雄霸九州,清朝廷就免不了接纳和重用明遗臣。因此,明末朝内的党锢之争也就在清朝廷延续了下来,"冯铨被参案"就是其中一例。

1645年7月,明末阉党代表冯铨(1595—1672)被其他非阉党官员集体弹劾。虽然朝代已更替,曾经的党派也已不存在,但党派之争,仍像驱不散的阴霾,笼罩在清朝廷之上。摄政王多尔衮不得不面对汉人间这棘手的问题。那么,冯铨到底是个怎样的人?多尔衮又是如何处理冯铨被参案的呢?

生于1595年的冯铨是明末清初的大臣,顺天涿州(今河北涿州)人。明朝末期,冯铨因依附魏忠贤,步步高升,官至武英殿大学士、户部尚书,崇祯时,又因受魏忠贤牵连,被罢官。

1644年,清政府定都北京后,冯铨受到摄政王多尔衮的赏识,进入清朝廷内三院协理机务,后又累官礼部尚书,大学士职衔得以恢复。冯铨也没有辜负多尔衮的赏识,为稳定国内局面出谋划策,尽心尽力。同时,他还向多尔衮引荐在明朝时同为阉党的人士,并与他们抱成团,打击以陈名夏为代表的南方人士。

清政府的明朝遗臣党派中,除了冯铨这样的阉党人士很多外,还有个党派——东林党,人数也不少。于是,曾经的旧怨又在清朝廷内上演了,甚至有愈演愈烈之势。

1645年7月,御史吴达向多尔衮呈上奏章,称朝廷所用之人,大多为明末遗臣,曾经的腐败贪污在清朝廷故态重现,这些人"狐媚成奸,豺狼成性,蠹国祸民,如今日之冯铨者也"。

多尔衮虽然相信吴达所说,但也知道这是朋党之争,他不想被朋党之争利用,于是敷衍说,贤臣得到重用对一个国家很重要,绝不能因一些莫须有的罪名而去轻易罢免一个人的官职,并告诫众人,弹劾必须要有确实证据。还说明王朝的灭亡,正是因为朋党之争,所以他不允许朋党之争在清朝廷继续蔓延。

众臣愕然,吴达却并不罢休,他再次呈上奏章,奏章里还列举出了冯铨的五大罪状,无非就是结党营私,贪污受贿。见有人带头,杜立德(户科给事中)、李森先(监察御史)等十余人也纷纷上书弹劾冯铨,称冯铨父子罪当处斩。

这是摄政王多尔衮没有想到的,他顿时陷入两难境地:如今朝中汉官大多对冯铨不满,如若不处置冯铨,很难服众;如果处置,又很可能打击某些为朝廷效力的汉人的积极性。当然,他更担心的是,若打击了以冯铨为代表的北方系,南方系又将得势,搞不好整个朝中事务都要被他们左右。何况,如今江南还未平定,南方系势力不能太强。太强的话,如果他们与江南未平定的地方来个里应外合,不是就危及清朝廷的统治了吗?

多尔衮不得不谨慎从事,反复思量,10天过去了,他还是无法做出决定。杜立德他们等不及了,便再次上疏,要求将冯铨父子治罪。不催还好,一催,多尔衮倒有了主意,这个主意就是支持冯铨。因为他觉得,不处置冯铨,大不了只是驳回了几个官员的上疏而已,而处置冯铨,则很可能会动摇朝廷统治,如何选择,可想而知。

于是,多尔衮召集诸大学士、科道各官在中和殿廷议,直截了当地批评他们,说他们的做法是在延续明末党争恶习,是在陷害。在场官员面面相觑,最后给事中龚鼎孳忍不住了,大胆反驳道:"冯铨曾依附魏忠贤,而魏忠贤作恶多端。"

冯铨有了多尔衮的支持,底气足了很多,遂辩解说:"魏忠贤作恶,与我何干?何况当时我也曾上疏反对他。如果我真是魏忠贤的人,为何最后还留我性命?"

其他人都怔在那里,冯铨便又将矛头指向龚鼎孳,反击道:"你难道就没有污点吗?当年,你不是还投降李自成,做了直指使吗?"

多尔衮偷笑,故作惊讶道:"哦?真有这事?"

龚鼎孳偷鸡不成,反蚀了一把米,只得尴尬道:"是有这事,可历史上,并不仅仅只有我一个人这么做。那魏徵,不还归顺李世民了吗?"

多尔衮笑了。

"自身有不端之处,就不要苛求别人。"多尔衮说完,瞬间将笑脸收起,又训斥龚鼎孳说:"好大的胆子,不仅自比魏徵,还将李自成比作唐太宗,这能一样吗?"

不过,多尔衮虽然这么说,却并没有治龚鼎孳的罪,只是为了让他闭嘴。

多尔衮不处置被参的冯铨,却也不治那些参冯铨的人的罪。虽然龚鼎孳等人当着众人的面,遭受了一番羞辱,但这并不影响他们升职,杜立德很快就升职做了太常寺少卿。当然,也有言辞过激,屡屡上疏参冯铨而被革职罢官的,那就是李森先。好在经过这件事后,冯铨等人也有所收敛。

在多尔衮摄政期间,他不仅宠信北方系的冯铨、李若琳、党崇雅等,也重用南方系的陈名夏、金之俊等人,很好地平衡了两个派系之争。因此,虽然当时的党派之争依然暗潮涌动,但也没酿成什么大祸。

豪格因何而死

1648年,清朝廷为一统江山还在南征北战,可那骁勇善战,曾为清朝廷立下赫赫战功的和硕肃亲王——皇太极的嫡长子豪格却不明不白地死在了狱中。将他投入牢房的是谁?又是什么原因,让他落入了如此悲惨的境地呢?这一切都还要从皇太极死后的皇位之争说起。

1609年,皇太极的继妃乌喇纳喇氏诞下一子,这就是豪格。豪格是皇太极的长子,且长相英俊,性格豪爽,为人非常仗义,可惜,他有个致命缺点,那就是不善计谋,遇事鲁莽冲动。

1643年,皇太极暴病身亡,豪格34岁,按照汉人立长子的传统,作为皇太极长子的他,理应顺利继位。何况他当时很受皇太极喜欢,且正统领正蓝旗,军功卓越,并且有两黄旗和镶蓝旗的支持。

可惜,那时候的清皇室,并没有定下皇位继承顺序,皇位的继承也不遵循"立嫡立长"的原则,甚至都由不得皇帝。谁能继承皇位,全由贵族诸王议立。论能力,豪格继任皇位绰绰有余,可在清皇室,有这种能力的,并非只有他一人。这个强有力的竞争者是谁呢?他就是努尔哈赤的第十四子,皇太极的弟弟——和硕睿亲王多尔衮。

多尔衮当时很年轻,只有31岁,他统领正白旗,掌吏部,有两白旗的支持。能力上,他和豪格不相上下,智谋上,他又超出豪格一大截。

从双方势力对比来看,半斤八两,竞争起来,谁胜谁负也未可知。若想在这场皇位竞争中胜出,非"战"个你死我活不可。理智点来看,这种鱼死网破的做法,哪一派都不愿意看到,因为这必将分裂清王朝,甚至让清王朝走上毁灭的道路。

明着不能战,那就暗战。自己不能顺利、和平地坐上皇位,那也不能让对方坐上皇位。多尔衮心有不甘,就想到了拥立皇太极的第九子——福临。福临当时只有5岁,如果福临继位,既能让豪格失算,也能让小皇帝听命于自己。于是多尔衮便这么做了,福临成功继位,避免了皇室内部两大势力的争斗,而豪格虽然不甘,却也只能接受。

多尔衮和豪格的皇位竞争在福临继位后告一段落,然而在内心里,两个人却结了怨,生了仇。

1644年4月,曾经支持豪格的正黄旗固山额真何洛会倒戈,揭发豪格辱骂、诋毁多尔衮。多尔衮借机召集诸王和大臣们商议,最终决定处死两黄旗大臣中的俄莫克图、扬善、伊成格、罗硕等豪格的心腹大臣。而豪格因为小皇上福临(豪格是福临的哥哥)用绝食和哭闹去保他,最终才免去一死,但爵位被削,被贬为了庶人。

虽然成了庶人,但他还能带兵,所以在多尔衮率兵入关时,豪格也曾带兵前往山东助阵。当福临在北京登基时,摄政王多尔衮念豪格有功,便恢复了他肃亲王的封号。

1646年2月,豪格被多尔衮任命为靖远大将军,负责讨伐张献忠的大西军。豪格明知这是多尔衮的诡计,却不敢违令,只得前往四川,并大败张献忠,剿灭了大西军。如若是别人这样大胜,多尔衮一定会重重有赏,可豪格大胜就不一样了,多尔衮只是轻描淡写地称赞几句便了了事。

面对如此不公的待遇,豪格没有多说什么。可即使这样,当他回到京城,等待他的依然是圈套和阴谋。

1648年3月,吞齐等人诬告一直支持豪格的郑亲王济尔哈朗,说他庇护豪格,与朝廷为敌。郑亲王济尔哈朗先被判以死刑,后又从轻处罚,被贬为了郡王。而郑亲王被贬,失去了唯一庇护的豪格,处境更加艰难了。

处理完郑亲王的第二天,多尔衮便再次召集诸王大臣会议,先是怒斥豪格去四川两年,地方上的叛乱却未被全部平定,接着,又指责其提拔罪人亲属。此时的多尔衮,实权在握,虽不是皇帝,却胜似皇帝。诸大臣对他只有服从,哪敢有任何反对?众臣知道他的心思,便拟豪格死罪,而多尔衮假装仁慈,称其死罪可免,活罪难逃,就这样,豪格再次被削去爵位,囚进牢中。

面对那些不知所谓的指控,豪格愤怒不已,放狠话道:"要是把我放了,什么事都没有,如果不放我,他多尔衮也别想活,别以为我会看在几个孩子的面上放他们一码,我会用石头把他们全家都砸死!"

悲愤之下,豪格死于狱中,时年39岁。

对于豪格的死,说法很多,有人说他是被多尔衮谋杀的,也有人说,多尔衮故意让狱卒辱骂豪格,不堪其辱的豪格,最终绝食而死。当然,不管哪种说法,可以肯定的是,豪格的死,和多尔衮的迫害有脱不开的关系。

吴兆骞流放宁古塔

清政府作为少数民族——满族统治者,为了稳固政权,不得不用各种政策笼络汉人,可在笼络的同时,他们又不忘打击汉人,以达到使汉人完全臣服于他们的目的。科场案就发生在这样的背景下,而科场案有不少受害者,其中就有流放东北的吴兆骞。

1631年,吴兆骞出生于吴江(今属江苏),字汉槎,号季子。出身于书香世家,世代为官的吴兆骞自小便聪明伶俐,才华过人,少年时便写出了《胆赋》那样的好诗;青年时,他又成为江南最著名的学术团体——慎交社中的一员。他的才华还曾受到文坛领袖吴伟业、陈之遴、陈名夏等人的赏识,吴伟业甚至将他与华亭的彭师度、宜兴的陈维崧并称为"江左三凤凰"。

吴兆骞是个见惯了大世面的人,自小就随父亲游山玩水,这让他清高且有些自负。他曾对好朋友——才子汪琬说过"江东无我,卿当独秀"这样的话,大有"只要有我吴兆骞在,你汪琬就休想独占鳌头"之意。

1657年，刚参加完江南科举考试的吴兆骞，以为自己的美好前程就要开始了，谁料一场突如其来的灾难，改变了他的人生轨迹。

原来，当年的11月，江南主考官方猷选举人时，选中了少詹事方拱乾的第五个儿子方章钺，这让顺治帝很是不满，心生疑虑，因为在顺天的一场乡试中，刚刚发生了主考官收取贿赂的事情。

方拱乾再三向顺治帝声明，他和方猷虽然都姓方，却不是同宗，也不可能贿赂。可顺治帝根本不听他的解释。由于不放心主考官，1658年3月，顺治帝亲自命题，让这些被选中的举人参加复试，考场戒备森严，且在复试时，每位举人身后都要安排两名持刀的武士。

吴兆骞怎能忍受如此侮辱？他当场交了白卷。顺治帝大为恼火，不仅将他的举人身份革除，甚至还亲自定案，没收吴兆骞的家产，将他和他父亲、兄弟一起流放到宁古塔（今黑龙江海林市海浪河南岸旧街镇），而且方拱乾父子也没能幸免于难。

1659年春，他们离京出关，半年后才到宁古塔，而这一流放就是22年。

面对如此飞来横祸，吴伟业很为吴兆骞不平，写下了《悲歌赠吴季子》："人生千里与万里，黯然消魂别而已。君独何为至于此？山非山兮水非水，生非生兮死非死。十三学经并学史，生在江南长纨绮。词赋翩翩众莫比，白璧青蝇见排抵。一朝束缚去，上书难自理，绝塞千里断行李。送吏泪不止，流人复何倚？……白昼相逢半人鬼。噫嘻乎悲哉！生男聪明慎勿喜，仓颉夜哭良有以。受患只从读书始，君不见，吴季子！"

在空旷严寒、号称"荒徼"的宁古塔，吴兆骞在书信中如此描写道："宁古寒苦天下所无，自春初到四月中旬，大风如雷鸣电激咫尺皆迷，五月至七月阴雨接连，八月中旬即下大雪，九月初河水尽冻。雪才到地即成坚冰，一望千里皆茫茫白雪。"

吴兆骞纵有万般文才，在那样的地方，也只是个无用书生。不会耕田种地的他，在初到宁古塔时，万分消沉。

幸而在1662年，他的妻子与他的妹妹从苏州来到了宁古塔，身边还带着二三名奴仆，以及一些劳作工具。吴兆骞的生活这才有了改善。之后，他的才华被和他一起流放的人士以及官家看中，他便开馆收学生，教书育人。他的第一个学生是陈嘉猷的长子陈光召，也是和他一样的流放人士，而陈光召也是吴兆骞最喜欢的学生。

虽是流放之人,但在宁古塔,吴兆骞还是渐渐被人认识并尊重,即便是将军巴海、副都统安珠瑚、萨布素等人,对他也是恭敬有加。

1674年,将军巴海聘请他做了书记兼两个儿子的老师,吴兆骞自此成了巴海家的座上宾。巴海不仅时常赠他银两,还赠他"裘"以御寒。可即使有巴海这样的厚待,吴兆骞依然想回归,奈何始终看不到希望。好在最终他还是得到了朋友顾贞观的帮助,得以放归。

吴兆骞与顾贞观情同手足。在吴兆骞被流放到黑龙江的宁古塔时,顾贞观悲愤不已,为他承受的不白之冤叫屈,还立下了"必归季子"这样的誓言。每次看到吴兆骞从宁古塔给他寄来的信,顾贞观都流泪不止。一年年过去了,从吴兆骞的书信里,顾贞观知道,救吴兆骞出来已经是迫在眉睫的事了。

1676年冬天,顾贞观偶然结识了康熙帝身边的红人——明珠,这两个性情相投、才华横溢的人成了好朋友。而顾贞观时不时就会向明珠提起吴兆骞,一提起他,顾贞观就热泪盈眶。

有一天,明珠约顾贞观参加他的酒宴,喝到一半时,明珠举起满满一杯酒,对顾贞观说:"你若能喝掉这杯酒,那么,我就想办法救吴兆骞。"

本来不会喝酒的顾贞观,一听这话,大喜,当即端起杯子一饮而尽,还说,自己已喝完,明珠说话算不算话。明珠大笑,被顾贞观和吴兆骞的友情感动,说叫他喝酒只是开个玩笑,他知道顾贞观重义气,所以即便顾贞观不喝这杯酒,他也会想办法救出吴兆骞的。顾贞观当即跪地表示感谢。

在顾贞观、明珠、纳兰性德(明珠的长子)、徐乾学等人的竭力斡(wò)旋下,吴兆骞终于等到了机会。

1678年,吴兆骞得知康熙帝祖父的发祥地是长白山,且要派人去宁古塔封祀时,便写了《长白山赋》和《封祀长白山二十韵》,那1800多字的《长白山赋》与长诗《封祀长白山二十韵》被送到康熙帝手里,得到了康熙帝的大力赞赏。

1681年秋,吴兆骞终于获得了赦免,离开宁古塔,回到了老家。

获释后,吴兆骞特地去了明珠府,拜谢救命恩人。纳兰性德带他去了一个地方,那里的墙壁上写着一行字:"顾梁汾为松陵才子吴汉槎屈膝处"。原来,那就是明珠让顾贞观喝酒后决定救吴兆骞,而顾贞观跪地表示感谢的地方。

吴兆骞看了很感动,他这才知道顾贞观为了自己回归做了很多事。遗憾的是,吴兆骞回归后,不过3年就病逝了。

光头天子

清世祖顺治帝(1638—1661)是清朝入主中原后的第一位皇帝。他原本可以大展宏图,成为一代明君,谁料他却没有权力欲,还一度想出家为僧。他为何放着高高在上的皇帝不做,却要当和尚?归根到底,就是顺治帝不爱江山爱美人,而这个美人就是董鄂氏。

董鄂氏是满洲正白旗人,她父亲是内大臣鄂硕。关于董鄂氏是怎么入宫,又是怎么被顺治选中为妃的,清史对此讳莫如深。

讳莫如深其实是因为有难言之隐,这难言之隐从历史的一些零散记载中就能发现。董鄂氏入宫前,是襄亲王博穆博果尔的妻子,襄亲王是顺治帝的弟弟,是皇太极的第十一子。虽然哥哥娶弟弟的妻子,依满洲风俗,很正常,但顺治帝纳董鄂氏为妃时,清朝已入关,很多东西已汉化,哥哥再娶弟弟的妻子,就显得不合礼俗,为君者讳,因而这件事在清史中只字不提。

而对这段历史,汤若望曾有过记载,他是耶稣会的教士。从汤若望的记载中能看出,1656年2月,顺治帝偶然遇到了襄亲王博穆博果尔的妻子董鄂妃。她眉目如画、顾盼流彩的样子,深深吸引了顺治帝,瞬间就让顺治帝陷入了深深的爱恋中。之后,顺治帝便找各种借口召董鄂氏进宫,只为能见上她一面。

两个人频繁的见面,激怒了襄亲王,他怒骂董鄂氏,并一怒之下冲进宫中,质问皇帝哥哥,顺治帝则既无法接受弟弟的"犯上",又心疼遭到痛骂的董鄂氏,竟然狠狠扇了弟弟襄亲王一个耳光。

皇上和亲王为了一个女人大打出手,孝庄太后觉得太过荒唐,便想为顺治帝立东西宫妃嫔,以拴住他的心,可顺治帝哪个女人都不要,只要董鄂氏,孝庄皇太后既生气又无奈,便将顺治帝和董鄂氏的相遇归罪于命妇的"入侍"。至此,命妇

"入侍"的规矩就被取消了。

而襄亲王博穆博果尔在被妻子"背叛"和被皇帝哥哥打了一个耳光后,竟然在怨愤中一病不起,不久就去世了。

弟弟博穆博果尔死了,顺治帝便忙不迭地将董鄂氏纳入宫中,立为贤妃。没有做"嫔"就做了"妃",原本就是越级册封了,可一个月后,他又以"敏慧端良、未有出董鄂氏之上者"为由,晋封她为仅次于皇后的皇贵妃。

顺治帝不喜欢他的皇后,他的第一位皇后是孝庄皇太后的亲侄女、科尔沁部亲王吴克善的女儿——博尔济吉特氏,这位表妹,并非是顺治帝看上的,而是多尔衮为他定的。

多尔衮活着时,顺治帝虽然对皇后不满,却也没有胆量废后,待多尔衮死后,顺治帝便以"感情不和,皇后失德"为由废了这位表妹。而皇帝怎么可以没有皇后呢?很快,礼部官员就通过种种严格筛选,为他选定了第二位皇后,她就是科尔沁部镇国公绰尔济的女儿,也是孝庄皇太后的侄孙女。可惜的是,这位皇后刚刚被册封,董鄂氏就进了宫。

皇后刚一进宫便被冷落了,顺治帝看都不看她一眼,而将全部的爱都给了董鄂氏。为了立董鄂氏为皇后,他处处为难皇后,找种种借口废她,最终因孝庄皇太后屡屡阻挠,才没能实现。

1657年10月7日,顺治帝和董鄂氏的爱情结了果,他们的儿子出生了。顺治帝对这个儿子视若珍宝,可惜好景不长,老天还是将他和董鄂氏的珍宝夺了去,这位排行老四的皇子只在人间活了4个月就夭折了。

顺治帝和董鄂氏陷入了极度的痛苦中不能自拔,顺治帝为了表达对这个儿子的爱,不仅举办了隆重的丧事,而且追封他为和硕荣亲王。那年,顺治帝20岁,董鄂氏还不到20岁。两个人都希望再诞一子,以减轻他们的丧子之痛。可厄运再次降临,董鄂氏突然生了病,并且一病不起,即使顺治帝为她请了最好的御医,也未能挽回她的生命。

1660年8月19日,董鄂氏离开了人世。

对于董鄂氏的葬礼,顺治帝不仅辍朝五日,还在下葬那天,让公主、王妃以及所有亲王以下、满汉四品官以上的人到景运门内外去哭灵。之后,他又追封董鄂氏为孝献皇后。

仅仅两年，爱子、爱妃接连去世，遭此打击的顺治帝，精神几乎崩溃。特别是董鄂氏的去世，竟然让他万念俱灰，他看破红尘，一心想要出家。

弃江山社稷如敝履的顺治帝让和尚溪森为他剃发，最后，由于孝庄皇太后的劝解及高僧玉林琇以烧死溪森相要挟，顺治帝这才答应不再出家，但他的精神已经完全垮掉了。

放弃了出家，顺治帝的生命也走到了尽头。1661年2月5日，在董鄂氏去世几个月后，顺治帝便因天花而在养心殿去世，这位年仅23岁的青年天子，就这样与世长辞了。

金圣叹之死

在清朝，统治阶级为了巩固自己的统治地位，对江南知识分子一向严格管控。如果有人敢挑战统治者的权威，那下场必定是凄惨的。不按常理出牌的金圣叹便是这其中的一例。

金圣叹（1608—1661）出生于明朝万历年间，小时候家里生活富裕，父母去世后家道逐渐没落。而金圣叹自小体弱多病，进私塾念书时已经10岁，当时私塾主要教授《大学》《中庸》《论语》《孟子》一类的书，金圣叹对这些丝毫提不起兴趣，却对《西厢记》这类"闲书"如饥似渴，读到精彩的地方，甚至茶饭不思。金圣叹经常在课堂上偷偷读"闲书"，有一次被老师抓住，金圣叹便如实相告，老师倒也没有责怪他，反而说了一句"孺子异日真是世间读书种子"。

金圣叹不贪恋权势，对从政为官之类的事情从不热衷，虽然他贫寒，但是也不愿答应朝廷的招揽。拥有像他这样一身傲骨的人十分少见。金圣叹有一个当官的舅父，名叫钱谦益。钱谦益原本是明末的一位礼部侍郎，南明弘光时期投靠了有权大臣马士英，任礼部尚书。后来清朝建立，他又脱下长袍换马褂，摇身一变成为清朝的礼部侍郎，所以金圣叹非常瞧不上舅父的所作所为。有一次，钱谦益过大寿，金圣叹也去了，在众人庆贺之时，他当堂挥笔作了一副对联："一个文官小花脸,三朝元老大奸臣。"

金圣叹的狂,在他点评六部书籍时体现得淋漓尽致。这六部书分别是《离骚》、《庄子》《史记》、杜甫诗集、《水浒》《西厢记》。金圣叹对它们做了详尽的点评,语言犀利,所评要点力透纸背,见识独特。

当时的多数人都代表正统的文学观念,对小说、戏剧持鄙夷的态度。因此,描写官逼民反、农民起义的小说《水浒》被维护政治制度和道德礼教的统治者和道学家们痛斥为"诲盗"的作品,而讴歌自由爱情的戏剧《西厢记》则被奚落为"诲淫"之作,两部书甚至被列入需要禁毁的书籍之列。金圣叹却逆天下而行,公然对外宣称:《水浒》《西厢记》《离骚》《庄子》《史记》和杜甫诗集本没有高下之别,它们可以并列,统称为人世间六大奇书。金圣叹还将这六部书命名为天下"六才子书",其中他亲自点评的《水浒》《西厢记》,还屡屡出现惊人之语。

金圣叹评点《水浒》时直言"乱自上作",认为农民会起义,铤而走险,直接原因是统治者的失政,这正是官逼民反。对于那些尸位素餐的官员,金圣叹毫不客气地说:"关节,则知通也;权要,则知跪也;催科,则知加耗也;对簿,则知罚赎也;民户殷富,则知波连以逮之也;吏胥狡狯,则知心膂以托之也。"在他眼里,官僚和盗贼本质上是一样的,这种想法非常大胆。

他给《西厢记》平反时说:"有人来说《西厢记》是淫书,此人后日定堕拔舌地狱。""《西厢记》断断不是淫书,断断是妙文。"可见,小说和戏剧在他心目中的地位与儒家经典不分上下。他认为《水浒》和《论语》没有谁高谁下之分,《西厢记》也完全可以取代四书五经,成为小学生的课本。要知道,在当时盛行科举、遵从儒家思想的年代,没人敢这样口出狂言。

在江南士子中,金圣叹又算是个为民请命的英雄。1661年2月,顺治帝驾崩,死讯传到全国各地,大小官员都要设灵堂服丧,老百姓也都要哀悼。3月,苏州得到了顺治帝驾崩的消息,江苏巡抚朱国治便在衙门摆设了灵堂,地方军政官员以及城中的士绅先后前来悼念。而在苏州文庙,当地政府也设了个灵堂,专门供老百姓祭奠。

以金圣叹为首的十几个秀才,因为要替百姓喊冤,也出现在了灵堂上。事情发生于一年前,苏州新任吴县县令任维初私取公粮3000余石,又逮捕了交不出补仓粮的老百姓。金圣叹因同情老百姓的遭遇,便写了揭露帖子到灵堂去控告县官,并将矛头指向了包庇县令的巡抚朱国治,这一下就惹怒了朱国治,朱国治当场下令逮捕了10余名秀才。

不过,"哭庙案"当天被捕的人员中并没有金圣叹,混乱之中,金圣叹逃脱了。当晚他又召集很多人,准备再次哭庙,抗议政府的镇压。因为被人劝阻,这个计划才没有付诸行动。之后,金圣叹便躲了起来,直到4月27日,他才再次被捕。而后朱国治上奏朝廷"必欲杀金等而后快",就这样,金圣叹等共18人都以"抗粮谋反"罪被判处了死刑。

据说,金圣叹他临危不惧,在牢中,他还把狱卒喊到跟前,说有事情告之。狱卒以为是什么大事,只见金圣叹指着饭菜说:"花生米与豆干同嚼,大有火腿之滋味。得此一技传矣,死而无憾也!"到了刑场,金圣叹看到儿子后痛哭,便作了一个对子:"莲子心中苦,梨儿腹内酸。"还说"杀头,至痛也;籍没,至惨也;而圣叹以无意得之,不亦异乎!"这些传闻未必确实,但也十分符合金圣叹大义凛然、不畏强权的气概。

中西历法之争

编制历法是中国朝代更替必须要做的事,每到朝代更替,都要更正,颁布新历书,一切都顺理成章,然而,在顺、康之际,却因编制历法引发了一场历法之争,一场汉族士大夫与西方传教士之间的争斗。

明朝使用的《大统历》在预测天象上很不准确,所以在清朝入关初期,便开始编制新的历法。就在清朝廷为编制新历法忙碌的时候,极力宣扬西洋新法的欧洲传教士汤若望(1591—1666)来到了中国。

1644年8月1日午时的日食,为清朝统治者判断哪种历法更为准确提供了机会。钦天监官员采用《大统历》、回回历和汤若望的西洋新历法分别做了预判。结果他们发现,若根据日亏、食甚、复圆的分秒来算,按《大统历》上的预报所食面整整相差一半;用回回历相差一小时;用汤若望的西洋新历法,则一毫不差。

哪个准确率最高,不用多说,一验证便清楚了。多尔衮没有再犹豫,当即决定让汤若望修订历法。

汤若望不负众望,很快就将历书呈上,清朝廷便将此历法称为《时宪历》。从那时起,汤若望便得到了朝廷的重用,顺治帝亲政后,也对他格外信任,先封他为钦天监监工,又授他三品衔,封他为太常寺少卿。

顺治帝和汤若望就像朋友一样交往着,顺治帝还常去汤若望的住处聊天、喝茶,并尊称他为"玛法",只要有不懂的问题就会问他。1658年,顺治帝又封汤若望为光禄大夫。

一个西方传教士在中国竟然这么受重用,怎会不让人嫉妒?而汤若望推崇的西洋历法,更是让坚守传统夷夏观的人士无法接受,于是他们以杨光先为代表,抨击汤若望的西洋历法,称其言论都是谬论。可惜,顺治帝太信任汤若望,杨光先等人并没有得逞。

1661年,顺治帝突然离世,而后7岁的玄烨继承了皇位。因为皇帝年幼,朝政大权就落入了鳌拜和苏克萨哈等人之手。汤若望没有了皇帝的庇护,而鳌拜等人又一直遵从旧制,于是杨光先觉得机会来了。

1664年7月,杨光先向礼部呈上了他为告汤若望所写的书——《请诛邪教状》,说汤若望为了谋反,以修订历法为名传播邪教。这次他的上书得到了鳌拜等人的重视。

1665年4月,汤若望和钦天监官员被定死罪,职位衔号也被革去;另外两位耶稣传教士利类思和安文思则被判充军。就在汤若望等人以为自己这次必死无疑时,北京发生了强烈地震,死伤众多。很多人都觉得,一定是上天在警告什么。而借此天灾,孝庄太皇太后大加干预,这才让汤若望捡回了一条命,但是李祖白等7名钦天监官员就没那么幸运了,他们最终全部被斩首了。

此事件被称为"康熙历狱"。汤若望虽然没被斩首,可经此事件后,他得了重病,一年多后便在北京寓所病逝了。

钦天监官员都死了,钦天监的监正也就成了杨光先。就职后,他首先做的就是废除汤若望的《时宪历》,重新启用《大统历》。不过,由于《大统历》错误百出,杨光先不得不和他的副手吴明烜一起重新编制新历法,新历法取名为《七政民历》。

虽然杨光先等人编制了新历法,可对西方天文学感兴趣并略有研究的康熙帝并不相信《七政民历》,他让人将《七政民历》带去传教士的住所,让传教士南怀仁看,南怀仁看了之后发现上面漏洞百出:不该有闰月的有闰月,一年中出现两个春分、秋分……

就这样,在以南怀仁为代表的西洋历法支持者与钦天监副监吴明烜之间又展开了一场中西历法之争。

谁对谁错,要经过验证才能知道。于是康熙帝决定为这场竞争举行一场辩论会。

1668年11月,代表西方历法的南怀仁、利类思、安文思和代表中方历法的钦天监监正杨光先、监副吴明烜及钦天监官员马祐等被康熙帝召集到一起进行辩论。来到东华门后,双方一见面就争论起来,公说公有理,婆说婆有理。

南怀仁见争执不下,便提议通过测试验证自己代表的历法。于是康熙帝就决定让两方同测正午日影所止之处。南怀仁说,他们双方可用自己的历法检测,一验高下。康熙帝接受了南怀仁的提议,双方先划出日影界限,然后接连3天去北京观象台检测。3天后,结果出来。南怀仁的检测完全符合,杨光先的检测却有很大误差。

杨光先和吴明烜依然不服,于是康熙帝又让和硕康亲王及众大臣一起参与南怀仁、吴明烜的检测方法。

1669年1月的一天,康熙帝派弘文与内院大学士图海、李霨等20多名重臣同赴观象台,看南怀仁和吴明烜对"立春""雨水"两节气以及对月亮、火星、木星等星辰运行度数的测算。结果显示,南怀仁的检测完全相符,吴明烜的检测却无一相符。在事实面前,杨光先再狡辩也没用了。

1669年2月,因杨光先编制历书错误太多,议政王大臣会议决定,将其革职,交刑部从重议罪。最后,康熙帝下旨:"杨光先着革职,从宽免交刑部,余依议。"杨光先只是被遣返还乡,吴明烜则被交由刑部论处。此后,钦天监便交由南怀仁掌管。

这场中西历法之争,最终落下了帷幕。而此次历法之争,并不是一场单纯的历法优劣之争,而是中西文化碰撞时产生的矛盾冲突。此次事件也让我们看到,面对西方文化时,中国人应当抱以什么态度。

康熙囚鳌拜

康熙帝(1654—1722)名玄烨,小时候就十分聪明好学。6岁的时候,玄烨去给父亲请安。顺治皇帝问他长大以后想做什么,玄烨先是不作声,而是用小手摸着父亲的龙袍,然后才回答说:"我愿意继承皇位,做个英明的天子。"顺治皇帝觉得玄烨的志向远大,并且不论长相脾气,都与自己非常相像,对他就更加喜欢了。

顺治皇帝去世之前便指定玄烨为皇位继承人,并让索尼、苏克萨哈、遏必隆、鳌拜四位大臣辅政。这年玄烨7岁。

玄烨登上皇位后,宣布改元康熙(康熙元年为1662年)。而小皇帝每天不是读书就是游玩,朝廷大权都掌握在辅政大臣手里。被顺治皇帝指定为辅政大臣的索尼、苏克萨哈、遏必隆、鳌拜四人,经历、性情、行事风格都各不相同。索尼是一位服侍过太祖、太宗、世祖的忠心耿耿的三朝元老。而苏克萨哈与鳌拜虽是儿女亲家,但是两人对许多事情的看法都不一致,相互间存在着不可调和的矛盾。遏必隆曾经在顺治初年被人诬告,受到撤职查办的处分,后来顺治帝亲政后为他平反,才使他得以恢复旧职,并于不久后升职。

在四个辅政大臣中,鳌拜是最善玩弄权术的,并有着极大的政治野心。他与苏克萨哈虽是亲家,二人却形同水火,互不相容。

顺治皇帝在世时,曾根据汉族地区的实际情况,改革了一些带有奴隶制残余性质的制度,例如宣布停止圈地等。可是四个辅政大臣都曾经从圈地中得到好处,所以一致反对这项改革。顺治皇帝死后不久,他们就开始重新圈占土地。

随着时间的推移,鳌拜的野心日渐显露出来。他在四个辅政大臣中本来位居第四,可是他拼命往前挤,处处强出头,一心想要取得首席辅政大臣的地位。

鳌拜是镶黄旗人,勇猛善战,立过多次战功。入关后追剿农民起义军,战功显赫,顺治帝便封其为议政大臣,二等公爵,后又提升他为领侍卫内大臣和少傅兼太子太傅。而鳌拜脾气暴躁,傲慢无礼,善于弄权,有极大的野心。他在辅政期间处处制造矛盾,时时招募死党,排斥异己,还曾以交换旗地为名制造民族矛盾,借机假传圣旨,滥杀与自己意见不同的大臣。

康熙六年(1667年),索尼因病去世。鳌拜万分高兴,因为他忌惮的人死掉了,其野心便愈加膨胀起来。而后鳌拜借康熙亲政免去辅政大臣之机,诬蔑、陷害其儿女亲家苏克萨哈,又拔掉了一颗眼中钉。而遏必隆虽系皇亲,有赫赫战功,但他是非不分,从不得罪鳌拜,有时还站在鳌拜一边。这就促使鳌拜独霸朝政,为所欲为。同时鳌拜又欺天子年幼,专横跋扈、无所顾忌,在朝中大肆培植党羽,安插亲信。一些重要的官职,鳌拜都强行安排其亲信、死党担任。更有甚者,他对吴三桂阴谋背叛朝廷的事不仅不管,还与其勾结。不过鳌拜这些罪恶行径,康熙帝既有所闻又有所备。

康熙皇帝年少有志,他在祖母的教导下,懂得很多治国安邦的道理,而且从小就练就了一身骑马射箭的武功,可称得上是文武双全的皇帝。康熙每日下朝后除读书外,就是和他选拔的上百名与他同龄的少年练习擒拿、格斗等武术。同时他又秘密委派自己的贴心人监视、探听鳌拜的一举一动,做到了有备无患。

康熙八年(1669年)初夏的一天,鳌拜装病,在家里与其党羽策划谋反。康熙得到消息后,决定带领自己的亲兵护卫前往鳌拜府探病以观虚实。鳌拜的死党突然听到皇帝驾到,吓得东躲西藏。鳌拜更是惊慌失措,连靴子都没脱就钻到被里,哼哼唧唧装起病来。皇帝的护卫掀开他的被子,一把亮闪闪的匕首露了出来。鳌拜吓得魂不附体,浑身发抖。康熙皇帝神态从容,若无其事地拿起匕首,脸上现出少年天真的微笑,说:"太师病成这样,还没有忘记我们满族人刀不离身的老习惯,真值得年轻人效仿。"说完便把刀轻轻地放在鳌拜身边,又着实安慰了几句,然后才起驾回宫。康熙帝的这次探病,举止大方,神态自若,言语自然,显示出少年皇帝对年长太师无微不至的关心,丝毫没有露出对鳌拜的疑心,却也稳住了鳌拜想谋反的心。

康熙帝通过这次探病也清楚了鳌拜的阴谋及其险恶用心。鳌拜的阴谋虽然还没有成熟,然而已使朝政危在旦夕。因此,康熙帝回宫后及时把此事讲述给祖母听,然后又召集索额图等亲近大臣共同商讨,进行了周密安排、详细布置,把粉碎鳌拜的阴谋的准备工作做到了万无一失。

诸事安排就绪后,康熙帝便下诏,命鳌拜进宫议事。鳌拜装病时,没发现皇帝对他有疑心,因而仍如往常一样,旁若无人地走进皇宫,见了康熙皇帝仍旧不跪拜只是哈腰(弯腰),问道:"陛下召老臣有何吩咐?"康熙帝十分生气,厉声喝道:"鳌拜你可知罪!"鳌拜一听,心知皇上有疑,但一贯专横的他根本没把这年少皇帝放在眼里,于是冷笑一声,挥动着手臂傲慢地说:"臣奉先帝遗诏,辅政八年,何罪之有?"康熙帝见状更加气愤:"大胆鳌拜,结党营私,违反政令,陷害忠良,图谋不轨,还敢说无罪!"一向蛮横的鳌拜又拿出逼康熙诛杀苏克萨哈时的架势,冲到御案前张牙舞爪地质问康熙帝:"说我犯了这些罪,有何证据?"康熙帝大怒:"来人,拿下这个奸贼!"话音刚落,百余名年轻小将从后面冲出,一齐奔向鳌拜。

鳌拜见状大吃一惊,但他毕竟是久经沙场的猛将,岂会惧怕这些小将,又见他们都是赤手空拳,更不将他们放在眼里,竟挥拳与这些武士打了起来。可鳌拜做梦也没想到,这些小将就是康熙帝几年来精心训练出来的专门对付他的擒拿勇士。没过几个回合,鳌拜就被打翻在地,他被五花大绑,跪在了康熙帝面前。康熙帝擒住逆臣贼首后,十分高兴,立即派兵将鳌拜府团团围住,并将其儿子、弟弟、侄子及死党全部擒获归案。随后,康熙帝召集文武大臣上殿,公布了鳌拜的罪状,并责令康亲王杰书会同刑部进行审讯。

鳌拜平日专横跋扈,朝野上下敢怒不敢言,今日他被康熙皇帝擒获,实在大快人心。众大臣都佩服少年皇帝的文韬武略。金殿上,众臣一条一条地列举了鳌拜许多罪状,经过归纳整理共30条,条条死罪,按清律应处以大辟之刑。而鳌拜的儿子、弟弟、侄子及死党也应处以死刑。之后,康熙皇帝又进行了一次复审,色厉内荏的鳌拜此时伏地受审,一一承认了这些罪行。康熙帝顾念其有功于前,又年事已高,故从轻发落,将他终身监禁。不久,鳌拜便病死在了狱中。

康熙帝智擒鳌拜,不仅给被他打击和害死的大臣平了反,而且扫除了一大隐患。康熙帝夺回权力以后,便开始了清朝历史上新的一页。

有胆有识削"三藩"

康熙帝在除掉鳌拜以后,就开始考虑另一件大事:削"三藩"。"藩"指的是封建王朝的属地。康熙帝所要消灭的"三藩",指的是当时驻守在云南的平西王吴三桂、驻守在福建的靖南王耿继茂和驻守在广东的平南王尚可喜。最初的三个藩王原来都是明朝边将,后来投降了清朝,充当了引路人,带领清兵开进了中原地区。清初他们被封为藩王,获得了优厚的待遇。

吴三桂在镇守云南地区之后,招兵买马,拥有了众多兵力。于是,他就在西南割据称雄,做起了土皇帝。他任命官吏与将领,不许朝廷干涉,而朝廷任命的云南总督、巡抚都要受他节制。他还利用西南丰富的矿产制造兵器,囤积了大量火药,制造火枪火炮,还凿井煮盐,用盐与邻省交换粮食、布匹等军需用品。耿精忠(耿继茂之子)则利用沿海的有利地形,与海外私通贸易,大量走私,捞取了大量金钱。尚可喜则在广东征收大量租税,其人性情残暴,经常杀人取乐,毫无人性。

吴三桂、耿精忠、尚可喜的胡作非为,康熙帝早有耳闻,而且他本就将处理"三藩"的问题时刻铭记在心,他不允许皇权旁落,更不允许国家分裂。

康熙十二年(1673年),尚可喜自觉年老力衰,请求皇帝让他回辽东养老,让其子尚之信继续镇守广东,并请求将平南王府撤销。吴三桂听到这个消息后,立刻找来谋士商量,之后,他也写了奏折给皇帝,请求撤藩。耿精忠见吴三桂也写了奏折,于是也连忙上了奏折,请求撤藩。

康熙帝在收到吴三桂、耿精忠的奏折后,立即召集群臣商议,并且打算将"三藩"一起撤销。不料,众大臣之中,除明珠、莫洛、米思翰等少数大臣同意撤藩外,大多数大臣都不同意,他们害怕"三藩"联合起来对抗朝廷。

19岁的康熙帝,在明珠等大臣的支持下,认为自己的削藩主张是正确的,就下诏批准了吴三桂、耿精忠请求撤藩的奏疏,叫他们各自撤到山海关外,并在走之前把地方行政移交给当地的总督、巡抚。

吴三桂怎么也没想到康熙帝会同意他的请求。于是，他与耿精忠联合起来，玩起了两面手法：一方面装出毕恭毕敬的态度，准备撤藩，另一方面则迅速调兵遣将，准备反叛。吴三桂想出一条妙计：他找来一个三十来岁的姓朱的青年，在他的两腿上各刺了一条龙，然后假称他是崇祯皇帝的后代，吴三桂是想借崇祯皇帝的名义，起兵反叛清朝。

1673年11月，吴三桂终于打出了"兴明讨虏"的旗号，自称天下都在招讨兵马大元帅，兵分两路进攻湖南和四川。第二年3月，耿精忠在福建起兵响应，向浙江、江西发动进攻。1676年，尚之信也在广东起兵响应，向广西进攻。至此，"三藩"勾结反清，叛乱范围扩展到云南、贵州、福建、广东、湖南、四川、陕西、甘肃、浙江、江西、广西等11个地区。

"三藩"叛乱、江南失守的消息传到北京后，朝廷上下一片混乱。那些不主张削藩的大臣立刻叫嚷起来，他们主张与"三藩"求和。而主张削藩的明珠、莫洛、米思翰等怎么也不肯退让，他们主张平定"三藩"的叛乱。康熙帝坚定了削藩的决心，决定派八旗军全力讨伐吴三桂，坚决镇压叛军。

对耿精忠、尚之信，康熙帝则软硬兼施。他一方面派耿精忠和尚之信住在北京的兄弟分别前往福建和广东进行劝说，表示对他们以前的行为不再追究；另一方面，又派八旗军去攻打他们，逼他们投降。这软硬兼施的办法果然奏效，不久，耿精忠和尚之信就投降了。"三藩"之中已平定了"两藩"，只剩下西南的吴三桂了。

耿精忠和尚之信投降，给了吴三桂很大打击，但他仍不死心。在攻入湖南以后，叛军的气焰十分嚣张，八旗军多次都未能攻下被叛军占领的岳州、长沙等地。康熙帝下令继续加强正面进攻，同时派兵绕道湖南南部深入广西，袭击叛军后方。而后八旗军越战越勇，而叛军内部却发生了动摇、分化，吴三桂手下的大将林兴珠、韩大任投降了清军。

即将覆灭的吴三桂已经六十多岁了，可是他仍念念不忘他的皇帝梦。终于在康熙十七年（1678年），吴三桂在衡州（今湖南衡阳）自称"大周皇帝"，建元昭武，并大封伪官伪将，企图用这种办法给他的部将们打气。可是，这一切都不顶用了，叛军最终抵抗不住清军的强大攻势，节节败退。一天，吴三桂听到前线战败的消息，心中一急，突然中风昏厥。从此，吴三桂水米不进，不久，便一命呜呼了。

吴三桂死后,他的部将马宝、胡国柱草草安葬了他的尸体,就赶忙派人前往云南接吴三桂的孙子——吴世璠前来奔丧。吴世璠到了衡州以后,继承了皇位,改元洪化。然后吴世璠带着他祖父的棺材匆匆忙忙地逃离湖南,退回到了云南昆明。吴世璠逃回云南昆明后,仍不死心,继续同清王朝对抗。康熙二十年(1681年),康熙帝派去了大将章泰(一名彰泰)和都统赖塔,他们二人带着勇敢、顽强的清军攻破了昆明,吴世璠兵败自杀。至此,历时8年之久的"三藩"之乱终于被完全平定了。

康熙二十一年(1682年),章泰和赖塔从云南凯旋,康熙帝亲自到卢沟桥迎接。君臣见面,亲热地行了抱见礼,这给予了两位立了赫赫战功的将军很大的安慰。由于康熙帝维护国家统一的决心很大,而且他处事非常果断,因此避免了全国再度陷入混乱和分裂。

因为康熙皇帝敢于坚持正确的意见,不听信谗言,而且善于用兵,终于打败了貌似强大的吴三桂、耿精忠和尚之信,维护了国家的统一,对清王朝经济的发展和人民的生活安定作出了很大的贡献。

郑成功收复台湾

郑成功(1624—1662),福建南安人,父亲郑芝龙原是商船主,靠走私贩运积累起大批家财,拥有一支商船队和一支船坚炮利的舰队。明朝当时正在风雨飘摇之中,无心南顾,崇祯元年(1628年),朝廷招抚郑芝龙为游击将军,后因战功升其为总兵。

清兵入关,明朝残余势力在南方建立起南明弘光政权,当时郑芝龙在东南一带势力很大,被封为南安伯。到了隆武帝时,郑芝龙的势力越发显赫,部将中封有爵位的有数十人。隆武帝当时极力笼络郑芝龙,封其为平国公,又见郑成功忠心耿耿,于是封郑成功为忠孝伯,赐姓朱,后来,人们也称郑成功为"国姓爷"。

顺治三年(1646年),清军攻打福建,由于郑芝龙指挥失误,加上清军实力强大，最终清军攻入福建，隆武帝被俘而死。而后郑芝龙投降清朝，郑成功苦谏无效，又不愿归顺清廷，就率兵到了南澳（今属广东）。郑成功开始联络江南的反清武装，积蓄实力。

顺治十六年（1659年），郑成功联合反清势力，统帅大军北伐。当时清朝初定，人心思明，郑成功的大军连克瓜洲、镇江，兵锋直指南京，全国震惊。但北伐最终失败，郑成功退回到了厦门。

之后，清朝集结重兵，想一举消灭郑成功。郑成功就只能借着厦门和金门海岛的地理优势苦苦支撑。

正在这时，郑氏旧部何斌（一作何廷斌）求见，他一见到郑成功就跪倒在地，流着泪说："红毛番占领了台湾，同胞们正处于水深火热之中，都盼着国姓爷早日领兵赶走红毛番。"

郑成功扶起何斌说："台湾孤悬海外，易守难攻，可以从海路攻打大陆；加之沃野千里，商贾来往方便，我正有心攻占台湾，只是不知虚实，你来得正好。"

何斌从怀里掏出一张地图说："我正为此事而来。"

原来，何斌几年前到台湾去给荷兰人当翻译，目睹了荷兰人在台湾的暴行，他便偷偷地把台湾的地形描绘下来，并把荷兰军队的部署情况也画在了地图上。郑成功接过地图一看，不禁大喜：有了这么一张详细的地形图，而且兵力部署也标得清清楚楚，何愁不能收复台湾？于是郑成功马上招兵买马，建造战舰，训练出了战斗力很强的铁甲大刀兵。

1661年4月，一支由数百艘战船组成的舰队载着数万名将士从厦门出发，向台湾进军。经过一天的航行，船队抵达澎湖列岛，而后郑军驻扎在澎湖，等待顺风天气。28日，风雨交加，但是风向已经转成顺风。郑成功当机立断，下令船队拔锚起航，在荷兰人意想不到的时候从台湾禾寮港（在今台南市）登陆，迅速包围了赤嵌城（今台南市西安平）。当时荷兰人在台湾有两个据点，除了赤嵌城外还有一座台湾城。台湾城的荷兰人得知赤嵌楼被围，便派出海陆两支援军杀奔赤嵌城。在郑成功的指挥下，郑军打败了这两路荷兰人。

荷兰人吃了败仗之后，垂头丧气地缩在两座坚固的城池中。此时，荷兰人不但拥有威力巨大的先进火炮，而且城墙极为坚固。郑军攻打了几次，伤亡很大，只好远远地把两座城包围起来。荷兰人已在城里囤积了大量的粮食，几个月过去了，两座城池岿然不动,而郑成功军队的给养需要从金门、厦门运来,时间拖得越长就越对郑军不利。

这一天,郑成功带着几个随从到赤嵌城周围视察地形,在路上遇见了几个当地的老乡。老乡们和他打招呼:"大人,你们围住红毛番好几个月了,为什么不打他们呢?"

郑成功摇摇头说:"红毛番的火炮很厉害,城墙很坚固,打了几次都失利了。"

"那大军为什么不试试断了红毛番的水源呢?"老乡建议。

"我们也找了几次,可还是不知道红毛番用的水是从哪里引进去的。"郑成功说。

"大人为什么不问问我们呢?"老乡说。

"哦,你们知道?"郑成功惊喜地问。

对方答道:"我们当年曾被红毛番抓去修城,知道他们的水源在哪里。"

于是郑成功在老乡的带领下,断了赤嵌城的水源,城里的守军只好投降。接着,郑成功向台湾城发起攻击,用大炮把城墙轰开了一个口子,大军蜂拥而入。

康熙元年(1662年),荷兰人在投降书上签了字。而郑成功坐在广场的帐幕当中,接受了荷兰驻台湾的最高长官揆一双手献上的降表,他向西方殖民者庄严宣告:中国的领土是神圣不可侵犯的!由此,台湾城上的荷兰国旗灰溜溜地降了下来,台湾重新回到了祖国的怀抱。

郑成功收复台湾后,便命儿子郑经留守厦门,自己则带了几营亲军开发台湾。他打算在台湾发展生产,学习春秋时期越王勾践"十年生聚,十年教训",为抗清复明做长期准备。可惜因为长年在战火中奔波,郑成功积劳成疾,在收复台湾后不久便患病去世了,死时才38岁。

郑成功死后,他的儿子郑经掌控了台湾,并一直控制着福建沿海的岛屿。后来,在康熙帝统治期间,台湾最终接受了清政府的统治,与大陆归于统一。

施琅的沉浮

康熙帝平定"三藩"后,他的注意力开始向东南海疆转移,特别是台湾问题,成了他主政时最想解决的问题。

1683年,清兵在施琅的率领下平定了台湾。平定台湾成了施琅终生的荣耀,然而,他两次降清,两次反复,也成了他被后人诟病的原因,成了他的污点。

施琅是随郑芝龙降清的,降清后,他又随郑成功反清,后又再一次降了清。

清政府是最喜欢用降将的,自入关以来,他们对洪承畴、吴三桂等降将的重用,让他们稳固了政权,而之后对施琅的重用,又让他们收复了台湾。

施琅(1621—1696),字尊侯,号琢公,福建晋江(今泉州)人。最早的时候,他是占据台湾的郑芝龙的部下,1646年,郑芝龙被清朝廷招安,施琅便随他一起降清。虽然郑芝龙降清了,可他的儿子郑成功仍继续反清。为了逼郑成功降清,清政府将郑芝龙软禁了起来,可惜他们未能如愿,郑成功始终不愿降清,于是郑芝龙被清政府关进了牢中。

降清后的施琅继续担任总兵,看似很受重视,实际上只是清政府对降将采用的一种策略而已。或许是降清让他并没有归属感,又或许是郑芝龙的经历让他对清政府很失望,所以,就在郑成功让他加入反清行列时,他一口答应了,并成了郑成功手下的一员猛将。

郑成功很重用施琅,授予了他左先锋之职。施琅也的确颇具文才武略,且有谋善断。施琅还以"知兵"著称,每次作战,总能获胜,在抗击清军上,他立下了汗马功劳。他还曾为郑成功夺取厦门出谋划策,让郑成功不战而胜,轻松占领了厦门。而此役的胜利,让郑成功有了抗清的基地,军事力量也大大增强。不过,一山容不得二虎,随着军事能力的增强,郑成功和施琅之间的矛盾也渐渐凸显了出来。

郑成功和施琅的个性相同,都倔强又自负,这让他们之间的冲突越来越大,甚至有愈演愈烈之势。

第16章 清朝

1651年2月,郑成功和施琅因为助南明政权的事情产生了分歧。郑成功想助南明永历帝,而施琅不愿意。于是,郑成功收回了施琅左先锋的帅印,这让施琅既伤心又失望。3月初,恰巧清军攻占厦门,为了夺回厦门,虽没有兵权,但施琅还是带着数十人殊死奋战,最终赶走了清军。

厦门再次回到郑军手里,按理说,施琅立了大功,理应得到重赏,可郑成功只赏赐了他白银200两,还是没有归还他兵权,这让施琅更失望了,同时对郑成功也越来越不满。就在这时,一位在施琅这里犯了死罪的亲兵——曾德跑到了郑成功那里,而郑成功不但没将曾德交给施琅,还提拔他做了自己的亲随。

施琅愤怒不已,冲到郑成功处,抓回曾德就要杀他,谁料郑成功又派人警告施琅,不许他杀曾德。

施琅更生气了,说自己不能违反法规,犯法的人不管是谁,都不能逃脱责罚。于是执意杀了曾德。自己的话竟然不起作用了,这还了得?被激怒了的郑成功冲动地抓了施琅父子三人及其亲属。最终,在一些亲信部将的帮助下,施琅才偷偷逃了出去。

得知施琅逃跑,郑成功这才意识到事情的严重性,施琅的能力他不是不知道,这样一员猛将,如果到了他敌人——清朝廷那里,后果不堪设想。既然不能为自己所用,那就要把他杀掉。于是郑成功开始四处搜捕施琅,可是始终没有结果。而既然不能杀了施琅,那就杀他的父亲、弟弟和亲人。

施琅在得知自己的父亲和弟弟被郑成功杀害后,悲愤难忍,遂发誓要报仇雪恨。为了报仇,也为了躲避郑成功的追杀,施琅第二次向清朝投降。

对于施琅此次投降,清政府表现得很冷淡。1653年,他随清军去了广东,征剿反清武装;1655年2月,索性被解除了职务,闲居在泉州的家里。

直至1662年,康熙执政,才又任施琅为福建水师提督,既负责造船,又负责对水兵的训练。而在这期间,施琅多次击败郑军,收降了郑军很多部将。面对这个对自己十分了解的强敌,郑成功实在无奈,只得退出厦门,固守台湾。

1664年,施琅向康熙帝上书,建议进攻澎湖、台湾,让四海归一。康熙帝即刻召施琅进京,商量收复台湾大计。虽然有很好的想法,但因为当时政权还操控在鳌拜等人手里,朝臣又觉得清军最不擅长的就是海洋作战,没有优势,便不主张用武力收复。当然,他们不主张的原因更多是对施琅的不信任,一个出尔反尔的人,怎么能信任呢？更何况施琅还有亲属在台湾。

清政府不仅没有接受他的建议，还将他调入京城，做了内大臣。面对种种挫折，施琅并没有灰心。趁着在京，他屡屡上书要求收复台湾，以争取康熙帝的支持。同时，他还广结朝中大臣，争取他们对自己收复台湾的支持。

而施琅在内大臣任上，一等就是13年。

1680年，台湾的郑军怀疑施琅在台湾的子侄施齐、施亥是清朝廷的"内应"，便将他们全家70余口全部杀掉了。施琅悲痛欲绝，不过这场惨剧却打消了清朝廷对施琅的怀疑。

1681年，主政台湾的郑经病死，权力之争让郑氏家族分裂，这给了清朝廷机会。而此时，"三藩"也已被平定，康熙帝可以全心全意考虑收复台湾的问题了。最终，施琅在福建总督姚启圣、同乡大学士李光地的极力推荐下重新成为福建水师提督。虽然他两次攻澎湖、台湾都受到飓风影响无功而返，还让朝中大臣再次对他产生怀疑，可在康熙帝的支持下，1683年，施琅率领的清军终于大捷而归，台湾也终于被收归清朝廷，成了清朝廷的一个省。

1696年，施琅在京去世。

根特木尔叛逃事件

清王朝在平定"三藩"之乱、一统台湾后，在江南的统治也趋于稳定，开始走发展路线。此时的康熙帝，又将目光投向了北部边疆地区。当时北部边疆问题越来越严重，划定两国边界，抵御沙俄入侵，已经成了重中之重。而要想解决这些问题，清政府就必须将根特木尔（生卒年不详）遣返回国。

沙俄对中国边境的入侵由来已久，自顺治时期就开始了，到康熙时期，他们愈发有恃无恐。

1667年，俄国帮助根特木尔叛逃俄国，威胁到了清朝边境的安全，根特木尔叛逃前是索伦部四品佐领。因为他的叛逃，近20年里，清朝不断向俄国提出引渡此人回国,可俄国都充耳不闻,直到康熙帝不得已发动雅克萨之战,俄国这才答应和中国签订《尼布楚条约》,由此,中国东北边境才逐步得以稳定。

那么,这位影响这么大的叛逃之人——根特木尔,又是何许人也?他其实是游牧在尼布楚一带的达斡尔族的酋长。他们原本过着悠闲自在的游牧生活,不料俄国人进入贝加尔湖和额尔古纳河上游地区,他们平静的生活便被打乱了。

1653年,根特木尔不堪忍受沙俄的烧杀抢掠,便率领族人穿过额尔古纳河一直向南,走到了清朝廷统治下的索伦部,并在那里居住了下来。对于根特木尔的到来,清朝廷很重视,为了更好地控制他们,就以自己的方式对其族人进行了整编,又挑选出了三个佐领。

这时期,沙俄加快了对黑龙江流域的入侵步伐。1665年,黑龙江雅克萨被俄国一个匪帮占领,此匪帮的头领是切尔尼戈夫斯基,他在俄国曾犯下大案。而切尔尼戈夫斯基不仅占领了雅克萨,还四处掠夺当地居民,甚至还游说根特木尔叛逃。

1667年,根特木尔带领300多名族人,逃往沙俄,住在了尼布楚附近。

因根特木尔的叛逃,清朝东北边疆的安全问题越发严重。因为在这一区域生活的很多部族,如索伦、赫哲、费雅喀等都已归顺清朝廷,甚至可以说是清政府在东北边疆的一道屏障。

沙俄的入侵,本就缩小了有着迁徙传统的部族的生存空间,而根特木尔在这一特殊时期的叛逃很可能会引起连锁反应,他辖下的三个佐领可能也会带着部众叛逃。更为严重的是,他们叛逃之后,这些游牧地区很可能成为沙俄入侵中国领地的突破口。

因此,清朝廷必须重视根特木尔的叛逃,他们向沙俄提出要求,希望引渡根特木尔回国,但沙俄拒绝了,而且还好吃好喝地优待根特木尔。沙俄为什么这么做?其实司马昭之心,路人皆知。

这一场漫长的遣返交涉,进行了20年之久。

1669年冬,清政府再次派出使者去和俄国交涉根特木尔引渡之事,这次派出的是沙拉岱,交涉地为尼布楚,无果;1670年,清政府派出的使者依然是沙拉岱,地点依然是尼布楚,只是,这次是邀请俄政府到北京谈边界问题,俄政府的尼布楚总管派出了米洛瓦诺夫,但是谈判依旧没什么进展。

同一时间,宁古塔的巴海将军也派人前往尼布楚,投递书信给俄方,要求引渡根特木尔等人,但还是被拒绝了。为此,康熙帝还曾亲自复信,要求俄方引渡根特木尔,并停止侵略中国领土。

1671年,清政府又派出孟额德去尼布楚,再次要求俄方引渡根特木尔、停止对中国领地的侵略。可依然没有回音。

不是坚决拒绝,就是不给回音,俄政府一直这么敷衍清政府。

1675年2月,尼古拉率领他的沙俄使团,共计150余人,从莫斯科出发来到中国;1676年初,他们来到了齐齐哈尔,当时正值吴三桂等人叛乱,尼古拉等人一时喜不自禁,急忙向沙皇汇报,称如果他现在带的是正规军,不需要多,只要两千名,便能将达斡尔地区,也就是中国长城以外的所有地区,全部占领。

尼古拉还特地向根特木尔保证,他们是绝不会将他交给清政府的。

1676年5月,尼古拉一行来到北京,傲慢的他,就连递交国书仪式都非常无礼,同清朝廷发生了多次争执。

在他们所递的国书中,避重就轻,只说两国之所以未派使者来往,不过是因为路途遥远。而对于清政府提出的引渡根特木尔,不再侵略边境的问题,丝毫没做回答。当时,清朝廷的理藩院尚书阿穆瑚琅问起这两件事,尼古拉则以沙皇不知道这两件事和不知根特木尔这人为由,敷衍了事。

这对清政府来说,绝对是种侮辱。可即使如此,该有的礼节和面子,康熙帝还是给足了他们。15日那天,在太和殿,康熙帝亲自以茶相待,接待了尼古拉一行。6月,理藩院等到了俄方回复,尼古拉称他受沙皇旨意,向清政府提出12条要求:比如通商贸易,释放被清军逮捕的俄国人,允许来使随身携带货物来中国销售,等价交换4万两银、数万两生丝、熟丝……甚至还恬不知耻地说,如果接受他们提出的12条要求,两国就能永远和好。

6月12日,清政府拒绝了他们的无理要求。7月1日,康熙帝令理藩院传谕俄使,想要通商贸易正常化,先遣返根特木尔,只有答应了这个条件,两国才能正常交往。

双方依旧互不相让,7月14日,尼古拉率使团离开了北京,而根特木尔叛逃事件,再次没了下文。

1683年9月,康熙帝再次令理藩院行文俄国政府,要求俄方遣返根特木尔等人,结果又石沉大海。

无数次的交涉都无果,康熙帝明白,他不能再等了,俄国侵占中国的步伐在加快,想稳定边疆,遏制叛逃,就必须划定两国边界。只有划好国界线,再有叛逃者,才能定性,要求遣返才有切实证据。于是,康熙帝便将重点放在了此事上。

1685年,清政府先向俄政府表示诚意,释放了12名俄国俘虏。1686年,康熙再次写信给俄沙皇,要求遣返根特木尔、不再侵略中国边境。如以往数次,依旧无果,于是他决定以武力收复雅克萨。

1685年到1688年,清军两次围剿雅克萨,最终成功收复了雅克萨领土。

中俄《尼布楚条约》

清军入关后,兵力大部分转移到了关内,驻扎在东北的清兵减少,致使黑龙江一带屡遭沙俄的侵扰。当时,清政府忙于攻取江南、平定"三藩"、收复台湾等事务,无暇顾及东北黑龙江一带,由此给沙俄入侵留下了空隙。

康熙帝(1654—1722)继位初期,鳌拜专权,政局混乱。而鳌拜对沙俄的入侵隐瞒不报,致使沙俄先后占据了雅克萨、尼布楚等地。沙俄在两地修建城堡,强征当地百姓的赋税,甚至向清政府发布外交文书,要清朝皇帝向他们称臣,还无理要求中国每年向沙俄进贡白银丝绸等物资。这一切都遭到了康熙帝的严词拒绝。于是沙俄恼羞成怒,增兵雅克萨,修筑了更多的碉堡据点,以威胁清政府,并伺机扩大侵略范围。

"三藩"之乱被平息后,国内基本安定。康熙帝认为应适时出兵黑龙江,给沙俄侵略者以应有的回击,以保卫国家领土主权不受侵犯。为此,康熙帝于1682年借回盛京拜谒太祖、太宗陵寝之机,亲自调查了边境情况。他乘船沿松花江北行,向从黑龙江逃回来的老百姓打听那里的情况,听到百姓对沙俄的愤怒与咒骂,得知民心思归。百姓爱国,不为沙俄所用,这正是击败沙俄、保卫边境、维护领土完整的有力保证。于是康熙帝安慰百姓说:"朕对沙俄早有所备,我大军一旦准备就绪,即刻发兵,收复失地,让你们重返家园。"

经过实地考察,康熙帝对出兵黑龙江充满了必胜的信心。为了更好地掌握沙俄的实际情况,回京后,他即派郎坦率几百健卒化装成猎人,深入雅克萨一带侦察敌情,勘察地形交通。之后,经过一个多月的侦察,郎坦等人取得了可靠的材料,绘制了地形图。回到北京,郎坦上奏说:"根据臣等所掌握的实际情况分析,要想打败沙俄并不难,只要派3000士兵就可取胜。"郎坦的报告与康熙帝的分析是一致的。而为了永保边境的安定,康熙帝认为必须在边境地区建城驻兵,屯田开荒,修筑水路、公路,加强边境与内地的联系,这样才能从根本上增强边境地区的防御能力。

1683年,康熙帝派兵驻守瑷珲等地,并任命萨布素为黑龙江将军,派户部尚书伊桑阿到吉林督造船只。康熙帝还派人修通水路,扩建陆路,极大地改善了边境与北京的通信条件。康熙帝还不忘谆谆嘱咐萨布素,要他关心和保护好边民,加强军民团结。

1685年春,康熙帝得到了萨布素的报告,知道一切准备就绪,于是下令攻打雅克萨。强大的清军得到了当地人民的支持,很快便攻下了雅克萨,将沙俄侵略者赶走,首战告捷。康熙帝又告诫萨布素要警惕沙俄卷土重来。

果不其然,沙俄退兵后并不死心,不久窥探到清军撤回休整,便趁着雅克萨守兵少的机会,立刻组织大批军民偷袭雅克萨。沙俄这次占据了雅克萨后,高筑墙,深挖沟,准备死守下去。与此同时,康熙帝则命令萨布素第二年春必须夺回雅克萨,彻底消灭沙俄侵略者。因为沙俄的防守工事修得又多又坚固,这次战斗十分激烈,一直持续了3个月,最后沙俄军队的头目托尔布津被击毙,沙俄士兵死伤者众多,仅剩66人,清军又重新夺回了雅克萨。

第二次击败沙俄后,康熙帝便致书沙皇,提出通过谈判解决边疆问题的主张。沙皇两次受挫,已经看到用武力霸占黑龙江流域毫无希望,只好答应谈判,并想在谈判上再捞一把。当时,沙俄全权使臣是老奸巨猾的戈洛文,清朝全权使臣是索额图。戈洛文使出了浑身解数,耍尽了手段;而索额图一直义正词严,不卑不亢。在雅克萨各族人民强大声势的压力下,戈洛文害怕如果再拖下去将失去俄在黑龙江一带所有的地方,于是无可奈何地接受了清朝代表提出的方案,双方达成了协议。

康熙二十八年(1689年),双方在尼布楚签订了中俄《尼布楚条约》。

虽然中俄《尼布楚条约》把原来属于中国的一部分领土让给了俄国,但这是清政府出于战略上的考虑做出的决定。中俄《尼布楚条约》是中俄双方共同商议的结果。它确定了中俄双方东段的边界,在此后长达150多年的时间里,这一段边境一直比较平静。而中俄《尼布楚条约》的签订也是康熙皇帝在外交政策上的一次胜利。

但是,沙俄并不死心,它开始改变侵略手段,阴谋挑拨中国的民族关系,鼓动中国西北部的噶尔丹起来叛乱。

三征噶尔丹

沙俄政府在雅克萨之战中失败以后,并不甘心,就在中俄《尼布楚条约》签订的第二年,唆使准噶尔部(卫拉特蒙古的一部)的首领噶尔丹进攻漠北蒙古。

那时候,蒙古分为漠南蒙古、漠北蒙古和漠西蒙古三个部分。除了漠南蒙古早已归属清朝外,其他两部分也都臣服了清朝。而准噶尔部是漠西蒙古的一支,本来在伊犁一带过着游牧生活。自从噶尔丹统治了准噶尔部以后,他野心勃勃,先兼并了漠西蒙古的其他部落,又向东进攻漠北蒙古。漠北蒙古抵抗失败后,几十万的漠北蒙古人逃到了漠南,请求清朝政府保护。康熙帝派使者到噶尔丹那里,让他把占领的地方还给漠北蒙古,噶尔丹仗着有沙俄撑腰,十分骄横,不但不肯退兵,还以追击漠北蒙古为名,大举进攻漠南。

于是康熙帝召集大臣,决定亲征噶尔丹。康熙帝认为噶尔丹气势汹汹,野心不小,既然他们打进来,就必须给以反击。1690年,康熙帝兵分两路征讨噶尔丹:左路由抚远大将军福全率领,出古北口;右路由安北大将军常宁率领,出喜峰口。康熙帝则亲自带兵在后面指挥。

右路清军先与噶尔丹军接触,吃了败仗。而后噶尔丹军长驱直入,一直打到乌兰布通(今属内蒙古)。噶尔丹不禁得意扬扬,要求清军交出他们的仇人喀尔喀。

康熙帝便命令福全反击。而噶尔丹把几万骑兵集中在了山下,后面有树林掩护,前面又有河流阻挡。他又将上万只骆驼缚住四脚,使之卧在地上,在驼背上放上箱子,再用湿毡毯裹住,摆成了一个长长的驼城。而叛军就在那箱垛中间射箭放枪,阻止清军进攻。

清军就用火炮火枪对准驼城的一段集中攻击,炮声隆隆,震天动地。驼城被打开了缺口后,清军的步兵、骑兵便一起冲杀过去,同时,福全又派兵绕到山后夹击,结果把叛军杀得七零八落,叛军纷纷弃了营寨逃走。

噶尔丹一看形势不利,赶快派了个喇嘛到清营求和。福全一面停止追击,一面派人向康熙帝请示。康熙帝下令说:"快进军追击!别中了贼人的诡计。"果然,噶尔丹求和只是缓兵之计,等清军奉命追击的时候,噶尔丹已经带着残兵逃到漠北去了。

噶尔丹回到漠北后,表面上向清朝政府表示屈服,暗地里却重新招兵买马。1694年,康熙帝约噶尔丹会面,订立盟约。噶尔丹不但不来,还暗地里派人到漠南煽动叛乱。他扬言已经向沙俄政府借到鸟枪兵6万,将大举进攻清朝。蒙古各部亲王纷纷向康熙帝告发。

1696年,康熙帝第二次亲征,兵分三路出击:黑龙江将军萨布素从东路进兵;大将军费扬古率陕西、甘肃的士兵从西路出兵,截击噶尔丹的后路;康熙帝则亲自带领中路军,从独石口出发。三路大军约定时间夹攻噶尔丹。

康熙帝的中路军到了科图,遇到了敌军前锋,但东西两路军还没有到达。这时候,有人传说沙俄将要出兵帮助噶尔丹。随行的一些大臣有点害怕,劝康熙帝班师回北京。康熙帝气愤地说:"我这次出征,没有见到叛贼就退兵,怎么向天下人交代?再说,我中路一退,叛军全力对付西路,西路不就危险了吗?"于是,康熙帝决定继续进兵克鲁伦河,并且派使者去见噶尔丹,告诉他康熙帝亲征的消息。噶尔丹在山头一望,见到康熙帝黄旗飘扬,军容整齐,于是连夜拔营撤退。

康熙帝一面派兵追击,一面通知西路军大将费扬古,要他在半路上截击噶尔丹。

噶尔丹带兵奔走了五天五夜,到了昭莫多(在今蒙古国乌兰巴托东南土拉河和克鲁伦河上游间),正好遇到费扬古军。昭莫多南北有山,山下横有小山,且有一片广阔的树林,历来是漠北的战场。费扬古按照康熙帝的部署,在小山的树林茂密处设下埋伏,然后先派先锋400人诱战,再边战边退,把叛军引到预先埋伏的地方。清军先下马步战,听到号角声起,就一跃上马,迅速占据了山顶。叛军向山顶进攻,清军便从山顶放箭发枪,双方展开了一场激战。费扬古又派出一支人马在山下袭击叛军辎重,前后夹击,使得叛军死伤无数。最后,噶尔丹带着几十名骑兵逃脱了。

经过两次大战,噶尔丹叛乱集团土崩瓦解。康熙帝要噶尔丹投降,但是噶尔丹仍继续顽抗。1697年,康熙帝又带兵亲征。这时,噶尔丹原来的根据地伊犁已经被他侄子策妄阿拉布坦占领。他的左右亲信听说清军到来,纷纷投降,表示愿意做清军的向导。噶尔丹走投无路,最终自杀(一说病故)。

从那以后,清政府重新控制了阿尔泰山以东的漠北蒙古,并赐给了当地蒙古贵族各种封号和官职。同时,清政府又在乌里雅苏台设立将军一职,统辖漠北蒙古。

后来,噶尔丹的侄子策妄阿拉布坦攻占西藏。1720年,康熙帝又派兵远征西藏,驱逐了策妄阿拉布坦,并护送达赖喇嘛进藏。之后,清政府又在拉萨设置了驻藏大臣,代表中央政府同达赖、班禅共同管理西藏。

在平定噶尔丹叛乱中,康熙帝表现出了杰出的政治、军事才能。这次平叛战争,清除了地方割据势力,避免了国家大分裂,有利于统一的多民族国家的巩固和发展。同时,使中央集权统治力量进一步加强。这次平叛战争的胜利,也意味着受割据之害的各族人民的解放,从而给这些地区社会经济的恢复和发展提供了必要的条件,有利于促进边疆和内地的经济文化交流。

靳辅治河

自古以来,农业的繁荣和水利的发展息息相关。所以清朝的统治者注重农业的同时,也非常重视水利。清朝时,最有名的便是康熙时期靳辅对黄河的治理。

清朝初期,也有治河的前例,但往往是随修随决。而黄河是最难治理的。一方面,黄河从中游地区流到下游地区时,会携带大量的泥沙直涌而下,一旦到了下游地区,则水势减缓,泥沙淤积到河床,便会使黄河变成"地上河",淤积到了一定程度,黄河就容易泛滥成灾。另一方面,与今天不同,清朝时黄河的走向是开封以下向南,夺淮河入海。同时,黄河的治理也关乎清朝的经济命脉。因为为朝廷运送漕粮的大运河也会用到一段黄河,只有黄河安全,漕运通道才能万无一失。

所以黄河的治理至关重要,不仅要治河,而且要保证漕运通道的畅通。如果只是前者,可以固定河道,也可以疏导,但涉及漕运,黄河与运河的交汇处不能改道也不能分流,因而治理的方法大大受限。这也是在靳辅接手之前,河道总督总是换人,河道治理却始终得不到改善的一个重要原因。

从康熙执政起,他就把"河务""漕运""三藩"三件事写在了殿内的柱子上,以此提醒自己。但因平定"三藩"之乱投入了大量精力,治河的计划也只能一拖再拖。待平定"三藩"的战事有了起色后,治河一事才被提上日程。

康熙十六年(1677年),黄河大肆泛滥,自江苏砀山直到入海口,黄河南北两岸有70余处决口,黄河水四溢,不再归向大海。而淮河因为入海口被黄河夺走,也暴发洪水。除此之外,洪泽湖高家堰30多处决堤,盱眙的翟家坝决口成河9道,高邮的清水潭不堪负水量,里下河七州县一片汪洋。就连漕运通道也受到了影响,清口、运口淤泥堵塞不通,漕运无法正常通行。

黄河问题如此严重,康熙帝立即任命安徽巡抚靳辅为河道总督。靳辅任安徽巡抚时,已有丰富的治河经验,但这次情况危急,他也深知问题的严重性,如果失败,自己也会像历任总督一样,落得被革职的下场。于是在接到任命后,靳辅赶忙问自己的幕僚陈潢该如何是好。

陈潢这个人从年幼时起就不喜欢作八股文,年轻时他常读农田水利方面的书,还曾到宁夏、河套等地实地考察,所以对治理黄河深有见解,只不过在科举考场上屡屡受挫,使他空有一身本领而无法派上用场。直到遇到了靳辅,他的过人之处才被发现。此后他就被靳辅聘为了幕僚,帮助靳辅治理河道。

陈潢在听到靳辅的问询后,并没有直接说出治河的策略,只是建议靳辅先巡查一下黄河下游两岸的情势再说。于是靳辅就带着陈潢从黄河河口溯流而上,沿河视察湖堰闸坝,勘测水情地势,向两岸的百姓和工匠们了解当地情况。等到了晚上,二人便查阅资料典籍,研究治河的办法。

经过3个月的实地调研之后,他们大致摸清了治河的来龙去脉,于是两人一连拟了8篇奏章,一天之内都上奏给了康熙帝。在奏章中,他们提议把黄河、运河、淮河视为一体来治理。除了沿袭前人的筑堤方法外,他们提议放淤固堤,把淤泥都引到河岸两侧的低洼处,用来造田。而且要多开水渠引流,这样便不用想方设法去堵决口,决口也不会再泄水。整个奏章的核心治河思想是"坚筑堤坝,束水攻沙",而不再像以前那样,只顾运道,不顾河道。

这正是"一日八疏"的由来。康熙帝很快批准了靳辅给出的方案。此后,靳辅和陈潢亲自上阵,指挥治河工程,每天非常忙碌。可黄河毕竟绵延千里,一次集中的治理很难药到病除。3年后,黄河的山阳、清河段再次决口,靳辅的治河手段开始饱受朝廷上下的质疑。不过康熙帝始终支持靳辅,让他坚持之前的方案,继续修筑堤坝。到了康熙二十二年(1683年),束水攻沙的思想终于被证明是正确的,许多决口都被堵上,河水也开始流向大海,深受多年洪水之困的扬淮地区七州县也摆脱了灾害,最重要的是,运河的漕运也已经一路畅通。

河工一直是个肥缺,油水多,也就滋生了大量的贪污分子。靳辅主持治河的这几年,经手的银子经常是几十万两,甚至几百万两,可他很廉洁,一分钱也没有占用。不仅如此,他还经常亲自到施工现场察看,深受老百姓和工匠们的称赞和爱戴。8年过后,黄河治理取得了长足的成效。康熙二十三年(1684年),康熙帝南巡视察黄河河道。每到一处,都召集当地的老人、秀才,了解地方风土人情。无一例外,这些人都说靳辅非常清明廉洁,治河有方。

然而,好景不长。康熙二十七年(1688年),治河的事情与朝中的"明珠朋党案"联系在了一起,靳辅被一些心怀叵测的人利用,虽然他本人尽职尽责,劳苦功高,却还是被免了职。他的手下陈潢也被捕入狱,最终在悲愤凄苦中死去。康熙三十一年(1692年),康熙又任命王新命为河道总督,后因王新命勒取库银6万余两而被革去了官职。于是,康熙重新任命靳辅为河道总督,不幸的是,不久,靳辅就去世了。

总体而言,康熙时期治理黄河的壮举影响很大,可以说,没有此时的治河举措,便难以形成康乾盛世的稳定局面。

讲究率真的美食家李渔

思想决定行动,行动决定生活。明末清初的不少名士在学术思想上追求自然、天性、率真,而这一追求也反映在他们的饮食上,李渔(1611—1680)便是其中具有代表性的一位。他不仅是一位文学家,而且是一位美食家。

李渔对美食非常讲究,他吃出了个性,也吃出了自己率真的性情。李渔的美食思想集中反映在他的名作《闲情偶寄》的"饮馔部"。"饮馔部"分三节:蔬食、谷食、肉食,内容不仅涉及食材,而且重视烹调方法,见解独到。李渔推崇天然食材。在"饮馔部"中,他将竹笋列为天下第一,"肥羊嫩豕,何足比肩",似乎天底下最值得品尝的便是竹笋,在竹笋面前,肥羊嫩猪是根本不能与之相比的。接下来,他又说蕈(蘑菇)是天下至鲜至美之物,其汁鲜味无穷。相比肉食,李渔更推崇食用蔬菜,"吾谓饮食之道,脍不如肉,肉不如蔬,亦以其渐近自然也"。

众所周知,蔬菜是日常生活中必不可少的食材,对人们的健康起着重要作用,是人体所需维生素、矿物质的主要来源。因为人体所需的胡萝卜素、维生素、钙、磷、铁等在蔬菜中含量普遍较高。多吃蔬菜,对人体生理功能的改善有着重要的作用。

我们今天看来,这些知识属于基本的健康常识,但是在三四百年前李渔所生活的时代,他是不可能通晓这些知识的,然而他语出惊人,认为"蔬菜渐近自然"。李渔对饮食"自然"的推崇与现代人追求"绿色食品"的观念不谋而合。

李渔不仅在食材选取上注重天然,在烹调方法上也是如此。他指出"世界好物,利在孤行",意思是说在烹调食物时要保持它的原色、原味,而最有效的方法就是单独烹制上好的食物,最好不加配料、少加调料,以保持其自身原有的色泽与口味。为此,他列举了笋的烹制方法:"素宜白水,荤用肥猪""茹斋者食笋,若以他物伴之,香油和之,则陈味夺鲜,而笋之真趣没矣"。他还把这个烹制方法写成了诗歌送人:"此物烹炮美在专,忌将他物相纠缠。世人不识孤行好,非在鱼边即肉边。鱼肉虽佳笋味夺,不如生嚼留芳鲜。"李渔特别推崇口味的清鲜脆嫩,强调保持主料的本色和真味。他认为,五味清淡,可使人神清气爽,不容易得病。五味与身体的五脏相对应,倘若不加节制则必损内脏,酸多伤脾,咸多伤心,苦多伤肺,辛多伤肝,甘多伤肾。

那个时候,社会上就存在许多不良的饮食习惯,吃的东西千奇百怪,也不惜残害生灵。对此,李渔在《闲情偶寄》中有详细的记载:"昔有一人,善制鹅掌。每豢肥鹅将杀,先熬沸油一盂,投以鹅足,鹅痛欲绝,则纵之池中,任其跳跃。已而复擒复纵,炮瀹如初。若是者数四,则其为掌也,丰美甘甜,厚可径寸,是食中异品也。"更残忍的是生吃猴脑:在食客围坐的大圆桌中间留个洞套住猴头,用铁榔头活生生地敲开猴子的脑壳,生吃其脑浆,猴子则在人们的大快朵颐中慢慢死去。除了鹅掌和猴脑的吃法,李渔还记录了"神奇"的甲鱼吃法。厨师把甲鱼头套在炙烤器的上端,让甲鱼身在锅里烟熏火燎,甲鱼受不住灼热的熬煎,张嘴喘息,厨师趁机灌进油盐酱醋,让佐料浸透全身。

李渔十分反对这些残忍的吃法,他在《闲情偶寄》中指出:"物不幸而为人所畜,食人之食,死人之事。偿之以死亦足矣,奈何未死之先,又加若是之惨刑乎!二掌虽美,入口即消,其受痛楚之时,则有百倍于此者。以生物多时之痛楚,易我片刻之甘甜,忍人不为,况稍具婆心者乎?地狱之设,正为此人,其死后炮烙之刑,必有过于此者。"

针对当时的不良饮食习气,李渔提出了反对虐待生灵的主张。他坚决反对人们生吞猴脑、活吃幼鼠之类的残忍吃法,并且毫不客气地指出这是虐待生灵的丑恶行径,甚至非常愤慨地说:"这样的人死后不但要下地狱,还要受炮烙之刑。"李渔还认为野兽出没于深山,又没有主动伤人,人们不该为了满足自己的私欲将其诱捕并残忍地吃掉。人们不仅要惜禽,更应该惜兽。

从李渔的这些言论中,可以看出他充满了对世间生灵的高度尊重。但是,他并不像佛教徒那样,一律反对杀生,他反对的是那些为图胃口一时之快而干一些伤天害理之事、动辄射杀飞禽走兽的饕餮之徒。以吃鱼为例,李渔这样阐述自己的饮食观:"故渔人之取鱼虾,与樵人之伐草木,皆取所当取,伐所不得不伐者也。"他认为,捕食鱼虾不仅满足了人类的口腹之欲,还有助于种群的平衡,正如剪枝伐木,是为了伐其不得不伐者,目的是使草木长得更茂盛。李渔的这种观点在今天看来都是比较科学的。

李渔并不追求饮食的极致,相反他强调的是自我满足。他认为,苦和乐是相对而言的。当一个人处于贫困状态时,只有和比自己更穷困的人比,以取得某种精神安慰,心情才会好起来。反之,不考虑自身的处境硬要去和那些富豪权贵相比,就只能越比越泄气,越比越恼怒,这无疑是给自己套上了精神枷锁。为此,他说了这样一个故事:

有位富人在外旅游,暂居驿站旅馆。时值夏秋季节,遂因被床帐内的蚊子叮咬而苦不堪言。另有一位亭长露宿于外,没有蚊帐,他则不时起来奔跑并哼着小曲驱赶蚊虫取乐。这位富人很不理解,便问亭长:"我在帐内睡觉仅有几个蚊子就弄得我烦躁不安,而你没有蚊帐,却以驱赶蚊虫为乐,这究竟是什么原因?"亭长回答:"前些年我被诬陷坐牢,手和脚都被绑住了。那时的蚊子比今天还多,而我又全身动弹不得,只能任其叮咬,那才真叫受苦呢!今天我可以自由自在地驱赶蚊虫,与之相比,这怎么能说不是一件乐事呢?"富人听了,觉得亭长说得很有道理,于是一切烦恼都烟消云散了。

李渔讲完这个故事后,很有感慨地说:"想至退步,乐境自生。"意思是说,退一步想问题,困境就会变成顺境。

顾炎武著书立说

顾炎武,字宁人,江苏昆山人,出生于1613年,学者们称他为亭林先生。顾炎武的家庭是江东有名的四大富户之一,又是世代相传的书香门第。顾炎武的养母王氏也出生在官宦人家,是一位有教养学识的妇女。她还没结婚,丈夫就死了,后来抱养顾炎武做自己的儿子,她决心要将他培养成人。

顾炎武小时候学习非常勤奋。他6岁的时候,养母就亲自教他读书,给他讲古代英雄的故事;10岁时,开始跟随祖父读孙子、吴起的兵法著作以及《左传》《国语》《战国策》《史记》《资治通鉴》等历史书籍;14岁就考中了秀才,正是少年得志。

顾炎武不仅专心学习,还关心国家大事,他参加了明末有名的文学团体"复社",开阔了视野,也培养了忧国忧民的思想情感。明朝灭亡以后,顾炎武接受了福王的邀请,到南京担任兵部司务。可是不到一年福王政权也灭亡了。顾炎武满怀亡朝之恨,回到家乡组织义军抗击清军。不久,清兵攻占昆山。顾炎武率义军苦战了4个昼夜,最终还是因双方力量过于悬殊而失败了。养母王氏闻讯之后,深为国家前途担忧,自此粒米不进,绝食而死,临终前还嘱咐顾炎武说:"我虽然是个妇道人家,但也有忠于朝廷的思想。你千万不要忘记亡朝的耻辱,不要当异族的臣子,要牢记先祖的遗训,那样我死也瞑目了。"顾炎武将养母的遗训深深地铭刻在心中,决心抗清到底。

顾炎武安葬完母亲后,立即与唐王政权联系,筹划组织力量抗击清军。不料这件事走漏了风声,顾炎武被人告发到了清朝,因此被关进了监狱。后来,他的几位好朋友经过多方努力,才把他搭救出来。

顾炎武在家中没法待下去了,只好背井离乡,开始了旅居生活。顾炎武注重将学到的书本知识与实际联系起来,他从明朝灭亡的惨痛历史教训中深深感悟到:必须要寻找社会兴亡的真正原因和历史规律。

45岁时,顾炎武带着两匹马和两匹骡子,驮着必备的书籍,走上了深入社会调查研究的道路。他先后游历了山东、河北、山西、陕西等地。凡是名山大川、天险要塞,他都要详细考察。到了山海关、居庸关、古北口、蓟县、昌黎等战略要地,顾炎武都要亲自到当地的老农和退伍的老兵家,听他们介绍情况,向他们详细询问地形、地势和风土人情。遇到与书本记载不一致的地方,他都反复勘对、校正书本的错误。遇到古碑遗迹,他总是设法越过荆棘和野草,有时干脆手足并用,爬到碑前,擦去碑上的斑藓青苔,再仔细辨认诵读,把碑上的内容摹拓下来。

在长期深入调查研究的基础上,顾炎武提出了"务农积谷""守边备塞"的战略思想,提倡要加强边防力量,要关心边境人民的疾苦,设法使他们的生活富裕起来。

顾炎武身体力行,从不"纸上谈兵"。他每到一处考察,凡是能办到的,总是亲力亲为。他看到北方丰富的水力资源被白白浪费了,深感惋惜,就计划把南方的水车、水碾、水磨引过来,还写信邀请南方的朋友来边塞一同实施这些计划。他每到一处住下来,看到可开垦的荒地,就与当地农民一起开垦,种植五谷,因此深受农民的钦佩。

顾炎武为人直率,同时又谦虚好学,周围人都喜欢与他在一起交谈。他遇到不懂的问题,总是虚心向有经验的老者请教,从而积累了丰富广博的知识。很快,他的名字就在大江南北、长城内外传开了。

顾炎武在漂泊不定的旅居生涯中,著述甚丰。他不仅完成了从青年时代起就开始的对治国安邦方略的研究,写成了《天下郡国利病书》和《肇域志》;他还编成了一本涉及内容极其丰富的书,名为《日知录》。在《日知录》里,他写了许多精辟的话,其中"天下兴亡,匹夫有责"的社会主张最早便是由顾炎武在书中提出的。

除此以外,顾炎武在音韵学、考据学、训诂学、历史学等方面,都有独到的见解和丰富的著述。

顾炎武晚年时,清王朝对待汉族知识分子的态度发生了变化。康熙帝为了笼络汉族的知识分子,便下令各地举荐著名学者。而顾炎武那时已是名闻天下,自然有人想举荐他,但都被他严词拒绝了。

顾炎武45岁离家,在外漂泊了二十几年,晚年才定居陕西,授徒讲学。1682年,顾炎武在旅经山西曲沃时,不幸患病,不久就与世长辞了。

八大山人朱耷

朱耷(1626—1705),号八大山人,明宁王朱权的后裔,明朝灭亡后,为了逃避清朝官府的纠缠,他隐姓埋名,躲到深山的寺庙里当了和尚。

尽管如此,因为朱耷是个很有学问的人,所以还是经常有一些清朝官吏找上门来,让他去做官。为了让这些人不再来打扰自己,一天,他突然大笑大哭起来还总是穿着破烂衣衫。人们都以为朱耷疯了,那些清朝的官吏也就不再来找他了。

时间长了,清朝统治者就把朱耷给忘了,于是朱耷又恢复了原来的样子。在寺庙里,朱耷每天都用写诗和作画来抒发自己的感情。每当写好一首诗或画好一幅画时,朱耷都在诗或画的落款处题上"八大山人"四个字。而这四个字的造型非常奇怪,组合起来很像"哭之"或"笑之"的字样。

朱耷喜欢画鸟,他画出来的鸟有一个共同的特点:呆头呆脑。这些呆头呆脑的鸟要么站在枯死的树枝上;要么傻傻地蹲在孤立的石头上,缩着头,翻着白眼看着茫茫的天空。而他画出来的鱼却又是另一副样子,每条鱼的眼睛都又大又黑,有的鱼眼睛还是方形的。而且他常常把鱼的眼珠点在眼眶的正上方,表现出一副高傲的样子。

你别看朱耷的画很怪,人们却都很喜欢,理解他的人还觉得他画的就是他自己。

而朱耷的画不仅受到老百姓的欢迎,有些达官贵人也非常喜欢,所以向他求字要画的人络绎不绝。可是朱耷从来不给达官贵人写字画画。这些达官贵人为了得到朱耷的画,常常需要从老百姓和和尚的手里买朱耷的画。

有一年,康熙皇帝到江南去巡视,沿途要召见一些官吏,通知召见的时间是五更,但是有的官吏二更就在门口等候了。朱耷为了讽刺这些阿谀奉承的官吏,特意画了一幅《牡丹孔雀图》。《牡丹孔雀图》的下半部分画着一块上圆下尖、看起来极不稳当的石头,石头上蹲着两只孔雀。而本来十分美丽的孔雀,却被朱耷画得十分丑陋:嘴短而秃,原本最美丽的尾巴部分也只有三根极其难看的翎毛留存着,发直的双眼更是贪婪地看着前方,一副恨不得把自己卖出去的谄媚相。

在《牡丹孔雀图》的上半部分,朱耷画着乱石,乱石堆里懒散地耷拉着几根竹子和几株开放的牡丹花。在空白处,朱耷则题诗一首,在诗中他把奴颜媚骨的人称为"三耳",因为奴才的耳朵最为灵敏,就像长了三只耳朵一样。而孔雀尾巴上的三根翎毛则象征着清朝官员头顶上那一顶带着花翎的官帽。清代著名画家郑板桥在看了朱耷的画后评价道:"横涂竖抹千千幅,墨点无多泪点多。"

明珠的得宠与失宠

索额图采取突袭的方式，助康熙帝将专权跋扈的鳌拜集团清除后，得到了康熙帝的信任和重用，成了保和殿大学士，权倾一时。只是，康熙帝对他的信任并没有维持多久，后来在撤藩问题上，索额图因与康熙帝产生分歧而受到了康熙帝冷落，之后代替索额图成为皇帝宠臣的便是力挺撤藩的明珠。

明珠生于1635年，清满洲正黄旗人，纳喇氏。顺治时期，明珠还只是一名侍卫。康熙初，因其才干过人，被升任为内务府郎中；1664年，他再次被提拔，成为内务府总管；1666年，成为弘文院学士，进入朝政中枢机构，参与国政；1668年，因调查淮扬水患立功，任刑部尚书；1670年，加封都察院左都御史；1672年，改任兵部尚书。

1673年3月，驻守云南的吴三桂势力越来越大，驻守广东的平南王尚可喜不禁开始担忧起来，在上疏告老还乡回辽东前，请求康熙帝撤藩。康熙帝答应了尚可喜告老还乡的请求，对于是否撤藩，康熙帝则召开了议政王大臣会议进行商讨。7月，平西王吴三桂、靖南王耿精忠也上疏请求撤藩。当然，他们请求撤藩和尚可喜不一样，他们只是为了试探圣意。

对于是否撤藩，朝廷出现了两种声音：以索额图为代表的一派称突然撤藩，很可能激起吴三桂和耿精忠的反抗；而明珠和户部尚书米思翰、刑部尚书莫洛则主张撤藩，还称既然吴三桂和耿精忠都上疏请求撤藩，不如将计就计，用撤藩来削减吴三桂和耿精忠的势力。

康熙帝亲政后，一直把云南、广东、福建这三藩当成头等大事，如何解决这三藩，他也一直想不出个两全其美的办法。其实，康熙帝是倾向于撤藩的，因为撤了藩，也就意味着拔掉了虎牙，可他信任的索额图竟然违背他的意愿，不同意撤藩，这实在让他失望。

相反，明珠支持撤藩，让他很是欣慰。

1674年,康熙帝决定平定三藩,而在这场平三藩的运动中,明珠则成了康熙帝的得力帮手,他运筹帷幄,让三藩的平定过程顺利了很多。经过此事后,康熙帝对明珠更加信任了。1677年,明珠跻身辅臣之列,被授予了武英殿大学士之职。同为辅臣的,还有索额图,于是,两个人各自为营,发展自己的党羽,朋党之争由此开始了。

康熙帝对明珠的器重与对索额图的冷落,则让两党之争更加白热化。

1680年,索额图的大学士之职被撤除,明珠没有了对手,开始权倾朝野。

权臣结党营私的危害,康熙帝很清楚,为了避免出现这种情况,康熙帝在罢黜索额图时,也曾提醒过明珠,让他不要重蹈覆辙,可权欲让明珠忘记了康熙帝的提醒。在内阁的十多年里,明珠在议撤三藩、统一台湾、抵御外敌等大事件中起到了积极作用,可他也倚仗皇帝的宠信,肆无忌惮地结党营私、贪污纳贿、卖官鬻(音yù,卖)爵、排除异己。

1686年9月,在礼部商议完原任广西巡抚的郝浴安葬费多少后,对于是否赐其谥号一事,理应由康熙帝裁决,可明珠把持的内阁却越过康熙帝,自行做了决定,这让康熙帝很是生气。还有一次,灵台郎董汉臣越职言事,大学士、九卿等官对此很反感,大学士觉罗勒德洪却觉得董汉臣虽然身份低微,可他的很多建议还是很有建设性的,值得肯定,然而明珠却大发雷霆,觉罗勒德洪只得改口。

把持内阁还不算,明珠还滥用皇帝的宠信排除异己。

1686年,阜成县知县王焯因为不是跟明珠一个阵营的,便虽经直隶巡抚于成龙推荐,依然没能得到重用,原因就是明珠未经奏请皇帝便否定了他。1687年,于成龙将此事密奏给了皇帝,称明珠和余国柱卖官,康熙帝便问内阁中书高士奇,既然明珠这么猖狂,为何没人参劾?高士奇说,没有人不怕死。康熙帝这才知道,明珠已经犯了众怒。

果然,一直反对明珠的德格勒找机会参劾了明珠。明珠知道后,竟然令其党人库勒纳也去参劾德格勒,还想置德格勒于死地,幸而康熙帝不糊涂,明珠才未能得逞。

1688年2月,江南道御史郭琇也上疏参劾明珠,称他结党营私,打击异己⋯⋯总共列举出八大罪状。康熙帝看了非常生气,可念及他的功劳,也有所保留,只是罢黜了他的大学士之职。而随着明珠的倒台,他的同党余国柱、科尔坤、佛伦等也被革了职。之后,明珠虽然被用为内大臣,却未再获重用。

1708年,明珠病故。

贪污受贿、专权跋扈,说到底,这都是康熙帝纵容的结果,而康熙帝之所以纵容他这么做,还有个原因,就是想用他来牵制以索额图为代表的另一党派。

康熙帝与他的"木兰秋狝"

清朝的统治者是以骑射征服天下的。入主中原,定都北京后,清朝的统治者们还依然保留着他们骑射围猎的传统,这项技能也被他们称为立国之本。由于清朝皇帝经常出塞围猎,康熙帝就特意选了一个地方,建了一个既能围猎,又能练兵的场所,这个场所就叫作"木兰",而皇帝每年秋天来此围猎,所以称"木兰秋狝"。

"木兰秋狝"满足了尚武的清朝统治者很多喜好。这里既能围猎,又可锻炼骑射本领,何乐而不为?

在这些统治者里,最推崇"木兰秋狝"的是康熙帝,这从统计数字中就能看出:从康熙时期的1677年到嘉庆时期的1820年,康熙帝北巡56次,行猎41次;乾隆帝北巡49次,行猎40次;嘉庆帝北巡19次,行猎11次。

从这些数字来看,有越来越少的趋势,当然,这都是汉化的原因。

"木兰秋狝"的参与者很多,有宗室子弟、文武大臣、八旗禁卫军、蒙古贵族及其本部骑兵等。康熙时,每次的参加人数,都是四五千人;乾隆时人数渐多,往往在六千人以上,最多时达到三万人,规模很大。

康熙帝第一次木兰行围是在1677年,当时,对"三藩"的平乱已经取得了优势,也许是心情很好的原因,他出塞北巡,在祭过遵化孝陵后,又从喜峰口出来,到了承德一带,驻扎在喀喇河屯。

稍做休息后,他又与蒙古贵族一起,长驱北上。到了蒙古高原东北角的塞罕坝,康熙帝被眼前的美景吸引了:高低起伏的山峦,高原、草甸、丘陵、山地……错落有致,非常漂亮。这一带水草丰美,高林耸立,禽兽群集。如此景色,不管是行猎习武还是避暑养性,都是不可多得的好去处。

何况,这里还地处内蒙古中心,不管是出关还是进关,都要由此经过,自古以来就是兵家必争之地。

"好地方!"康熙帝禁不住赞叹一声,他意识到,此地对清王朝特别重要。于是,决定在此建一座行猎习武的基地,这样既继承了先祖围猎的遗风,又能习武练兵。当然,此地既能控制蒙古诸部落,又能成为京城的一道屏障,真是一举多得呀!

有了这种想法后,1681年4月,康熙帝再次来到了这个地方。此时的到来就有了目的性,他边行猎边勘测,内心已经有个宏大的计划了:以漠南蒙古喀喇沁、敖汉、翁牛特、克什克腾诸部贵族敬献牧地的名义,在塞罕坝一带建木兰围场。

木兰围场很快就建起来了,自从有了这个木兰围场,行猎木兰就被列为清朝祖制,定为家法。而行猎木兰又被称为"木兰秋狝""木兰习武"或"秋狝大典"。

"木兰秋狝"不仅仅是普通的围猎,更是一场严格的军事训练、演习,所以对参加者的行军路线、安营、出哨、布围、合围、射猎、罢围等都有严格的规定。

每到"木兰秋狝"时,参与者都要从北京出发,经过怀柔、密云,然后出古北口,再绕过两间房、喀喇河屯、小营,最后到波罗河屯集结,准备入围。

而这里只是休整,是前奏。内蒙古四十八旗王公就在这里恭迎圣驾,然后一起喝酒娱乐。

真正的高潮是合围。他们会在事前选择一个四面都是山、中间较平的地方作为围场。然后再找一个高岗,搭一座供康熙帝检阅和休息的"城楼"。说是"城楼",其实也就是被黄幔围着的帐篷。

接下来,天亮之前,满、蒙管围的大臣就率领满洲八旗、蒙古骑兵、虎枪营士卒、各部落射手全部走出营地,走到离围场二三十、四五十里的地方,众人形成围墙,以"城楼"为中心合围,并逐渐缩小包围圈。众人将围中的野兽逼到城楼处时,康熙帝会率先射上一箭,然后在护驾、随从牵狗、架鹰、递箭等一套程序完成后,康熙帝就能安心坐回"城楼"观看了。之后,皇子皇孙、王公大臣、八旗射手们便开始或射猎,或聚歼,或追杀……

如果围上了虎、豹之类的猛兽,就必须提前汇报给康熙帝,然后由他射猎。

这样的围猎,很多时候,其精彩程度甚至超过了两军对垒。

"木兰秋狝"一年举行一次,除了练兵、狩猎外,也是康熙帝加强与蒙古王公贵族联系的重要手段。因此,每年的"木兰秋狝"结束时,康熙帝都会再次宴请各部蒙古王公贵族,赏赐他们绫罗绸缎、金银瓷器等。这些活动的开展,既展现了清政府的武力,又密切了与蒙古王公的联系,对安抚蒙古、巩固边防起到了重要作用。

蒲松龄落魄写《聊斋》

康熙年间,在淄川(今属山东淄博)的一个小村庄里,有一个塾师叫蒲松龄(1640—1715)。他常常带着茶水和旱烟到村口的路旁坐下来,免费招待过往的行人。那些过往的行人大多是小贩、脚夫和游荡四方的文人,他们歇下来喝茶时,聊的话题总是非常广泛。

坐在一旁的蒲松龄则笑容可掬地看着大家。当有人过去道谢的时候,他就请求那人把在家乡和旅途中听到的故事和见到的新鲜事讲给他听。那些行人走南闯北,见多识广,讲出来的故事自然很新奇。蒲松龄便把事先准备好的笔墨纸砚拿出来,一边听,一边记。这样日积月累,他就搜集了许多有趣的故事。

后来,蒲松龄积累的故事越来越多,他便把搜集到的故事进行了加工,写成了一本短篇小说集,这就是著名的《聊斋志异》。

蒲松龄能写出这样内容深刻的小说,是和他一生的坎坷经历分不开的。明朝崇祯十三年(1640年),蒲松龄出生在山东淄川,兄弟四人,都从小读书,而蒲松龄是众兄弟中成绩最好的。他顺利地通过了县、府、道的考试,而且每次都是第一名,19岁就考中了秀才,人们都认定他前程远大。可是从这以后,蒲松龄到省里考试就怎么也考不中了。后来,父亲死了,兄弟四人也分了家,蒲松龄分到的房子四壁透风,周围长满了蒿草。他没有钱请人修补房子,就只好借一块木板遮挡起来。为了维持生活,他又到大户人家去做塾师。

康熙十二年至十四年(1673—1675年),蒲松龄在淄川丰泉乡王家坐馆。王家是淄川的名门大族。在王氏兄弟中,王观正与蒲松龄最相投,又同是科举失意者,所以两人交情甚厚。后来,蒲松龄的母亲病逝,无以营葬,王观正便慷慨解囊,帮他安葬了母亲。

从王家撤馆后,蒲松龄又到罢职归乡的翰林院检讨唐梦赉（lài）家做了西宾,唐梦赉很器重他。最令蒲松龄感动的是唐梦赉对他写鬼狐神怪,创作《聊斋志异》大加夸奖,并为《聊斋志异》写了序言。

康熙十八年（1679年）,蒲松龄又到淄川西鄙西铺村的毕家坐馆。毕家也是名门望族。馆东毕际有请蒲松龄来家里教几个孙子读书,并把他当作清谈的伴友、文字的代笔、应酬的替身。而蒲松龄才华出众,文笔优美,谈吐风雅,给毕家增色不少。蒲松龄来到毕家后,仍然利用授业之余写鬼狐小说。毕际有对此不但不反感,还为他提供了不少创作素材,蒲松龄很是感动。

在当时,读经、研经、准备科考才被认为是读书人该做的正经事,而写鬼狐小说常被世人视为邪道。即使是蒲松龄敬重的孙蕙也曾写信劝他集中精力治学举业,不要再把精力放在写鬼狐小说上。

蒲松龄还算幸运,坐馆的几家,基本上都不歧视他写小说,不加干涉,所以他才得以执着写作。毕际有更令他敬重,二人时常谈诗论文,说《聊斋》。

有一次,当时非常有名望的大诗人王士禛来到了毕家。毕、王两家世代联姻,毕际有的夫人就是王士禛的从姑母。蒲松龄因此有机会作陪。能如此幸运地见到王士禛,蒲松龄非常高兴,二人谈诗论文,也很投机。当王士禛看过蒲松龄《聊斋志异》的部分手稿后,诚恳地称赞了一番,这使蒲松龄非常激动。能得到有名望的大诗人的公开称赞,蒲松龄感到他的心血没有白费,他的辛苦创作即将得到社会的认可。虽然蒲松龄一生之中与王士禛仅见了几面,但两人却结成了文友,有书刻成,便会互相寄赠。后来,王士禛读完《聊斋志异》,还做了点评,写了一首为后世广为传诵的诗:

姑妄言之姑听之,豆棚瓜架雨如丝。

料应厌作人间语,爱听秋坟鬼唱诗。

《聊斋志异》中的故事,有的质问当权者,有的抨击科举制度,有的把狐狸鬼怪描写成善良美丽的少女,有的歌颂青年男女真挚的爱情,还有的赞扬了普通人民的反抗精神,全书构思新奇,想象丰富,语言精练,深受世人的喜爱。

康熙帝定藏

西藏信仰藏传佛教，自唐朝起就与中原关系十分密切，西藏也与内地互相通婚，到宋、元、明时仍保持着密切的关系。明永乐年间，藏传佛教大师宗喀巴创立格鲁派（俗称"黄教"，藏传佛教教派之一）。由于禁止喇嘛娶妻，宗教首领便采取活佛转世相承的办法继承，形成了达赖、班禅两大活佛系统。

清初，清太宗皇太极写信给达赖喇嘛，希望建立满、藏两族友好关系。此时，漠西蒙古的和硕特部首领固始汗迁往青海，并与五世达赖、四世班禅建立了友好关系。而他们对统治西藏的藏巴汗不满，于是由固始汗出兵，杀死了藏巴汗，并与达赖、班禅共管西藏。而固始汗又与清朝关系密切，因此，这一时期的西藏出现了短时间的稳定局面。

不久，固始汗病逝，五世达赖也圆寂，大权落入了第巴桑结嘉错手中。第巴桑结嘉错想拥立自己心中的六世达赖，所以对五世达赖的圆寂秘而不宣。因拉藏汗一直对第巴桑结嘉错不满，所以知道此事后，他很是气愤，不久之后，就把此事上报了朝廷。第巴桑结嘉错非常恐慌，便想谋害拉藏汗，结果事发，最终竟被拉藏汗杀掉了。

拉藏汗掌权后，首先把第巴桑结嘉错所立的六世达赖押往了北京，请朝廷处置。结果，在押送的途中六世达赖病死了。拉藏汗想趁机立一个自己心中的达赖，但青海方面也立了一个达赖。双方互不相让，纷纷指责对方所立达赖是假的。康熙帝为慎重起见，于是派人去协助拉藏汗处理此事。

过了几年，双方又上奏康熙帝，都要求让自己的达赖坐床（指喇嘛活佛"转世"继位的仪式）。为免出意外，康熙帝让青海的达赖来北京，但青海方面不答应，并且不顾拉藏汗的反对，擅自让自己的达赖坐床。因达赖真假之争，青海方面与拉藏汗之间的矛盾越来越大，这就给了窥伺西藏已久的策妄阿拉布坦以可乘之机。于是，策妄阿拉布坦在康熙五十六年（1717年）出兵西藏。

策妄阿拉布坦乃是噶尔丹的侄子,自从噶尔丹夺取其父的汗位后,策妄阿拉布坦就逃到了吐鲁番,网罗朋党,招募他父亲的旧部,妄图复仇,以求东山再起。康熙三十五年(1696年),趁噶尔丹东进、伊犁空虚之机,策妄阿拉布坦占据了伊犁,而后重新组织队伍,一面向朝廷表示归顺,一面严阵以待,准备抵抗其叔父噶尔丹的复辟。在噶尔丹自杀后,策妄阿拉布坦为表示自己归顺清朝的决心,还将其叔父的尸体送往了北京。康熙帝见此,便答应准噶尔余部由策妄阿拉布坦统率。策妄阿拉布坦掌权后,开始极力建设军队,增强军事实力。经过几年的准备,策妄阿拉布坦开始向西扩张。策妄阿拉布坦感到自己已经羽翼丰满,便不再把清朝放在眼里,开始和沙俄勾结,并在得到沙俄的支持后,向东部和南部挥师。

康熙五十四年(1715年),策妄阿拉布坦出兵哈密。哈密方面立即上报朝廷,请求派兵增援。康熙帝即命将军席柱带兵前往哈密支援。席柱与哈密军队合兵一处,猛攻策妄阿拉布坦军,最终将其打败。但策妄阿拉布坦并不死心,还想攻打西藏。康熙五十六年(1717年),策妄阿拉布坦命其弟率兵进攻西藏。两军相持两个月之久,最终拉藏汗兵败被杀,策妄阿拉布坦占领拉萨,大肆抢劫,连寺庙也没能幸免。

康熙帝得知策妄阿拉布坦进兵西藏后,十分愤怒,他不顾主和派的意见,命十四皇子胤禵为抚远大将军,坐镇青海,统一指挥作战。而清军将领延信带大队人马迎头痛击叛军。前有强大清军的围剿,后有藏民及喇嘛兵的袭击,策妄阿拉布坦首尾不能相顾,处境狼狈,很快就被清军击败,逃回了伊犁,后又归顺了清朝。

清军击败策妄阿拉布坦后,便进入西藏,稳定社会秩序。后来,延信将达赖从青海送到西藏,举行了隆重的坐床仪式,成千上万的藏民都拥在布达拉宫朝拜达赖。延信当众宣读了皇帝诏书,诏书中规定,西藏政教合一,由达赖和班禅统一管理。达赖负责前藏,班禅负责后藏。自此,中国西南出现了长期稳定的局面。

康熙帝种稻

中国历代以农业立国,到了清代,农业更是获得了长足的发展。尤其是康熙时期,农业复苏,繁荣发展。而这得益于康熙帝对农业的重视,尤其是对水稻种植的重视。为此,康熙帝还在中南海的丰泽园自建了水稻试验田,引水进来,建造了一个"阡陌井然在目,桔槔之声盈耳"的环境。不仅如此,康熙帝还在田旁种桑养蚕,为了观摩体验农桑作业,还建了"知稼轩""秋云亭"等建筑物。

有一天,康熙帝在稻田里巡视,发现了一株比其他稻子长得更高大而且已经成熟的稻子。这是一桩奇事,因为这片稻种按照种植周期来说,要到农历九月才收割,而现在明明还是六月。康熙帝喜出望外,连忙将它采摘,并将种子收藏,准备明年试种,看是否还会如同今年一样早熟。果不其然,稻子又在六月成熟。而且色泽淡红,粒长,煮熟后更是香味浓厚。

得到了新稻种后,康熙帝没有选择第一时间在全国推广,而是先在宫内种,并且留给宫廷人员食用。直到康熙三十一年(1692年)四月,康熙帝在丰泽园澄怀堂的一次会议上,才对外宣布了发现新稻种的事情。在澄怀堂,康熙帝问尚书库勒纳、马齐等人:"顷尔等进来时,曾见朕所种稻田耶?"众人回答:"曾见过,稻苗已长尺许矣。此时如此茂盛,实未有也。"康熙帝又言:"朕初种稻时,见有于六月时即成熟者,命取收藏作种,历年播种,亦即至六月成熟,故此时若此茂盛。若寻常成熟之稻,未有能如此茂盛者。"

康熙三十九年(1700年),当时任直隶巡抚的李光地知道了康熙帝试种"早御稻"的事情,便建议在天津试种,因为这里地势低,水源充足。不久,天津总兵蓝理也向康熙帝请示了此事。可是康熙帝并没有答应他们,因为他觉得稻子虽然在京城成功种植,但长城沿线较寒冷的地方却不一定能够种植成功。

康熙四十二年(1703年),康熙帝在长城以北兴建热河行宫,命人在热河泉北侧开辟"御瓜圃",并在东北方向的低洼处开辟稻田,用来播种他用心培育的"早御稻"。没想到,大获成功。康熙帝后来有回忆:"口外种稻,至白露后数天不能成熟,惟(同'唯',只)此种可以白露前收割。故山庄稻田所收,每岁避暑用之尚有盈余。"

长城以北的水稻试验都成功了,京畿地区也就毫无疑虑了。康熙四十三年(1704年),直隶巡抚赵弘燮、天津总兵蓝理又请旨在京郊玉泉山和天津附近试种"早御稻"。这一次,康熙帝批准了。

于是蓝理在天津丰润、宝坻广开水田,栽水稻,并从南方招来了数百名稻农,共开垦良田150顷。康熙帝热情满满,不仅亲自指挥工匠挖河修渠,还亲手绘制水闸、水车图形,到最后,150顷田全都种满了水稻。康熙四十八年(1709年),第一批水稻获得高产,这使得长城内外沿线从不种水稻的传统彻底成为了历史。而在玉泉山,赵弘燮试种的水稻也有了好的收成。

到康熙五十四年(1715年),水稻已经试种了三十几年。于是,康熙帝决定向南方推广。由于南方气候较北方温暖,稻子成熟期也必然早于北方,这也就使得双季稻成为可能。第一季"早御稻"熟了过后,可以赶紧再种一季。康熙帝把推广水稻的事情交给了苏州织造李煦,这是康熙帝信得过的一个人。

接到命令后,李煦立马行动起来。第一次的结果却并不理想,康熙帝对此不太高兴。他批示李煦的奏折:"四月初十种迟了!"意思是说第一季种得太迟,收获也迟了,这样累及第二季的插秧,使得第二季稻"苗虽长成,结实甚少,所收稻谷每亩不满一石"。为了保险起见,康熙帝还给李煦派了水稻专家——资深稻农李英贵做现场指导。第二年,李煦按照康熙帝的指示,在谷雨日之前就插了第一季秧。这样一来,第一季早熟,第二季插秧及时,两季的产量都得到了大幅度的提高。

整个"早御稻"的成长期只需70天左右,而苏州本地的稻子是140天左右。有了这一巨大的优势,"早御稻"名声大噪,甚至连江西、浙江、安徽的官吏和两淮商人也来向李煦请要种子。

在清朝,康熙帝可算得上是一位出色的水稻育种专家。在他的指导下,水稻不仅得以在长城以北种植,还在南方延伸出了双季稻。而雍正帝、乾隆帝也继承了康熙帝重视农业的传统。每到春耕时节,雍正帝和乾隆帝都会举行"籍田"仪式,在丰泽园试验田亲自扶犁示范,以示对农业的重视。

孔尚任被罢官

在清朝，反清思想是不被允许的，谁一旦被发现有这样的思想，就会遭到镇压。不仅如此，反思明朝灭亡的教训、追忆旧国的往事也需要格外小心。康熙三十八年（1699年），有一部剧本《桃花扇》在北京城盛行，可没想到，它的作者孔尚任却因此被罢免了官职。

孔尚任（1648—1718）是孔子的六十四世孙。他虽然出身显赫，但想要跻身仕途，依然必须通过科举制度的选拔。和大多数的读书人一样，孔尚任对考取功名也非常热衷。他曾经多次参加科考，但都名落孙山，甚至还想捐钱买个名额，不过也没有成功，此时，他已经34岁了。而孔尚任的时来运转，是从康熙二十一年（1682年）至二十三年（1684年），他主持纂修《孔子世家谱》和《阙里志》开始的。在这期间，他召集了七百名邹鲁弟子，教习礼乐，并在孔庙成功举行了万人祭祀活动。康熙帝南巡之际，前来孔庙拜谒，孔尚任就为康熙帝讲经，康熙帝听罢，大力称赞，说他讲得比宫廷讲经的官员还要好。因此，孔尚任就由一个乡村秀才被破格提拔为国子监博士。

恩宠接连而来。康熙二十四年（1685年），孔尚任到京城上任，对康熙帝感激不已，他曾经有言"一日之间，三问臣年""真不世之遭逢"。康熙二十五年（1686年），孔尚任接到圣旨，要与工部侍郎孙在丰一同去淮扬解决水利问题，疏通黄河入海口。当时"天语劝劳，卿相赞勉"，孔尚任听罢便暗下决心，一定把这件事情办好，以造福百姓。

可现实常不遂人愿，他的抱负并没有机会得到施展。等到了治理河道的办公地点扬州，孔尚任才发现治理河道的官员都无视百姓安危，沉迷于享乐。尤其是官员之间钩心斗角，使得工程进展缓慢，完工之日遥遥无期。孔尚任当官的时间还太短，他非常不理解尔虞我诈的官场，也无法有立锥之地。很快，他的一腔激情就被消磨殆尽，当个好官的梦想也破灭了。

而治河三年，孔尚任政治功绩没有，文学才华倒是有了很大的进步。这三年，他与一批明代遗民结为知交，还几乎踏遍南明故地，搜集了许多资料，从而对南明的覆亡有了更深入的理解。回忆过去，看到眼前，孔尚任对政治得失、朝代兴亡感慨良多，他内心的政治悲剧意识也越来越浓，这些都为他后来写下一代名作《桃花扇》奠定了基础。

康熙二十八年（1689年），孔尚任离扬返京。这时他的官运已不再亨通，可他的文学志向还在，他开始投入精力创作《桃花扇》，并反复修改，直到康熙三十八年（1699年）才最终定稿，并在舞台上首次演出。

《桃花扇》一炮而红。当时朝野上下，无不追捧《桃花扇》，正是一派"王公荐绅，莫不传抄，时有洛阳纸贵之誉"的景象。秋天，内廷侍卫私下里到处借《桃花扇》看，皇帝自然也注意到了。谁曾想，罢官的端倪也已经若隐若现。

写文章容易惹祸，孔尚任并不是不知道，所以他写《桃花扇》时也不敢懈怠。从题材上看，《桃花扇》没有不妥之处。《桃花扇》将南明灭亡的原因归于"权奸误国"，考虑到自己还在当官，孔尚任也顾及到了当今朝廷的脸面。他一再强调，《桃花扇》中"朝政得失，文人聚散，皆确考时地，全无假借""借离合之情，写兴亡之感，实事实人，有凭有据"。但其中只要有对清政府不利的形象，他或多或少都会有所遮掩和粉饰。他甚至在《桃花扇》里借张薇之口，赞扬清政府"进关，杀退流贼，安了百姓，替明朝报了大仇"。

可再怎么说，《桃花扇》讲的也是南明王朝灭亡的历史，是和政治、民族问题挂钩的，里面难免会掺杂孔尚任个人的民族思想和爱国感情。从《桃花扇》的引言中就能很鲜明地看出这一点："场上歌舞，局外指点，知三百年之基业，隳（huī）于何人？败于何事？消于何年？歇于何地？不独令观者感慨涕零，亦可惩创人心，为末世之一救矣。"显然，身为传奇历史剧的《桃花扇》是借说过去的事情，来寄托作者的历史兴亡之感，整部作品充满了哀伤，明显地传达出了明朝遗民对江山已经不在的惋惜和依恋之情。

从书中对一些人物的描写也能看出孔尚任的倾向。比如在末出"余韵"一节，明朝魏国公的后人徐青君投降大清，被大清招安，孔尚任便说他是"开国元勋留狗尾，换朝逸老缩龟头"；清朝廷广招前朝的贤人雅士，孔尚任便说这是"访拿山林隐逸"；一些南明时期的官员换上大清的官服，孔尚任便称"那些文人名士，都是识时务的俊杰,从三年前俱已出山了"。相反,对说书艺人柳敬亭、唱曲的苏昆生这些在当时不能登大雅之堂且不愿当清朝官员的人,孔尚任就称赞其高风亮节。

孔尚任最终被罢了官,起初他并不知道所为何事。罢官后,他并没有立刻离开京城,而是想弄清真相,希望朝廷能重新任用他。而当知道祸起于《桃花扇》时,他便将自己当成了一个屈原式的人物,一个忠心耿耿的"孤臣""逐客",先后写下诗文"《离骚》惹泪余身洁""歌骚问上天""真嫌芳草秽,未信美人妍"。康熙四十一年(1702年)冬天,孔尚任在朋友的劝说下,从北京回到了山东石门山老家,过起了隐居生活。

康熙帝两次废太子

中国历史上在位时间最长的皇帝,清朝盛世的奠基人,他有雄韬伟略,文能安邦,武能定国;他一生东征西战,战绩显赫。他是谁?他就是清朝入关定都北京后的第二位皇帝——康熙帝。

康熙帝的儿子很多,且每个儿子都很出众。原本他不应该为谁继承皇位伤脑筋,可最终,他还是在立储问题上犯了难,甚至晚年时两次废太子,立了废,废了复立,立了又废,这种纠结甚至延续到了他生命终结的那一天。

康熙帝立太子很早,嫡系长子还只有一岁半时就被立为了太子。这位太子被取名为胤礽(yìn réng),出生在1674年,母亲是1665年被册立的皇后赫舍里氏。

胤礽的出生让康熙帝很高兴,不料胤礽出生的当天下午,皇后就去世了。康熙帝和皇后感情一向很好。皇后的离世,给康熙帝的打击很大,为了让这份感情延续,他将对皇后的爱,全都投放到了胤礽的身上。

康熙帝那么早立太子,只是不想重蹈祖父、父亲的覆辙,让储位之争影响到政局,更不想让储位之争影响了皇子之间的兄弟情谊。因此,1675年他就立胤礽为皇太子。在此之后,康熙先后在1677年、1689年分别又册立过两位皇后,可遗憾的是，两位皇后都未能给他生下皇子，因此，他二十几个儿子中，真正的嫡子，只有胤礽一人，其他的都是庶出。

胤礽既然是皇太子、是储君，康熙帝就要以对储君的要求培养他，张英、李光地、熊赐履、汤斌等人都曾做过太傅。之所以这么做，就是为了维护胤礽的储君之位。

胤礽原本就是个聪明的孩子，有了这些名师的指点，10岁时便会满、汉、蒙三种语言，对儒家文化也很精通。同时，他还擅长骑射，左右开弓，不在话下。

康熙很喜欢这个儿子，每次外出都惦记着他。

1684年11月，南巡到南京的康熙帝，突然非常想念皇太子。也许是父子连心，很快，他就在一天清晨收到了皇太子的问候信，还是亲笔所写。康熙帝既高兴又激动，立即赋诗一首，从诗句"龆年识进修，兹意良足喜"可见他对这个儿子的喜欢和赞赏。

然而，这个儿子还是让他失望了，随着年龄的增长，对权力的不断认识，皇太子变得骄纵又暴戾，与康熙帝心目中的储君，差距越来越大。

1690年，亲征噶尔丹的康熙帝突然生了病。像往常一样，他最牵挂的还是太子胤礽，于是召他来到行宫。康熙帝本希望从儿子那里得到些温暖和慰藉，但是侍疾的胤礽不仅心不在焉，而且还有些不耐烦。

康熙帝失望透顶，觉得这个儿子根本没有忠君爱父之心，一生气就让胤礽回去了。胤礽对亲情表现出的冷漠，不止这一次。1708年，康熙去塞外围猎时，突闻皇十八子胤祄（xiè）生了重病，康熙心里很担心，便即刻回了宫。9月，7岁的胤祄就去世了。君臣都很伤心，唯独皇太子胤礽脸上没有悲色，好似这人和他完全无关。

康熙帝看在眼里，伤在心里，便训斥了胤礽一番，希望他会有所悔改，不想他不但不觉得自己有错，反而还记恨起康熙帝来。这都不算什么，胤礽还奢侈淫荡，胡作非为。

1701年，康熙帝听说江南有买卖女子的事，便委托王鸿绪去调查。调查结果写在密折里，康熙帝看到密折里的幕后黑手是"御前第一等人"时，心头一震，便在密折上批了一句"此第一等人是谁"。

王鸿绪回奏说知情人不敢说。虽然康熙帝又在王鸿绪的回奏上批上了一句模棱两可的话,但他心里却很清楚,这"第一等人",不是别人,就是皇太子胤礽。或许是无法接受这一现实,也或许是还能容忍他这么胡闹,总之,此事就那么不了了之了。

而康熙帝对胤礽的宽容和放纵,让胤礽和他的同党变得有恃无恐起来,甚至威胁到了康熙帝的皇权。康熙帝无法再忍了,他决定从太子同党的中坚力量——大学士、领侍卫内大臣索额图身上下手。

1703年,康熙帝以"议论国事,结党妄行"等罪名,先将索额图拘禁在了宗人府,不久后又将其处死。康熙帝的想法很简单,削弱太子同党的势力,给太子及他的同党看看,让他们收敛点。

此时的康熙帝,依然没有废太子的想法,对于自己精心培养的储君,他怎么能随意换掉呢?他希望太子能够慢慢醒悟。然而,遗憾的是,胤礽不仅没有收敛,反而越发猖狂了,对康熙帝也是越来越不满。

有一次,康熙帝带着太子胤礽行军时,胤礽竟然偷偷趴在他的行宫外朝里面窥视,康熙帝发现后,心生警觉,觉得太子很可能会对他下手。

康熙帝决定不能再忍了。1708年9月,康熙帝召随行文武官员聚集在他的行宫,历数跪在地上的胤礽的罪状,称他为逆子,还说是他克死了皇后……每说一条罪状,康熙帝就心痛一下,听到最后,他竟然哭得晕倒在地。醒过来后,他先将太子同党中的一些头面人物惩办,接着就废了太子。

之后,他又让直郡王胤禔(zhī)监视胤礽。

太子是废了,康熙帝也像生了一场大病,整整六天六夜无法入睡,时不时伤心落泪。更让他难过的是,空着的储位,使其他皇子起了野心。皇子间的争斗开始暗潮涌动。不久,又有皇子向他告状,说胤禔对胤礽动用了巫术。康熙帝大惊,当即派人去胤礽处查,果然发现了"镇魇(yǎn)"之物,康熙帝像是突然明白了,自己那好好的儿子,之所以癫狂,只是因为有人对他动了巫术。

康熙帝气愤之下,将胤禔削爵囚禁。之后,他召见胤礽,提起之前的事,胤礽就装傻充愣,称什么都不知道,康熙帝也就更加相信,之前胤礽的所作所为,全是被巫术所害。群臣见康熙帝这样,也知道他的心思,纷纷让他复立胤礽为太子,康熙帝也就心动了。1709年3月,胤礽被复立为太子。

可惜,胤礽很快又原形毕露,故态重现。1712年10月,绝望的康熙帝,再次废了太子,而此次废太子后,直至康熙帝死前,他都不知道该立谁为储君。

满、汉官之争

清朝历代皇帝都希望"满汉一体",这对他们的皇权统治有好处。然而,"满汉一体"毕竟是清朝统治者自己的意愿,满、汉官之争,在清朝廷上一直上演。那么,怎么解决他们的纠纷?怎么处理他们之间的争斗?历任皇帝有他们自己的做法,而当康熙帝遇到噶礼和张伯行这两个满、汉官之间的相争,又是如何处理的呢?

噶礼,满洲正红旗人,是何和礼的四世孙,这何和礼又是谁呢?他可是开国功臣,因此噶礼才有资格和汉官叫板。何况他并不是一个依靠祖辈、没有能力之人,所以深得康熙帝的赏识。

噶礼的仕途一帆风顺,很快就成了山西巡抚。不过,此人贪婪残酷,在山西做巡抚期间,纵容官吏虐待百姓,重征赋税。1706年,浙江道御史袁桥就曾为此上疏参了噶礼一本。可康熙帝不仅对所参之事置之不理,而且还训斥了袁桥,可见其偏袒之重。

1709年7月,噶礼升任两江总督。刚刚到任,他便参劾江苏巡抚于准、布政使宜思恭、按察使焦映汉等人,说他们侵占钱粮;接着,他又参劾苏松督粮道(督粮道,官名,有督运漕粮之责)贾朴、苏州知府陈鹏年等,说他们克扣治河钱粮。

对噶礼这种胡编捏造、随意参劾的做法,康熙帝不仅不训斥,反而听之任之,并屡次派张鹏翮等人去严审噶礼参劾的官员。噶礼的这种做法,引起了一个人的不满,这个人就是张伯行。

张伯行(1652—1725)是汉人,河南仪封(今兰考县东)人,字孝先。因为为官清廉而被康熙帝在1707年3月破格提升,做了福建巡抚,几年后又做了江苏巡抚。

一个清廉,一个贪酷,这样的两个人在一起,肯定会发生矛盾。1711年10月,张伯行疏奏,说江苏乡试发榜日,很多士子因科场考试不公,抬着财神游行。这次康熙帝倒是有反应了,他令张鹏翮、噶礼、张伯行等一起审理此案。

而噶礼原本就与此案有关,所以就暗中阻挠审理。张伯行不理他,并上疏,参劾噶礼,说他在江南乡试中贿卖举人,索要了贿银50万两。而就在张伯行参劾噶礼的时候,噶礼也在参劾张伯行,并列出了张伯行的7种罪。

噶礼和张伯行间的互参正式开始了。发展到最后,竟成了满、汉官之间与汉族南、北派之间的一场博弈。噶礼所针对的就是汉官,而且是汉官里的南方派。

1711年,噶礼再次密奏,说汉官可恶,南方派不仅可恶,还奸诈狡猾。

"圣主明知者甚是……况且张伯行在属员中见旗人即憎恶之。奴才若为公事派遣汉官及来会奴才者,张伯行即背地里恨曰:伊为汉人,何不与我同心,反与总督同心等语。奴才不知张伯行用心何在。"

张伯行也毫不示弱,领着一群南方派汉官和噶礼你来我往,参得不可开交。对于这场满、汉官之间的争斗,刚开始的时候,康熙帝还是站在噶礼这边的,毕竟他是满人,而且他还在密折中提醒噶礼,让他留意"奸诈"的江南官民,此外还把张伯行推荐陈鹏年的事透露给了噶礼:"江南省官民奸诈,一时不注意,不防范,则即中其计。现张伯行以陈鹏年廉洁爱民,请补授布政使。等因具折上奏。此即大证据也。尔所参每件事都可畏,当多加谨慎。"

这还不算,康熙帝又把张鹏翮调查噶礼的奏言在密折中透露给了噶礼。这下噶礼又将矛头对准了张鹏翮,说他庇护门生陈鹏年。康熙帝也严厉斥责了张鹏翮,说他徇私舞弊。

之后,康熙帝又派张鹏翮去审理噶礼和张伯行之间的互参案,而张鹏翮的儿子是噶礼的部下,张鹏翮当然不敢说噶礼不好,况且康熙帝那么庇护噶礼,明眼人都看得出。

康熙帝在派张鹏翮去审理的同时,还对九卿发表上谕,意思是噶礼、张伯行两个人都有长处,也都有短处,他们之间的不和是陈鹏年造成的,是他不停怂恿张伯行,所以才闹得督抚互参。还说噶礼缉拿海贼有功,所以江南、浙江、福建三省的督抚才嫉妒他。最后又说,噶礼和张伯行之间的互参,弄不好会激化满汉矛盾,切不可大意,等等。

康熙帝的这种做法,间接提醒了张鹏翮:张伯行参噶礼是妒恨,是受人挑拨;审理结果既不能让汉人不满,也不能让满人不悦……总之,就是要让张鹏翮和稀泥。

张鹏翮无奈,只能"掩饰和解"和"瞻徇定议"。

1712年,张鹏翮草草结了案。结论是:噶礼索贿50万两不存在;噶礼所参张伯行之事有实有虚;建议:革张伯行职,拟徒准赎,噶礼降一级留任。

张鹏翮以为康熙帝会满意,谁料康熙帝大发脾气,说他审事偏颇、"瞻徇定议",已经引起汉官的不满了,这非常影响汉官的士气,还说他破坏了满汉大和谐。

原来,噶礼确实已经引起众怒了,即便是康熙帝想要袒护他,也不得不从大局考虑。最终,这场督抚互参、满、汉官之争案,以革除张伯行和噶礼之职,各打二十大板的处罚结束。

吴敬梓与《儒林外史》

吴敬梓生于康熙四十年(1701年),安徽全椒人。吴敬梓出生在一个官僚地主家庭,雍正时考取了秀才,是个少年得志的贵家公子。他的父亲是个精于儒学的人,因得罪上司而辞官回家,不久就病死了。父亲死后,吴敬梓独担门户,在家庭内部的财产争夺中被欺凌,这使他看到了这种书香门第表面上讲仁义道德,骨子里却是尔虞我诈的现实。家门败落之后,族人乡邻都歧视他,把吴敬梓视为吴家的不肖子孙,受过他慷慨接济的人也渐渐疏远了他。家乡无法容身,吴敬梓不得不移居江宁。这里非常安静、舒适,而吴敬梓再也不想参加科举考试了,他便下决心写一本书,把世态丑恶全都记录下来。

当时,清王朝统治者用八股取士的方法束缚读书人的手脚。按朝廷规定,科举考试只许在四书五经的范围内命题,文体严格限于八股文。这样选拔,不仅选拔的人没有真才实学,还会扼杀大量人才。吴敬梓看透了科举考试的弊病,便用辛辣的笔墨,尖锐地抨击了这一制度,写出了长篇讽刺小说《儒林外史》。

书中"范进中举"的故事很具有代表性。有一个老书生叫范进,是个深受科举制度毒害的人。他只知道写八股文,连赫赫有名的苏轼是谁都不知道,直到胡须花白了,还只是一个可怜的穷秀才。有一次,他参加乡试(在省城举行的科举考试,考中的人被称为举人)回来,母亲和妻子都已经饿了两三天了。出榜那日,他抱着一只母鸡到集市上去卖。没想到这一次他竟然考中了。

邻居到集市上把他考中的消息告诉了他,开始他还不相信,知道是真的后,居然兴奋过度,猛地向后一倒,牙关咬紧,不省人事了。被救过来之后,范进则披头散发,满手黄泥,一身臭水,鞋也跑掉了一只。他什么也不顾了,只是一个劲儿拍手大笑,高喊:"中了!中了!"后来被自己的老岳父胡屠户打了一记耳光,他才恢复了常态。从此以后,人们都来巴结范进,送他房屋、田产、衣服、用具等。范进因科举成名,自此从一个揭不开锅的穷光蛋,变成了一个耀武扬威的"官老爷"。

在《儒林外史》中,吴敬梓用他那辛辣幽默的文笔,绘声绘色地描绘了迂腐的读书人的恶言丑行,栩栩如生地刻画了众多市民官绅的面貌情态,无情地揭露了腐朽的八股取士的科举制度所造成的社会危害。

乾隆十九年(1754年),吴敬梓在完成了《儒林外史》之后不久,就病死了,终年53岁。

千叟宴

自古以来,中国的饮食就不单单是味蕾的享受,还有很多精神层面的意义,而且官方的宴会还往往有着特殊的政治内涵,最能体现这一特点的当属清代的"千叟宴"。清朝200多年,千叟宴也仅在康乾时期举行过。而千叟宴和所有宫廷筵宴相比,具备"四最":场面最盛、规模最大、准备最久、耗费最巨。规模如此巨大的千叟宴,正体现了康乾盛世的景象。

每次举办千叟宴都有着特定的历史条件。康熙五十二年(1713年),正值康熙皇帝六旬寿典,康熙帝此时已经完全掌控了皇权,励精图治,其文治武功也不逊于历代王朝的帝王。他为自己亲政年久而感到欣慰,便很想搞一次轰轰烈烈的盛典。各地农民有感于君王的"恩泽",也顶礼膜拜;而一些耆老为庆贺康熙帝寿诞,新春伊始,便纷纷进京,前来祝寿。有来自京畿顺天府几十里、数百里外的,也有从外省上千里之外赶来的。面对此种情形,康熙帝感到无比高兴。康熙帝以仁爱治天下,是出了名的"圣明"帝王,他心想:这么多老人前来为自己祝寿,无论如何都不能让他们空手而归。于是,康熙帝在"万寿节"(农历三月十九日)前一日发布谕旨,决定在畅春园宴请前来祝寿的老人,而后由朝廷派人送归家乡。三月二十五日这一天,参加宴会的耆老共有1800余人。接着,又于三月二十七日宴赏了八旗满洲、蒙古、汉军大臣等年龄在65岁以上的老人,也有1000多人。

而乾隆帝登基以来,国家更加殷实富足。好大喜功的乾隆帝更望"国家景运昌期""举世咸登仁寿"。乾隆四十九年(1784年),卷帙浩繁的《四库全书》编纂完成,年过七旬的乾隆帝又添五世玄孙。好事一桩接着一桩,于是乾隆帝发布谕旨,决定于乾隆五十年(1785年)正月在乾清宫举行千叟盛宴,当时共有3000人入宴。乾隆六十年(1795年),全国各地收成平均达到九成,十月又降一尺厚的大雪,年过八旬的乾隆帝便在宁寿宫、皇极殿再次举办了千叟盛宴。

千叟宴的场面如何呢?按照封建王朝严格的等级制度,千叟宴席分一等桌和次等桌两级摆设,餐具、膳品也有明显的差别。一等桌摆在殿内和廊下两旁,王公和一二品大臣以及外国使臣在一等桌入宴;次等桌则摆在丹陛以下,三品至九品官员、蒙古台吉、领催、兵民等在次等桌入宴。

外膳房总理大臣负责派员将800张膳桌摆设停当,随即引导与宴各官、外国使臣以及众叟先入席恭候。在殿内和廊下入席的王公大臣等,则于殿外左右阶下依次站立。此时,大殿内外,寂静无声,就等皇帝驾到了。

顷刻,中和韶乐高奏,鼓乐齐鸣。在悠扬舒缓的乐曲声中,皇帝步出暖轿,登上宝座,乐曲也随之停下。接着,赞礼官高声宣读行礼项目,奏丹陛大乐。此刻,管宴大臣二人,引着殿外左右两边阶下序立的内外大臣、蒙古王公等,由两旁走至丹陛正中。随后,鸿胪寺赞礼官赞行三跪九叩礼。随着乐声,群臣耆老一起向皇帝叩拜。赞礼官赞礼毕起立,乐声随之停下。接下来,管宴大臣引着诸位王公大臣步入殿内,与宴众叟群臣依座次再行一叩礼后入座。这个时候,皇帝开始赐酒,群叟还得下跪还礼。此后,又是一连串的叩谢礼仪。总之,饭可以先不吃,下跪叩头则一次都不能少。

由于千叟宴规模空前,盛宴开始前必须进行大量的准备工作。就拿1795年的千叟宴来说吧,仅铁锅一项,就得准备二尺和二尺三寸口径的各类锅共160口。

为端送膳品，推运行灶，就动用了役夫156人。为了搭盖蓝布凉棚，仅坠风用的青白石鼓就用了224个。宴席上的耗费更是数目惊人。以1785年的千叟宴为例，共耗用主副食品如下：白面750.2斤，白糖36.2斤，澄沙30.5斤，香油10.2斤，鸡蛋100斤，甜酱10斤，白盐5斤，绿豆粉3.2斤，江米4.2斗，山药25斤，核桃仁6.2斤，晒干枣10.2斤，香茸5两，猪肉1700斤，鸭850只，鸡850只，肘子1700个。为举办这次千叟宴，内务府荤局和点心局烧用柴3848斤、炭412斤、煤300斤。

乾隆帝以后，清朝国势开始衰退。自嘉庆帝以后，由于国家财力匮乏，也就很难再举办起规模盛大的千叟宴了。

神州盛世

康熙帝继位后，虽然国内大局已定，但仍面临种种困难。而恢复和发展经济自然成了稳定政治局面的当务之急。当时康熙帝在宫廷御柱上书写了"三藩、河务、漕运"六个字。"三藩"之乱平定后，河务就提上了日程。如果说土地是农耕民族繁衍的摇篮，那么水利就是农耕民族生息的源泉。治水修河，成了历代帝王的心患。康熙十六年（1677年），康熙帝任命靳辅为河道总督，治理黄河。

靳辅在幕僚陈潢的协助下，用疏导和筑坝相结合的办法治理黄河，经过10多年的治理，河务大有改观。康熙帝南巡时，特地到黄河视察河务，看到靳辅在各河段修筑的减水坝，便叮嘱道："减水坝原用以泄水，如果遭遇泛滥横流，今日的减水坝会不会成为那时的决口？且分流出的水会浸灌民田，一定要做好筹划。"靳辅也考虑到减水坝存在安全隐患，于是便提出开新河的办法。而新开的中河既免除了减水坝淹民后的修补之苦，又提高了运输效率。康熙帝知道后，对他夸赞不已。

后来，陈潢与靳辅相继病逝。之后，张鹏翮出任河道总督，使黄河工程又有了希望。康熙四十四年（1705年）二月，康熙帝第五次南巡，又视察了黄河工程。他看到大坝治理得很理想，对张鹏翮非常满意，倍加赞扬，特赐他一把自己亲笔题字的小扇,以勉励张鹏翮努力治河,为国分忧。张鹏翮经过十几年的努力,最终使得经常泛滥的黄河"水归故道,漕运无阻",曾几度成为汪洋的苏北七州县的大面积土地也恢复耕种,大运河也免受黄河之灾,畅通无阻。而漕运的恢复,使南北经济繁荣了起来。

康熙帝在位时6次南巡,途中都不忘视察民间疾苦,了解民情。在太湖游览时,康熙帝便对太湖水冲刷土地之事十分关心,了解得十分详细,并责令有关大臣进一步调查,然后制定出一套具体的减免赋税的政策。

清初,人们深刻认识到明朝灭亡的一大原因就是苛捐杂税繁多。"辽饷""剿饷""练饷"等军饷名目繁多,再加上豪门、恶吏暴征乱派,农民生活无望,才纷纷起来造反。最后,起义之火越烧越旺,直至明朝灭亡。所以多尔衮进入北京以后,首先废除了明朝的苛捐杂税,并对乱摊乱派的贪官污吏、土豪劣绅予以制裁。康熙帝继位后,又在原有基础上制定了更系统、更完善、更合理的赋税制度和征收政策。同时,对因兵祸、天灾遭受损害的人民,康熙帝还下旨进行了赈济。

在减免税收的同时,康熙帝又下令废除匠籍制度,准许手工业者自由开业,从而使他们不再做官府的手工业奴隶。此外,康熙帝还鼓励农民到边远山区开荒种地。开垦出来的土地归开垦者所有,政府则给开垦者发放印信。开垦出来的土地,开始为免税3年,后又延为免税6年;个别偏僻之处,则免税10年;对云贵等地区,还允许官府雇工垦荒,边境驻军实行屯田。由于措施得当,全国耕地面积迅速增加。

康熙帝对工商业也十分重视。康熙二十三年(1684年),他下令开放海禁,并和朝鲜互通贸易,后在广州、宁波等地设立了海关,以征收关税。江南的纺织业随着农业、商业的发展也日益繁荣。康熙帝降低了纺织业的税金,从而促进了纺织业的蓬勃发展。

康熙帝在位61年,对外强兵卫国保疆,对内多实施安抚政策,对有着正统思想的汉人,则用儒家思想进行招抚。

由此,帝业始固,社会稳定,边境安宁。随着农业、手工业、商业的发展,文化艺术也繁荣起来,诗、词、歌、赋、散文、小说、戏剧等争奇斗艳,而这些作品大都是讴歌这一时期的太平景象的。著名的戏剧《长生殿》《桃花扇》,小说《聊斋志异》等,虽然有些内容对现实有一定的讽刺与鞭挞,但对清朝的统治还是有利的。这些作品发表后,流传很广,颇受百姓的喜爱。由此可见,康熙帝功业之显著,永垂青史,永昭后世。

雍正皇帝

清世宗雍正(1678—1735),名爱新觉罗·胤禛,为康熙皇帝第四子,康熙病死后继位,为清代入关后的第三位皇帝,在位13年(1722—1735年),终年57岁,葬于河北泰陵(今河北易县西)。关于雍正之死,史料记载非常简单,其死因已成了一个谜。

雍正帝胤禛生于康熙十七年(1678年),8岁时随康熙出京北巡,10岁时出猎被封为贝子,31岁时又被晋封为雍亲王。康熙死后,44岁的胤禛继承了帝位。雍正继位后,便严厉镇压了曾与他争夺皇位的兄弟,将胤禔(tí)长期幽禁,胤禩(sì)、胤禟被则削籍,不得其死;又贬斥了康熙的亲信,并且借故禁锢、杀害了帮助他登上帝位的隆科多和年羹尧。

雍正帝虽然生性残酷多疑,但确实是一位治国之君。他不好声色,不尚奢靡,还经常教育厨师要珍惜粮食,不能浪费。雍正帝日夜勤于国事,很少有人与他在一起,批阅奏折累了,唯一的消遣就是独自饮酒、赏花或赋诗。他有一首诗,把自己描写得十分形象逼真:

对酒吟诗花劝饮,花前得句自推敲。

九重三殿谁为友,皓月清风作契交。

可见雍正帝真正是一个孤家寡人。

其实他也有朋友,其中之一就是张廷玉。张廷玉为人忠厚,文才出众,记忆力又好,皇帝的诏书、谕旨多出自他之手,他是雍正的得力大臣。有一次,张廷玉病了,雍正帝便对近侍说:"朕这几天手臂不舒服。"近侍们很吃惊。雍正帝又哈哈一笑说:"朕的股肱之臣张廷玉有病,岂不是朕的手臂不舒服吗?"近侍们这才恍然大悟。

再一个就是鄂尔泰。鄂尔泰为内务府员外郎时,雍正帝尚是四皇子,那时也正是诸皇子明争暗斗、争夺太子宝座之际。雍正帝曾多次召见鄂尔泰,但每次都遭到了鄂尔泰的拒绝。鄂尔泰说:"皇子不可外交大臣,这是祖训。"雍正帝听了此话,不但没有生气,反而高兴地说:"此人竟敢以小小的郎官,为遵守法制而拒见皇子,实在难能可贵。"由此,鄂尔泰在雍正帝的记忆中留下了深刻的印象。雍正帝继位后,便把他派往云南、贵州、广西等地任总督。

云南、贵州、广西一带的苗、瑶、彝等少数民族的土司历来是世代承袭的。土司在当地不仅有征赋税、摊徭役等权力,还有生杀大权。而这些土司各霸一方,控制当地财政大权,严重危害了清朝的利益。为此,雍正帝命鄂尔泰对罪大恶极的土司严惩不贷。

鄂尔泰觉得要彻底解决这个问题必须"改土归流",即废除土司制度,由朝廷任命流官进行管理,从而使国家政令统一。同时,为笼络安抚一些较好的土司,朝廷可授予他们终身制的官职,但也要有流官的控制。鄂尔泰将此策奏明圣上,雍正帝同意了这个办法。雍正六年(1728年)年底,雍正帝特授鄂尔泰为云南、贵州、广西三省总督,令其全面推行"改土归流"政策。

雍正八年(1730年),鄂尔泰在基本完成对云南、贵州、广西三省的改土归流后,在盘江上修建了一座由20多根碗口粗的铁索拉起的桥,桥上铺设了木板,同时建有阁楼,气势雄伟。雍正帝得知后,便将其命名为"庚戌桥",以纪念鄂尔泰改土归流的功绩。

雍正帝在位期间,还平定了青海和硕特部贵族的叛乱,镇压了北方准噶尔部贵族的骚扰,与沙皇俄国订立了《中俄布连斯奇界约》《中俄恰克图界约》,划定了中俄中段边界。

雍正帝有步骤地进行了多项重大改革,他高瞻远瞩,又勤于政事、励精图治,在位13年中取得了卓有成效的业绩,为后代乾隆帝的统治打下了扎实雄厚的基础。他的历史地位,同他父亲康熙帝和他儿子乾隆帝相比,毫不逊色。

耗羡归公

"三年清知府,十万雪花银"是后人常用来讽刺贪官的话。在清代,政府给各级官员发的工资,从账面上看还真的不高。官员的工资分为两个部分:俸银和禄米。俸银方面,在京文武官员每年的分配标准是:一品180两,二品150两,三品130两,四品105两,五品80两,六品60两,七品45两,八品40两,正九品33两1钱,从九品31两5钱。禄米是按俸银来发的,每两俸银匹配一斛禄米。地方官员中,只有文官的俸银与在京相应级别文官的等同,但没有禄米;而武官的俸银只有在京武官的一半。一个地方知县要雇佣幕僚、打点上司、接待客人,这些都需要银子,但单凭账面的薪水,养家糊口都成问题,更别说这些额外支出了。在这种情况下,类似额外征收"耗羡"的陋规就产生了。

耗羡,又称火耗,其实就是地方官在国家正式的征税之外,自己额外征收的税费。不同的地方征收比例也不相同,完全由地方官自行决定。征到以后,也都留为地方官自己使用。这样一来,随便搜刮民脂民膏,不顾百姓承受能力的恶意征收行为便时有发生,有些地方官还会选择一部分来"进贡"给自己的上司,形成上下勾结,影响非常恶劣。

地方官肥了起来,国库却时常亏空,因此有人建议康熙帝,将耗羡充公,来弥补国家财政资金的短缺。只不过那时康熙帝已经年迈,精神也大不如前,改革步履艰难。康熙帝本身又曾经保证"永不加赋",所以只能对耗羡的事情睁一只眼闭一只眼,这就使得耗羡制度一直到雍正初期才有所改变。

最终将耗羡归公并付诸实施的是山西巡抚诺岷。雍正元年(1723年),诺岷告别了任职多年的中央户部,出任山西巡抚,而他的要务之一就是处理山西的巨额财政亏空。诺岷是个清廉的官员,也很务实,做事果断。一到山西,他就大刀阔斧地改革起来,纠出了一干贪官污吏,并追缴了大量的赃款。第二年,他削减了火耗收取的比例,并从已收的银两里拿出了20万两来弥补当时山西财政的亏空,剩余的部分则都分发给官员,以高薪养廉。山西布政使高成龄非常支持诺岷的这一决策,他认为征收耗羡是损坏官员名节、败坏政府名声、增加百姓负担、使国库亏空的罪魁祸首,耗羡不能归地方私有,充公是应该的。雍正帝也对诺岷的举动大为赞赏,于是顶着巨大压力,推行耗羡归公制度。

而推行耗羡归公制度的过程十分艰难。雍正帝曾多次表明耗羡归公的方针,他觉得耗羡本来就不应该存在,但在目前财政紧缺的情况下,立即取消也不是明智的举动。应该将耗羡的征收比例限制在一定范围内,既不能使百姓增加负担,也能缓解燃眉之急。因此一开始,先削减耗羡,再将耗羡从州县提取到了国库,然后再分拨给地方财政。耗羡归公后的用途则被分为养廉与公用,官员在领取了养廉银之后,如果还征收耗羡,就当以重罪论处。耗羡归公是一个过渡的制度,等到财政亏空问题不复存在,官员也清廉了,就可以取消,耗羡征收也将被废除。

对于雍正帝的这项政策,朝廷官员的反应各不相同,为了尽力推行这一制度,雍正帝采取了区别对待的方法。如果地方有条件就可以先实行,没有的话也不勉强。但多数省份还是实行了的。

耗羡归公,断了地方官员一条财路,因此需要给他们生活、办公补助费。州县官没有了银两,他们的上司督抚,乃至京城的大官也就没有了常年的"进贡",因此也需要给到补助,这就是养廉银。给养廉银也是有政策的,雍正帝执行"奖廉惩贪"的办法,要求养廉银要给足,为官清廉、勤于政事的官员更要多给。而养廉银的具体金额是按照官级高低、事务繁简、地方冲僻和耗羡多少等标准来确定的。同政府发的薪水相比,养廉银的数目非常可观。如雍正十二年(1734年),直隶总督每年领取养廉银1.5万两,知府2000两,县官600—1200两;而山东巡抚也达1.5万两,知府3000两,县官1000—2000两。地方官员每年得到的养廉银甚至超过了他们各自俸银的数倍、数十倍乃至数百倍。而对于京城官员,则实行了双俸制度。

由于耗羡归公牵涉大小官员的切身利益,可以想象,改革有很大的阻力,比如吏部主事彭端淑就曾言耗羡私征是"万世不易之法",动不得。

但雍正帝一直积极支持耗羡归公。湖广总督杨宗仁上折建议耗羡部分归公,雍正帝批示"所言极是";河南巡抚石文焯本是雍正帝看不上的人,但提出了耗羡归公的建议后,雍正帝对他大为称赞,批阅"说得通,行得去,人心既服,事亦不误,朕自然批个是字"。至于反对耗羡归公的官员,雍正帝就劝他们"平心静气,虚公执正",不能"怀挟私意,任性尚气,淆乱是非"。如果有官员干扰耗羡归公制度的正常推行,雍正帝就会将他们调任或者革职。正因为有了雍正帝的大力支持,耗羡归公制度得以迅速在全国推行。

耗羡归公的积极意义是不言自明的。它使征税的权力重新回到了中央手中,而且百姓的负担也被大大减轻了。此外,地方官员拿的薪俸多了,也更愿意为地方谋福利,这在一定程度上使贪污腐败的现象也得到了有效的遏制。

曹、李两家的跌宕命运

俗话说伴君如伴虎,宠信之臣身败名裂是很平常的事情。比如雍正年间的曹寅、李煦两家。

曹家后来出了一位大人物,就是写出《红楼梦》的曹雪芹(约1715—约1763)。其实自清军入关,曹家就是满洲正白旗包衣,是皇帝家奴。曹雪芹的曾祖父是曹玺,因家族和皇室有这一层关系,所以也从王府护卫当上了内廷二等侍卫。而曹玺的夫人孙氏则是康熙帝的保姆。曹玺的儿子,曹雪芹的祖父曹寅(1658—1712),深得康熙帝赏识,17岁就做了康熙帝的侍卫。

1690年,曹寅去了江苏,出任苏州织造,专门负责朝廷内、宫廷里的绸缎布匹的织造。当然,他还有个秘密身份,就是皇帝的耳目;1611年,他又被调去江宁,仍管织造。自此,织造成了他们的家族性职业。曹寅的儿子、继子均连任此职近40年。

李煦家和曹家相似,和康熙帝的关系都很特殊,李煦的父亲是李士桢,而李士桢的原配夫人王氏的哥哥是王国栋,王国栋又是康熙帝的密妃——王嫔娘娘的父亲。此外,李士桢的继室文氏,像曹玺夫人孙氏一样,也是康熙帝的保姆。

这种千头万绪的关系,就形成了一张关系网。而这网,给他们网来了富贵,同样也网来了灾难。

网来的富贵是,曹寅和李煦因这层关系而仕途顺利,飞黄腾达。由于深受康熙帝的信任，他们也都做着康熙帝的耳目和亲信，他们在江南任职时，都曾给康熙帝汇报江南各地官府动向及民心民情。

相比于曹寅，李煦任职较晚。1692年，曹寅从苏州去了江宁，苏州织造就由李煦接替。那时候，李煦还不适应这样的多重身份，特别是充当耳目要给皇帝奏报的事，让李煦很为难。因此他在奏折中说："臣无地方之责，不应渎陈。"

康熙帝看了则鼓励他去做，还叮嘱他："凡有奏贴，万不可与人知道。"

想要皇帝看到自己的奏折，即便是县令，七品官，也都要通过层层关卡，可曹寅、李煦则完全不需要通过别人，直接就能将奏折送到康熙帝手里。

康熙四十八年（1709年）某天，李煦在给康熙帝的请安奏折中，提到了江南提督张云翼病故之事，他写道："恭请万岁万安。窃闻提督江南全省军务臣张云翼，于康熙四十八年六月十八日，病患腰痈，医治不痊，于七月初三日巳时身故，年五十八岁，理合奏闻。苏州六月晴雨册进呈，伏乞圣鉴。"

李煦不知道，这奏折已经犯了忌——"恭请万岁万安"，说的是长寿之事，又怎么能说到别人的死亡？这样的两种事，是需要分别奏报的。好在康熙帝见他奏折中语气幽默，且因为对他信任，虽然心里不高兴，却也只是提醒他，让他两种事不要放在一起写，很不敬。李煦看到批示后，吓得魂飞魄散，连忙谢罪、忏悔。

1712年7月，曹寅在去扬州办理刻印《佩文韵府》时，突染疟疾，病情很重，李煦去探病时，曹寅让他在奏报康熙帝时，向康熙帝讨要一些药。

康熙帝看到此奏报后，竟然朱批了一段很长的文字："尔奏得好，今欲赐治疟疾的药，恐迟延，所以赐驿马星夜赶去。但疟疾若未转泻痢，还无妨。若转了病，此药用不得。南方庸医，每每用补济（剂），而伤人者不计其数，须要小心。曹寅元肯吃人参，今得此病，亦是人参中来的。金鸡拿（即奎宁）专治疟疾。用二钱末酒调服。若轻了些，再吃一服，必要住的。住后或一钱，或八分。连吃二服，可以出根。若不是疟疾，此药用不得，须要认真。万嘱，万嘱，万嘱，万嘱！"

从此奏批中，不难看出康熙帝对曹寅病情的重视，对曹寅的关心。不仅如此，康熙帝又派驿马送药到扬州，还给出了时间期限，9日内必须送到。虽然康熙帝为曹寅急送去了奎宁，但是曹寅因其他一些并发症的出现，不久之后还是辞世了。

对康熙帝的皇恩，曹寅和李煦时刻都想报答，在康熙帝四次南巡里，两个人颇花了些心思，一路上随时随处恭迎，对于康熙帝喜欢的东西，他们挖空心思都要给他呈上。好在曹、李二人的忠心,康熙帝能感受得到,他们便也仕途顺畅,步步高升。

1706年,李煦和曹寅分别被加授大理寺卿衔、通政司通政使衔。然而,为报康熙帝的恩,为表达对康熙帝的忠诚,李、曹二人在康熙帝南巡时,花了大量库银,致使苏州、江宁两地织造有了巨大亏空。这也成了后来雍正帝查抄他们家的一个把柄。

而康熙帝对他们的宠信,也只维持到康熙帝病逝前。一朝天子一朝臣,雍正帝并不喜欢他们,不仅不喜欢,还很厌恶他们,因为雍正帝的死敌——康熙帝的第八子胤禩,和这两家有姻亲,且几家走动很是频繁。而李、曹两家也确实希望胤禩坐上皇位,这样,他们的荣华富贵也就能延续了。因此,在财力上,他们给了胤禩很大支持。

可惜,他们失算了,继位的是雍正帝,他们的灾难也由此开始。

1723年,雍正帝以苏州织造亏空巨大为由,抄了李家;1727年,又以江宁织造亏空为由,抄了曹家。抄曹家时,又再次揪出李煦为胤禩买侍女之事,倒霉的李煦再次入狱,最后被流放到乌拉(在今黑龙江境内),两年后去世了。

两个曾经被康熙帝"罩"着的显赫家族,最后却因被雍正帝"恨"着而败落。从巨额亏空织造来看,他们罪有应得,实际上,他们也只是做了权势斗争的牺牲品。

和通泊惨败

自清朝政府建立起,巩固边疆便在康熙、雍正、乾隆时期成了关键。然而,能令三代皇帝苦心经营的也就只有准噶尔部了。康熙时期,清军曾大力反击准噶尔的进扰,不过并没有完全解决这个问题;雍正时期,财力的丰厚,让清军希望通过一场大胜解决这个难题,但事与愿违,等待他们的还是失败。

1729年6月,太和殿内举行了一场盛大的出兵仪式。此次带领将士出征准噶尔的主帅是岳钟琪和傅尔丹。不管是主帅还是参赞大臣,全都信心百倍,他们向雍正帝保证,一定用大胜来回报皇帝的重托,完成先帝未完成的遗志。岳钟琪甚至还说此次出征他有十足把握,胜利指日可待,不久定会凯旋。

然而,事情真是这样吗?

雍正帝为了让此次出征不再无功而返,特意兵分两路,主力是西路军,统帅是宁远大将军岳钟琪;北路做策应,统帅是靖边大将军傅尔丹。两支大军按计划出发了。然而,就在他们即将到达准噶尔时,突然有自称准噶尔部使者的人来到了西路军,并声称要见主帅岳钟琪。岳钟琪不知有诈,就问这位使者有何事找他。此人说,青海的罗卜藏丹津叛乱被清军平定后,罗卜藏丹津逃跑,如今就藏在他们准噶尔,当时,隐匿在噶尔丹策零帐下的他有企图杀害噶尔丹策零的嫌疑,所以便被他们抓了起来,本来准备送去清朝廷的,没想到在半路上听到清军正要进攻准噶尔,于是就又将罗卜藏丹津送回伊犁了。

这本是准噶尔的一个缓兵之计,没想到岳钟琪半信半疑,并将此事上报给了雍正帝。雍正帝也不知真假,便令岳钟琪将使者送去北京,进军西北的计划得等商议后再定,并让部队先就地驻扎,岳钟琪和傅尔丹两位统帅则回京商议对策。

这本来就是一个荒唐的决定,更荒唐的是,岳钟琪一走,大军就由四川提督纪成斌负责了,纪成斌让副参领查廪负责保卫牧场,谁知这查廪是个只会吃喝玩乐的无用之人,这样的人,怎么能担当重任。一天,突然来了2万准噶尔兵,瞬间,他们的驼、马就被抢走了。

纪成斌得知,既生气又懊恼,便把查廪绑起来,准备斩首示众。幸而岳钟琪及时赶了回来,看到被绑的查廪,大吃一惊。说他和纪成斌都是汉人,而查廪再无用,也是满官,汉人怎么能斩满官?

查廪就这么被岳钟琪亲自解了绑。因为还没开战,驼、马被抢了很丢人,所以岳钟琪在奏报朝廷时说他们取得了大捷。

雍正帝一看大捷,非常高兴,马上奖励了他们。谁料假的就是假的,真相总是会浮出水面的,知道真相后的雍正帝,非常愤怒,狠狠地把岳钟琪训斥了一番。

1731年,用计拖住清军的步伐后,经过充分准备,噶尔丹派出大策零敦多卜带领3万人进攻清军北路军,同时,他们还派出间谍,去北路军统帅傅尔丹处,谎称有小股敌人到来。

1141

傅尔丹更是个有勇无谋之人,他和岳钟琪一样,也中了准噶尔的计,竟然想只率1万人去打那一小股敌人。统领定寿劝他说很可能是敌人的奸计,可傅尔丹根本不听定寿的劝告,执意前往。

傅尔丹带领1万人,到了6月才在和通泊与准噶尔军相遇,对方兵力达2万人。结果可想而知,傅尔丹大败。就连副将军巴赛、查弼纳都战死了,最终逃回科布多的,仅有2000余人。

这是多大的羞辱哇,自己的主帅这么愚蠢,雍正帝又气又恼又着急,却还要强装镇定,说兵马虽然损失了,但傅尔丹在和通泊还是很勇敢的,值得表扬。当然,是要表扬还是要处罚,雍正帝很清楚。于是,他不仅处罚了傅尔丹,而且还将临阵脱逃的参赞大臣陈泰杀了。

这个仇是一定要报的,雍正帝即刻任命顺承亲王锡保做进攻准噶尔的靖边大将军,任命康亲王崇安尔赛做抚远大将军。

1732年正月,噶尔丹策零在与傅尔丹交战大胜后,又率6000余人,袭击清军主力——西路军。这次他没那么幸运,岳钟琪一边派总兵官曹勷(ráng)迎战,一边派出了副将军石云倬从后面包抄。最后曹勷大胜,可谁料石云倬动作缓慢,致使噶尔丹策零带着残余部将逃掉了。

这场仗,按理说岳钟琪是赢了,虽然最后让噶尔丹策零逃掉了。可他还是遭到了大学士鄂尔泰的弹劾,称他手握数万重兵,却让敌人逃跑,实在失职。他身为主帅,既不能在敌人来前预先知道,又不能在敌人到来后将其打败,实在不配做主帅。

雍正帝正感窝囊,听了这话,一气之下就将岳钟琪抓了起来,最后,念其以前的功劳,才免了他一死。而纪成斌和石云倬就没那么幸运了,二人均被在军前斩首,以儆效尤。

带着大胜的自信而去,结果却惨败,雍正帝一举歼灭准噶尔部的计划由此宣告失败。后来,雍正帝起用了额驸、赛因诺颜部将军策凌后,才在光显寺与准噶尔的交战中,取得了一场难得的胜利。但此后雍正帝再也无力解决准噶尔部的问题,只得把这一重任留给了乾隆帝。

第16章 清朝

乾隆帝勤于国政

雍正十三年(1735年),57岁的雍正帝驾崩。雍正帝的儿子爱新觉罗·弘历(1711—1799)继位,他是中国历史上寿命最长的皇帝,活到了88岁,也是历史上在位时间较久的皇帝之一,在位60年(1735—1795年),退位后还当了3年的太上皇。

弘历继位后,第二年改年号为乾隆。他就是历史上著名的乾隆帝。

乾隆帝勤于国政,可与康熙帝、雍正帝相比。他每日早朝必在5点准时开始,夏季时,天已大亮,而冬季,天还很黑,但不论春、夏、秋、冬,一向如此。为便于应付临时事务,乾隆帝便命军机处大臣10余人,轮流值班,每晚一个;又恐突然有事,一人办理有困难,又特安排一人早晨提前上朝以协助办理。

乾隆帝每日早朝为使诸人得知,由寝宫出来后,每过一门必放鞭炮,直到乾清宫。宫中值班者、太监、侍卫、杂役等,便立即起来安排自己的工作。军机处十几个人每五六天轮一次,已觉得辛苦,然而皇帝天天如此,诸臣很是佩服,便不敢懈怠。西部边疆用兵时,每次有军报来,即使是半夜也必须呈报皇上。乾隆帝必亲自批阅、处理;紧急时还要召军机大臣商议,然后起草诏书,常常一忙就是三四个小时,不得安睡。

乾隆帝继位后,缓和了君臣之间的关系。他释放了被禁锢的允䄉等人,并封允䄉为公爵;又恢复了允禩、允禟的宗籍,收入皇室家谱;还封自己的兄弟为亲王,尊母亲钮祜禄氏为皇太后,立富察氏为皇后。

乾隆帝对有功之臣除嘉奖、提升外,还下诏绘功臣画像,挂在紫光阁内。乾隆四十一年(1776年)平金川,绘功臣像100幅;乾隆五十三年(1788年)平台湾,绘功臣像50幅;乾隆五十七年(1792年)平廓尔喀,绘功臣像30幅。乾隆帝还亲自参加祭祀。

乾隆帝继位后不久,正赶上山东平度县(今平度市)闹水灾,平地水深三尺,低

1143

洼处则汪洋一片。百姓们扶老携幼、拖儿带女，向高处逃难。平度县知县颜希深则积极组织人力抢救，忙了两天两夜，没合一次眼，没吃一顿热饭。水退后，又面临灾民的吃饭问题。县府各粮仓都有粮食，但如果不奏明皇上而擅自开仓放粮，就是死罪；如果上奏皇上后再放粮，往返公文的时间又将饿死多少人！颜知县决定即使自己丢掉性命，也要为全县几万灾民着想。他将此事告诉了母亲。其母深明大义，赞成儿子的做法。颜知县得到了母亲的支持，便立即命令全县各粮仓全部开仓放粮，赈济灾民。

无家可归的灾民领到了救济粮，保住了性命，重建了家园。灾民们纷纷拥到县衙感谢颜知县，高呼皇恩浩荡。然而，这事却激怒了山东巡抚，他一面具文上奏，一面命颜知县听参。而乾隆皇帝收到这份奏折，弄清了事情的真相后，却将这山东巡抚痛责了一顿，同时褒奖了颜希深，并告诫诸臣，再遇到这类问题，允许先斩后奏，后又下旨提升颜希深为莱州知府，并封其母为三品夫人。

乾隆十一年（1746年），驻大金川的莎罗奔叛清，乾隆帝任张广泗为川陕总督，进剿大金川叛逆之徒。张广泗原是鄂尔泰部将，作战勇猛，屡立战功。张广泗奉命后，调兵3万分两路进击，一路势如破竹。副将马良柱更是骁勇善战，乘胜直攻匪巢。贼兵屡次请降，均遭张广泗拒绝。张广泗要求务必将贼兵全部歼灭。但他忌妒马良柱的战功，竟将其调回，改派别将，从而使贼众有了可乘之机，贼众一举反攻，致使得胜之师成了失败之军。张广泗对此秘而不宣，继续向朝廷要兵、要饷。乾隆帝对此有所怀疑，于是一面宣诏起用岳钟琪，一面派大学士讷亲为经略前往支援。讷亲原本勤于国事，处事用心，思路敏捷，往往有些事与皇帝想到一起，因此，很受乾隆帝信任。然而他一得宠，人就变了，自以为是皇亲，而且有才学，就骄横起来。这次身为监军，本应为皇帝分忧，与将士同心合力，将贼兵剿灭，然而讷亲却自恃才高，蔑视张广泗。张广泗也同样瞧不起这样一个无军事才干的监军。由于二人不和，又中了莎罗奔弟弟的诈降计，两军相持半年竟毫无进展。

于是乾隆帝大怒，下旨将二人逮捕入狱。之后，他命傅恒为经略，率八旗劲旅剿灭叛贼，又从黑龙江调来了一支大军归傅恒指挥。乾隆帝还亲自为其祝酒送行。傅恒与岳钟琪两军会合，以精锐之师进击叛贼，屡战屡胜，最终迫使莎罗奔投降。金川之战告捷，乾隆帝于京郊迎接凯旋大军，而后封傅恒为忠勇公，赐给他双眼花翎，并恢复了岳钟琪的旧爵。

福康安进兵西藏

乾隆帝是一位有作为的皇帝,在他执政期间,各民族和睦团结,但仍有一些地方发生动乱,威胁清政府的统治。

乾隆五十一年(1786年),台湾天地会数千人在林爽文、庄大田的领导下攻城夺县,严重威胁着清朝的统治。台湾总兵柴大纪一面坚守,拼命抵抗;一面上奏朝廷,请求派兵协助剿灭天地会。乾隆帝得知后,一面嘉奖柴大纪等固守有功的将士,一面派福康安(1754—1796)率兵援台。

福康安善于用兵,部下海兰察也骁勇善战。二人经过周密研究,制订了一个声东击西的作战计划:在佯攻天地会根据地的同时,派精锐兵将偃旗息鼓,直奔被天地会包围的嘉义县。林爽文中计,分兵回救,结果被福康安击败,林爽文、庄大田最终被杀。

剿灭台湾天地会后,乾隆帝命福康安为两广总督,坐镇广东,并封海兰察为超勇公。乾隆五十六年(1791年),廓尔喀第二次入侵西藏,乾隆又命二人前去攻打廓尔喀军。

廓尔喀部落大约在18世纪中期兴起,于今尼泊尔境内,建立了一个野心勃勃的王朝,曾在乾隆五十三年(1788年)强占聂拉木。朝廷派巴忠前去交涉,要求归还聂拉木,而巴忠竟擅自答应每年给廓尔喀交纳白银近一万两,这样才把聂拉木要了回来。事后巴忠又隐瞒了此事。此后,廓尔喀每年都派人向西藏索要此款。但西藏达赖与班禅对此事根本不知,为此,廓尔喀大怒,准备派兵入侵西藏,要求赔偿这几年的银子。

乾隆四十五年,六世班禅进京为乾隆祝寿,不幸圆寂。其兄仲巴呼图克图与其弟红帽喇嘛沙玛尔巴一向不合,而仲巴呼图克图护送班禅遗体回西藏时又把乾隆赐给班禅作为殡葬用品的金银珠宝全部据为己有,这更引起了沙玛尔巴的不满。之后,沙玛尔巴不顾国家与民族利益,投靠了廓尔喀,并唆使廓尔喀权臣巴都尔萨野入侵西藏,以求达到个人目的。于是,巴都尔萨野在乾隆五十六年(1791年)入侵西藏。乾隆得知此事后,立即追问巴忠,巴忠畏罪自杀。乾隆帝了解清楚情况后立即调两广总督福康安为将,超勇公海兰察为参赞,率大军入藏征讨廓尔喀军。

廓尔喀军得知清军大队人马前来,十分恐慌,大肆抢掠后,匆匆逃回了本国。福康安命海兰察率军继续追剿,海兰察趁廓尔喀军不备,越过一条狭窄的险路,直攻敌营,打得敌人措手不及,狼狈逃窜。就这样,海兰察很快就将敌人全部赶回了廓尔喀境内。

廓尔喀权臣巴都尔萨野回国后,立即下令拆掉了铁索桥,他认为有此天险,清军是过不了河的。海兰察一面命部分骑兵沿河扎营以稳军心,另一面命令另一部分士兵趁黑夜绕至上游,伐木作筏偷渡过河。当廓尔喀军发现清军时,已来不及抵抗了,只得纷纷溃退。海兰察挥军直下,连克廓尔喀数城,最终迫使巴都尔萨野派使臣向福康安投降,表示不敢再冒犯天威。

福康安郑重地说:"你们如真心求和,第一,把掠夺扎什伦布寺的财物全部交还。第二,将祸首沙玛尔巴交出。第三,今后每五年向我朝进贡特产一次。"使臣一一接受,并于第二天送来牛、猪、羊各百头,米200石以及果品、糖茶、酒等犒劳清军。

福康安接受廓尔喀交来的降表后,便撤兵转回了西藏,受到达赖和班禅的热烈欢迎,而后大犒三军,庆贺胜利。福康安与达赖、班禅共同商议制定了《钦定藏内善后章程》后,就班师回朝了。

在廓尔喀外邦入侵西藏的问题上,乾隆帝坚决给予还击,表明了清政府对西藏问题的正确立场。西藏历来是中国领土必不可少的一部分,不容异邦随意入侵。而福康安率军彻底征服廓尔喀,维护了国家主权,其功绩永世流传。

金奔巴瓶的分量

西藏地区从元朝开始由中央政府正式管辖。

清朝政府正式承认了达赖、班禅在西藏的权力,让他们参与地方事务的管理,而达赖与班禅的转世必须由中央政府册封,并形成了制度,一直延续了下来。

由于达赖喇嘛有至高无上的权力,所以每当他死后,贵族们就想方设法争着让自家子弟当灵童,成为新达赖。为此,闹出了许多争夺权力的乱子。

乾隆皇帝(1711—1799)见西藏的战乱大都与达赖和班禅的转世有关,意识到只有朝廷掌握了这个权力,才能削弱地方贵族的势力,有效地控制西藏局势,保持西南边地的稳定和安宁。于是,他独出心裁地提出,采用"金奔巴掣签制"选定灵童,并下令在拉萨大昭寺供奉一个金奔巴(藏语称"瓶"为"奔巴")。每当达赖或班禅去世,就把选好的几位转世灵童的名字写在象牙签上,投入瓶内。诵经几日之后,再由驻藏大臣当众抽签,抽中的灵童即为新的达赖或班禅。

后来,青海、蒙古等地的活佛转世也必须经过金瓶抽签的手续才能得到承认,这样就避免了因为选定继承人的问题而引起混乱。

讷亲自刎

俗话说,伴君如伴虎,今天,你可能还是皇帝身边的宠臣,明天,你可能就要人头落地。讷亲(?—1749)和张广泗(?—1749)就是如此,他们是被有着"十全天子"之称的乾隆帝杀死的。乾隆帝之所以杀死他们,是因为一场讨伐金川的战争。

金川位于四川省金沙江流域,由于地理位置特殊,其又分为大金川和小金川。

讨伐金川是因为大金川土司莎罗奔欺凌小金川土司泽旺。实际上说起来,小金川土司泽旺还是大金川土司莎罗奔的女婿。而莎罗奔欺凌泽旺则是为了帮女儿。当然,乾隆帝会为一个小土司发动一场战争,听起来有些可笑,实际上主要原因是这金川不服四川总督和巡抚的约束。乾隆帝的这场战争,只是为了改变各土司间的掠夺战争,使清朝江山长治久安。

刚开始的时候,乾隆帝是派川陕总督张广泗领军进攻金川的,此人之所以升至一品总督,全是因为他平定贵州苗族叛乱有功。乾隆帝之所以派他去,是觉得他长期在西南地区,应该对那里的民土风情很了解,也有作战经验,于是他对张广泗委以重任。张广泗见皇帝这么信任自己,也想再立新功,便向皇帝保证,他一定会在两个月内平定大金川。

平定大金川,抓大金川土司莎罗奔,这是乾隆帝向张广泗提出的要求,而且特意说明要速战速决。因要速战速决,张广泗便提出增兵,乾隆也就答应了。正当乾隆帝盼望速战速决之际,前线却传来了失利的消息。

原来,1746年6月,张广泗率领3万兵马进攻大金川时,确实很顺利,从人数上来说,3万清军对阵7000多名大金川士兵,人数占优势,进攻也顺利。可没想到的是,这莎罗奔及其手下太勇敢,太无畏了,作起战来绝不退缩。甚至在12月时还向清军驻守在马邦山梁的副将张兴反击。

他们向清军射石炮。面对突如其来的反扑,清军没有准备,被打了个措手不及,只得后退。想等援军来,可金川的这些藏民不仅截住了援军王世泰,还截断了他们的粮草水道。最终马邦山的清军全军覆没。

1748年正月,莎罗奔再次率兵进攻,将游击清军杀掉。而恰巧那时候下着大雪,总兵马良柱不仅被金川军包围,还断了粮草,只得狼狈后撤,结果,他们这5000人也没能逃过金川军的追击,死伤无数。

张广泗这才知道金川军不好对付。于是他又派人用火攻,用火药炸,可都没什么效果,清军士气越来越低落了。

面对这种结果,乾隆帝当然无法接受,他觉得之所以造成这种被动局面,是因为将帅不得力。于是就让办理粮饷的班第留在军营,说是协助张广泗,其实暗含监督之意。随即,乾隆帝又让班第和张广泗商量,看是否起用岳钟琪。岳钟琪任宁远大将军时,曾经处分过张广泗,所以他肯定不愿意,便向乾隆帝上奏,说岳钟琪不合适。

打了败仗还不听自己安排,乾隆帝对张广泗更失望了,遂决定换主帅。于是派出了讷亲,让他重新带兵攻大金川。讷亲是首席大学士,领班军机大臣,还是额亦都的曾孙,额亦都是开国元老;讷亲的爷爷还是康熙时期四大辅臣之一的遏必隆;康熙帝的孝昭仁皇后还是讷亲的姑姑。所以讷亲身份显赫,地位高,是乾隆帝的宠臣。乾隆帝非常宠信讷亲,曾说自己倚任的人里没有谁能比得上讷亲。将这样一位人物派去指挥攻打金川,可见乾隆帝对这场战争的重视。

然而,乾隆帝又失望了。他忘了,讷亲虽然深谋远虑,颇有见识,为人忠厚,不贪财,是治理国政的能臣,可他是文官,不会用兵。

让文官带兵去打仗,弃其长,用其短,原本就走了一步臭棋,不但误了军机,也害了讷亲。

5月,讷亲领兵到了金川,没有作战策略,只知催促进攻,结果死伤无数,就连总兵任举和参将买国良也死了。而讷亲还没意识到自己是瞎指挥,月底再次发动进攻,结果,几场仗下来,4万人没了一半。更让乾隆帝无法接受的是,他让讷亲去,本是想借讷亲的声望,震慑张广泗,可张广泗眼见讷亲夺了自己的职位,又怎会听他的?何况讷亲是文官,他更瞧不上,所以讷亲让他往东,他就偏偏往西,与其对着干。

一场接着一场的败仗,打得讷亲没有了自信,他的胆子越来越小,到最后,被吓得干脆躲在元帅帐里不出来了,看着位高权重的讷亲这么窝囊,下属们只有无奈摇头,背地里也耻笑他。到最后,讷亲竟然不得不处处听张广泗的。

乾隆帝一统金川的计划落空了。

讷亲觉得自己的窝囊、久打金川不胜都是因为张广泗,是他"糜饷劳师",于是上疏弹劾他。而被张广泗说了坏话的岳钟琪在升任四川提督后也密参了张广泗,称久打不胜是因为他"玩兵养寇"。

9月,张广泗被革职,交刑部处理。3个月后,他被抄家并处死。而讷亲刚开始只是被召回北京,以贻误军机被治罪,但在第二年初,乾隆帝就派人将讷亲爷爷遏必隆的宝刀交给讷亲,讷亲知道这是要自己自杀谢罪,便自刎了结了自己的性命。其实,进攻金川的失败,很大程度上是乾隆帝用错人导致的。讷亲和张广泗,也只是做了乾隆帝用人失误的牺牲品而已。

之后,乾隆帝又任经略大学士傅恒为新统帅,不料岳钟琪已成功招降了莎罗奔,没必要用兵了。于是1749年正月,乾隆帝又令傅恒班师回朝了。

阿睦尔撒纳假归附

清朝时期,康熙、雍正、乾隆三位皇帝都想解决准噶尔问题,可每次出征都以失败告归。终于,乾隆时期的准噶尔内乱让乾隆帝觉得找到了机会,也就是在那时,准噶尔的阿睦尔撒纳(1723—1757)的归附让乾隆帝以为,准噶尔不成问题了,谁料阿睦尔撒纳只是假归附,他的复叛让清朝廷损失了两员大将,也让乾隆帝完全放弃了"以准治准"的幻想,直接改用武力。

1745年,准噶尔的首领噶尔丹策零因病去世,像任何争权夺利的戏码一样,为了夺得准噶尔的权力,其内部有了内讧。最终,准噶尔的名将大策零敦多卜的孙子——达瓦齐在这场争夺中取得胜利。他能赢得这场胜利,多亏了一个人,他就是辉特部台吉阿睦尔撒纳。

阿睦尔撒纳是博托洛克的儿子,而博托洛克又是策妄阿拉布坦的女儿。阿睦尔撒纳支持达瓦齐,不是想让他当首领,而是知道自己势力不够,不足以和别人争,便想借支持达瓦齐壮大自己而已。

1753年10月,阿睦尔撒纳觉得自己已经帮达瓦齐达成目的了,达瓦齐该满足他的要求了,于是向达瓦齐提出分治的要求。而达瓦齐怎么可能让阿睦尔撒纳平分他的胜利果实,于是坚决拒绝。两个人便从同盟者变成了敌人。而阿睦尔撒纳最终也因为力量悬殊而大败。

1754年7月,阿睦尔撒纳率4000户,2万余人,向清政府投降。阿睦尔撒纳的这个举动,并没有打动清朝廷的大臣,他们觉得准噶尔人太狡猾,这很可能是诡计。可乾隆帝完全信任了阿睦尔撒纳,甚至暗喜,觉得这样就能彻底解决准噶尔问题了。

乾隆帝即刻晋封阿睦尔撒纳为亲王,并召他到热河觐见。为了和阿睦尔撒纳有更多交流机会,乾隆帝日夜兼程去了热河。在热河,阿睦尔撒纳见了乾隆帝,在向乾隆帝诉说准噶尔的乱局时,说到如果清军愿意出兵讨伐达瓦齐,他会提供准确情报。乾隆帝也答应了。

1755年2月,乾隆帝以投诚的准噶尔人为主力,让部分清军配合,在阿睦尔撒纳等人的率领下出兵准噶尔,不出意料,达瓦齐势力很快就被瓦解了。不过,让乾隆帝没想到的是,这场胜利,不是清政府的胜利,而是阿睦尔撒纳的胜利,因为清政府帮他除掉了对手达瓦齐。

乾隆帝有他的打算,他想在达瓦齐被消灭后,将卫拉特分封给四汗:杜尔伯特汗、辉特汗、和硕特汗、绰罗斯汗。而这四个汗分别是:车凌、阿睦尔撒纳、班珠尔、噶勒藏多尔济。

乾隆帝这么做是想分散准噶尔的势力,以便清政府统治。可这不是阿睦尔撒纳的目的。他归附清政府,只是想借清军的势力消灭达瓦齐而已,他要的是统治卫拉特四部,而不是归附清政府。

1755年5月,阿睦尔撒纳将自己的想法告诉了清军统帅定北将军班第,说卫拉特应该设立四部总汗,而从条件上来说,他最合适。班第明白了他的意思,说皇上是不会同意的,皇上将分封四汗,而四汗是平等的,统归清政府管理。阿睦尔撒纳又说,卫拉特不能分四汗,这会让卫拉特再次分裂,卫拉特有一个总汗统领就行了。

阿睦尔撒纳的政治野心,班第感受到了,便即刻写成密折送到乾隆帝手里。乾隆帝一看,大吃一惊,这才意识到,自己太相信阿睦尔撒纳了,以后对此人一定要警觉。那时候,乾隆帝并没有想到阿睦尔撒纳会叛乱,直到班第的另一封密折递到他手里。这封密折里,班第将阿睦尔撒纳的反常举动全写了出来,乾隆帝这才知道此人的狡诈。不过,乾隆帝想在热河接见他时将他抓起来,结果,阿睦尔撒纳已经跑了。

阿睦尔撒纳是从清军包围圈中逃跑的,那时候,乾隆帝向班第下了密旨,说如果阿睦尔撒纳不愿意来热河,那班第就在伊犁将他抓住,然后把他押解到了京城。

阿睦尔撒纳在乾隆帝让他到热河觐见时,就意识到自己的阴谋暴露了,因此才决定要跑的。阿睦尔撒纳怕自己在伊犁已经被盯上,他便假意去热河,等到行进到乌隆古河时,再率众逃跑。而阿睦尔撒纳逃跑后,又率众包围了驻守伊犁的班第、鄂容安。突如其来的变故让班第知道,自己只有两种结局,要么死,要么被俘。最终他选择了自刎,而为了避免做阿睦尔撒纳的俘虏,鄂容安也命仆人用刀杀死了自己。

得知班第和鄂容安情愿自杀也不做阿睦尔撒纳的俘虏的消息后,乾隆帝悲伤不已,给了他们入典紫光阁功臣像的荣誉。

叛清后的阿睦尔撒纳,原以为大家都会跟随他反清,结果很多首领不仅不与他同流,反而与他为敌。准噶尔再次陷入了内部混战中。而那时的阿睦尔撒纳根本就没有能力与清军作战,只能东躲西藏。

1757年2月,乾隆帝下定决心要歼灭阿睦尔撒纳。于是他调动满洲、蒙古、索伦、吉林等地兵马,任成衮扎布为定边将军、兆惠为定边右副将军、车布登扎布为定边左副将军,再次出征准噶尔。

1757年6月,走投无路的阿睦尔撒纳逃到了哈萨克的阿布赉汗那里,阿布赉汗不愿意与清朝为敌,便派使者向清政府表示,自己愿意协助清政府将阿睦尔撒纳逮捕。谁知狡猾的阿睦尔撒纳察觉出自己要被"出卖"后,便在一个月黑之夜,带着妻子和亲随共8人,逃到了沙俄。

1757年9月,阿睦尔撒纳最终因天花去世了。

下江南开腐败之风

24岁的乾隆皇帝即位后,励精图治,很有作为。他觉得他的祖父康熙皇帝注重休养生息,可是政策过于宽松放纵了;而他的父亲雍正皇帝整顿纲纪,但是清除异己,政策又过于严苛了。于是他吸取了他们的长处,摒弃了他们的短处,采取了刚柔相济、一张一弛的治国方法。

乾隆皇帝在位期间,保持和发展了康熙、雍正时期的势头,所以,后世人常常把他和康熙皇帝、雍正皇帝并称,把他们在位的100多年说成是清朝的鼎盛时期。当时,清朝经过康熙、雍正两朝的恢复和发展,社会经济空前繁荣。全国耕地面积比顺治年间增加了三分之一,已达到700余万顷。人口也达到了3亿。城市里店铺林立,街市繁华,已经恢复到明代的水平。

当时国库充裕,乾隆皇帝便有恃无恐,连年用兵。在取得了一些胜利以后,他变得十分得意,自诩为"十全武功"。乾隆皇帝自以为在政治、军事上取得了了不起的成就,陶醉在一片赞扬声中。他四处游山玩水,在位期间,6次游江南,4次谒祖陵,5次游五台山,到曲阜祭孔、到河南告谒嵩山的次数也不可胜数,更不用说每年还要到承德狩猎了。

各地地方官为了投皇帝所好,每次接圣驾都要大讲排场,有时候一次就花去二三十万两银子。乾隆皇帝每次乘船顺运河游江南,运河两岸都搭满了戏台、彩棚,沿海还排列着无数彩船。而皇帝乘坐的龙舟及大大小小的随行船只共有1000多艘,都由青壮年民工和年轻妇女拉纤,称为"龙须纤"。

扬州是商人云集的地方,奢靡成风。为了接驾,他们更是挖空心思地露富摆阔。城里的大街小巷都铺上了锦毡,路两边挂着绸帐。他们还开湖堆山,建楼造园。行宫里的一切器物都豪华无比,就连痰盂都是用银丝镂嵌而成的。除了游山逛水,对女乐、珍宝、饮食、宫苑等等,乾隆皇帝也无所不好。

花费最大的是庆寿大典。乾隆皇帝为自己的母亲过60岁生日的时候,下令在西华门到西直门外高梁桥的十里长街上,张灯结彩。每隔数十步就搭一个戏台,这边是霓裳曲,那边是羽衣舞,南腔北调,鼓乐喧天。朝廷大臣和地方官员竞献厚礼。广东地方官献了一个翡翠亭,高三丈,宽两丈,屋瓦全部用孔雀毛制成,五彩斑斓。湖北地方官所献黄鹤亭,重檐三层,用的全部是七八尺高的玻璃砖。这次做寿,各地献的金佛就有上万尊之多。乾隆皇帝还特地命人建了三层楼陈列金佛,称之为"万佛楼"。

乾隆皇帝过分奢侈,就连朝廷的一些大臣也看不下去了。有一个官员从江苏办事回来,乾隆皇帝召见他,询问江南民情如何。那个官员鼓起勇气说:"皇上南巡之后,百姓生活甚苦,怨声载道。"乾隆皇帝一听这话,脸色大变,厉声斥问:"百姓生活苦,你说出来谁生活苦;怨声载道,你说出来谁有怨言!"然而不等那个官员分辩,乾隆就把他赶出朝堂,贬到新疆了。有个大臣也劝乾隆皇帝说:"皇上每到一处巡幸,地方官一味奉承,祸害百姓不浅。"乾隆皇帝大怒,非要杀那个大臣不可,多亏朝廷其他大臣一再讲情,乾隆才把那个大臣免官了事。

随着统治阶级享受欲望的不断膨胀，官僚们的贪污也到了惊人的程度。特别值得一提的是大学士和珅（1750—1799）。这个深得乾隆皇帝重用的人贪财好货，结党营私。各级官吏都趋炎附势，对他百般奉承，大肆贿赂。因此全国形成了一张贪污网。谁要触碰这张网，就会引起一场明争暗斗。

山东巡抚国泰是和珅的心腹，他挪用了10万两白银的公款。而御史钱沣掌握了确凿的证据，便在朝堂上弹劾国泰，说他勒索下属，挪用公款。乾隆皇帝见钱沣说得有根有据，心里疑惑，就命令和珅和钱沣同去查核。

钱沣这个人很有心计，他接到命令以后，就换上旧衣破帽，提前秘密出发了。他刚走到良乡，就看到一个脑满肠肥的奴仆打扮的人一路上勒索钱财，任意驱使地方官，十分狂妄。钱沣暗中一打听，原来那人正是和珅派往山东的信使。钱沣记下了那人的相貌，一路上细心察访，过了几天，便在那人回来的路上把他抓住了。钱沣从那人身上搜出了国泰给和珅的信，信上写着借款填补库银亏空的事，用了很多暗语。钱沣当即把信密封好，派人专程上奏给了皇帝。

后来，和珅和钱沣先后到了山东。开始，和珅还想收买钱沣，送给他名贵的裘皮。然而钱沣不买他的账，拒绝了他的厚礼。和珅见势不妙，但是也并未过分包庇国泰。等他们回京复命的时候，乾隆皇帝就拿出国泰的那封信，说："朕洞察秋毫，你们不用再奏了。"随后就下令把国泰处以死刑。

不久，内阁学士尹壮图上奏乾隆皇帝说："地方上的总督和巡抚大多声名狼藉，各省银库里的银子被他们侵吞了很多。"乾隆就派了一个满族大臣和尹壮图一起前往各地查验。尹壮图是个书呆子，没有钱沣那么机智。那个满族大臣接到了和珅的密嘱，每到一处都想方设法拖延时间，等地方官借好银子补足，才开始查验。他们从山西大同开始查验，先后到了直隶、山东、河南等地区，都没有查出亏短。结果，尹壮图犯了妄言之罪，丢了官。而清朝官场的风气也愈来愈腐败了。

乾隆的奢侈使其他贵族官僚、地主豪绅纷纷加以仿效，追求享乐，进而形成了一种社会风气。清江浦的河道总督衙门，每逢宴会，就有20多样豆腐做的菜，肉菜则有40多种。一盘豚脯，要用10头猪；一盘鹅掌，要用几十只鹅；驼峰一味，要宰杀三四只骆驼，更不用说猴脑、鱼羹了。他们在饮食上的浪费，已经远远超过了"富人一顿饭，穷人半年粮"的程度。

郑板桥画竹

郑燮,号板桥,江苏兴化人,生于1693年,卒于1765年。雍正十年(1732年),郑板桥在朋友们的帮助下去应试,中了举人。乾隆元年(1736年)又中了进士,五年之后被任命为范县(今河南濮阳东部)县令。

范县地处黄河北岸,有10万人口,而县城却只有四五十户人家,还不如一个村子大。上任的第一天,郑板桥就出了个怪招:让人把县衙的墙壁打了许多洞。别人不解,去问他,他说这是除除前任官员的恶习和俗气。

五年之后,郑板桥调任山东潍县(今潍坊)县令。为了接近百姓,他每次出巡都不打"回避"和"肃静"的牌子,也不许鸣锣开道。他有时还穿着布衣草鞋,微服访贫问苦。

有一次,郑板桥夜里出去,听到有间茅草屋里传出阵阵读书声,一看,原来是一个叫韩梦周的贫困青年正在苦读。郑板桥就拿出了自己的银子资助他。后来,韩梦周参加科举考试中了进士。

郑板桥做官不讲排场,这也给他带来了一些麻烦。由于他常下乡体察民情,上级来视察时常找不到他,免不了要责问。在乾隆十七年时,潍县发生了大灾害,郑板桥因为申请救济而触怒了上司,最终辞官回了家。

他临行前,百姓都来送行。郑板桥只雇了三头毛驴,一头自己骑,一头让人骑着在前边领路,一头驮行李。郑板桥做县令十几年之久,却如此清廉,送行的人见了都很感动,对他依依不舍。郑板桥向潍县的百姓赠画留念,画上题诗一首:

乌纱掷去不为官,囊橐萧萧两袖寒。

写取一枝清瘦竹,秋风江上作渔竿。

从此,郑板桥回乡以画竹为生,度过了他贫寒而有气节的一生。他一生只画兰、竹、石。他认为兰四时不谢,竹百节常青,石万古不败,正好与他倔强不驯的性格相合。他的画一般只有几竿竹、一块石、几笔兰,构图很简单,但构思布局却十分巧妙,用墨的浓淡衬出了立体感。竹叶兰叶都是一笔勾成,虽只有黑色一种,却能让人感到兰、竹的勃勃生气。

在郑板桥众多的题画诗中,有大量的咏竹之作。他借竹抒情,托竹言志,留下了许多广为传诵的咏竹名篇。"衙斋卧听萧萧竹,疑是民间疾苦声。些小吾曹州县吏,一枝一叶总关情。"听竹声萧萧,他想到了人民啼饥号寒;看一枝一叶,他想到了像自己这样的小官吏的责任和使命。其忧民之心依依可见。"咬定青山不放松,立根原在破岩中。千磨万击还坚劲,任尔东西南北风。"诗中之竹,有品格,有气节,坚韧不拔,超凡脱俗,这也正是郑板桥人格的写照。

王锡侯《字贯》事件

文字狱历朝历代都有,清朝最多。乾隆时期,有人曾因自己编的字典,不仅使自己丢了命,还让一家20多口受到了牵连。这个人就是举人王锡侯,他所编字典就是《字贯》。历史上称这件事为王锡侯《字贯》事件。

王锡侯(生卒年不详)是江西新昌人,典型的书呆子,一辈子为了追求功名苦读书。为了考取功名,他大门不出,二门不迈,就连吃饭都要家人从门槛下的小洞给他递进去。

功夫不负有心人,24岁时,补博士弟子;38岁,中了举人。不过,好似他也只能成为一个举人,不能再往上走了。之后的9次赴京赶考,全都名落孙山。既然进不了仕途,为了不饿肚子,他只好靠编写书籍维持生计。

1769年,王锡侯认为《康熙字典》不好用,所收字太多,字与字之间又缺少联系,想查某个字,总是非常困难。而如果能把音义相同的字放在一起,是不是就很好查找了呢?如果说那没规律的《康熙字典》像散落的铜钱,那么,自己再重编一本同音同义字在一起的字典,不就像那散铜钱串成了串吗?串成的铜钱既然叫"贯",那自己这本字典就叫《字贯》吧。

对于自己的发现,王锡侯很高兴,于是,他将《字贯》分成了4大类,分别是天文、地理、人事、物,总共40卷。

《字贯》一编成,看到的人都说好,都觉得很方便。例如,只要找"雨"这个字,后面就会有"下雨""雨水""雨雪"等与雨相关的所有词。

王锡侯见大家都说好,也很高兴,就希望能用它换回一些银两,以贴补家用。然而,这本《字贯》不仅没能为他赚得银两,没有给他和家人一个好生活,反而使一家20多口因此送了命。

1777年,王锡侯被同族人王泷南告发,称他编纂《字贯》是狂妄,是自大,是大逆不道。其实,王泷南告发这位同族只是为了报私仇。

王泷南和王锡侯虽是同族,却是两种人,王锡侯喜欢读书,而王泷南却游手好闲。几年前,他因犯法被发配,却吃不了发配的苦,逃回了家。而这事被王锡侯知道了,喜欢伸张正义的他,就把王泷南逃回家的事告诉了官府,导致王泷南被捉,自此,他便与王锡侯结了仇。

几年过去了,发配结束,回到家的王泷南,对王锡侯告发他的事还耿耿于怀,一直想找机会报复。他想起1774年时,朝廷就在严查禁书,现在王锡侯不是编了本书吗?那就从这书里找错。

于是王泷南拿起《字贯》,才翻了几页便有了主意,他立刻着手写揭发信,说王锡侯狂妄自大,竟然敢说《康熙字典》不好。

那新昌知县接到王泷南的揭发后,并不确定这算不算逆书,但也不敢马虎,即刻禀报了江西巡抚。江西巡抚海成在看了《字贯》后,也拿不定主意,便将《字贯》原书及王泷南举报的信全都呈给了乾隆帝。

乾隆帝刚看时还没说什么,但翻着翻着便怒火中烧,因为这书里竟然还有圣祖、世宗庙号名讳,不仅圣祖、世宗,就连他乾隆皇帝的名讳都有。这难道不是大逆不道?

当然,令乾隆帝更为愤怒的是江西巡抚海成竟然没有发现这书里的悖逆之处。于是,海成便被交由军机处处置,而"逆犯"王锡侯也被抓起来,押到了京城。

王锡侯这才知道自己闯祸了。他觉得有些冤,康熙、雍正、乾隆三帝的名字玄烨、胤禛、弘历应该避讳,他一个举人,又怎么可能不知道?所以他把它写在了"凡例"里,只是为了好心提醒查字典的人,可怎么也没想到,乾隆帝会震怒,他不是说避讳之说是文字末节,他不以为然吗?怎么又这么在意了?

话说回来了,即使真犯了没有避讳之罪,也不至于杀头吧。

确实是,如果这事放在其他时候,王锡侯未必会丢命,他只是撞到了枪口上而已。那时候,反清情绪在民众中频繁出现,乾隆帝觉得反清的民众是受了书的蛊惑,所以便借纂修《四库全书》的机会,彻查违禁书。

结果很不顺利,很多地方都在敷衍。为此,乾隆帝就想找个人,找个事件做典型,杀鸡给猴看。所以当乾隆帝发现《字贯》里有触犯庙讳和名讳,而海成身为巡抚却完全看不出时,他就震怒了,就想一定要严肃处理。

这样做的意图就是要警告那些查办禁书者,如有疏漏,必将严惩。于是,查禁书不力的海成被处决,海成的上司、两江总督高晋也被降级。当然,王锡侯也被砍了头,他的家人全都连坐,就连家产也被抄入官了。

清代文字狱在世界上都实属罕见,其实质只是清代统治者对民众进行思想统治的反动措施之一。

曹雪芹与《红楼梦》

《红楼梦》是中国文学史上成就极高的长篇小说,它的作者是曹雪芹(约1715—约1763,名霑,号雪芹),是我国伟大的现实主义作家。

曹雪芹的先世是满洲正白旗包衣,也就是皇室的家奴。这就形成了曹家特殊的社会地位:一方面是家奴;另一方面,与皇帝的关系非常密切。曹雪芹的曾祖母孙氏,做过康熙皇帝的乳母,所以康熙帝对曹家特别信任。1663年,清政府设置"江宁织造",这是一个负责为皇家提供纺织物的衙门。曹雪芹的曾祖父曹玺始任江宁织造,自此,曹家3代4人连任江宁织造。

由于康熙帝对曹家十分信任,曹家几代担任江宁织造,除负责织造工作之外,还有特殊的使命,即作为皇帝的心腹和耳目密切监视江南的情况,大到官吏、人民的动向,小到物价、气候的变化,一律直接密奏皇帝。而曹雪芹的祖父曹寅做江宁织造时间最长,最受康熙帝信任。康熙帝6次南巡,有4次都在江宁织造府驻留,并由曹寅接驾,这使得曹家门庭生辉。当时的曹家可谓荣华富贵俱全,盛极江南。曹雪芹在《红楼梦》中描写的贾、史、王、薛四府,实际上就是曹家等封建豪门的化身。

曹寅是当时的名士,诗、词、戏曲样样精通,又是有名的藏书家,著名的《全唐诗》就是由他主持刻印的。这样的家庭传统对培养曹雪芹的文学才能起了一定的作用。曹寅死后,曹颙、曹𫖯先后承袭职位,曹雪芹就是曹𫖯之子。当时清朝宫廷内部斗争异常激烈,雍正初年,曹𫖯因"行为不端"等获罪落职,家产被抄。曹家被抄时,曹雪芹刚刚十几岁。少年时代的经历,对曹雪芹以后的创作产生了很大影响。

曹家被抄后,地位一落千丈。曹雪芹跟着全家迁居到了北京。乾隆帝即位后,曹家的境况略有好转,但四五年后,一场重大的政治风波却使曹家彻底败落了。曹雪芹从此由贵族公子沦为了穷困的小市民。

曹雪芹经历了家势盛衰的巨变,备尝人间冷暖。后来,他流落到了北京西山脚下,生活非常贫困。他住在一条"满径蓬蒿"的"僻巷"内,一家人常常靠喝粥果腹。有时,他想喝点酒也没有钱去买,只得向酒店赊账,还常常受到当权的富贵人家的"白眼"。曹雪芹身处厄境,却不事权贵。他心胸坦荡,喜酒健谈。曹雪芹就是在如此贫困的条件下,靠写文章、作画和行医度日的,这也使他有更多的机会与普通劳动者接触,拓宽了他的创作视野。

一年除夕,一个名叫于叔度的跛足贫民向曹雪芹诉苦:"我家已经断粮3天了,现在又是寒冬腊月,我是借贷无门哪!我的孩子整天拉着我的衣服,跪在我膝下,又冻又饿,哭叫不休。唉,我是求死无路哇!"曹雪芹对于叔度的悲惨遭遇深表同情,便和于叔度商量谋生的办法。

于叔度告诉曹雪芹:"我见到有的贵公子买只风筝就拿出数十金来。我如果能做风筝去卖,倒可以养活我一家了。"因此多才多艺的曹雪芹就教于叔度扎风筝,解决了他的生计问题。后来,曹雪芹还写了一本《南鹞北鸢考工志》,专门介绍怎样绘扎风筝。他在这本书的序中说:"我写书的目的是给有残疾而生活无着的贫民一个谋生的机会!"

贫困的生活使得曹雪芹认清了封建制度黑暗、残酷、虚伪和必然崩溃的命运,同时加深了他对受官府贵族欺凌压迫的劳动人民的深刻同情。于是他决定提笔写小说,立志要把自己对生活的独特感受、对人生的独特见解以及对社会时代的强烈批判表达出来。尽管他家经常断粮,但他仍然在作画出售、与人畅谈、访问疾苦的余暇,伏案疾书,夜以继日地写作《红楼梦》,以"披阅十载,增删五次"的艰辛劳动,终于完成了不朽的《红楼梦》。

乾隆二十七年(1762年),京师流行天花,曹雪芹非常宠爱的幼子便因患天花而死。贫困交加的曹雪芹日夜思念儿子,经常痛哭,致使自己的病情也加重了。到了这一年的除夕,他终于"泪尽而逝",离开了这个世界。而他家里除了留下一个年轻的妻子和几束书稿外,再无其他。最后还是他的好友们凑了点钱才把他草草安葬了。

《红楼梦》原名《石头记》。曹雪芹在世时,该书已经以抄本流传。由于他仅写至80回便去世了,所以仅有80回流传。乾隆五十六年(1791年),高鹗等人把续写的后40回和做了改动的前80回合在一起,由程伟元以活版印行。于是世上才有了120回的《红楼梦》。而《红楼梦》在思想深度和艺术成就上达到的高度,在中国文学史上是罕见的。

《红楼梦》所描写的不是"洞房花烛夜"的爱情故事,而是贵族青年贾宝玉、林黛玉、薛宝钗的恋爱和婚姻悲剧。小说巨大的社会意义,并不是他描写的这个爱情悲剧,而是以这个悲剧为中心,写出了当时具有代表性的贾、王、史、薛四大家族的兴衰。其中又以贾府为中心,揭露了封建社会后期的种种黑暗、罪恶及其不可克服的内在矛盾,对腐朽的封建统治阶级和行将崩溃的封建制度做了有力的批判。

正是由于这种伟大的价值,几百年来,《红楼梦》才广为流传,并且形成了一个专门的研究领域——"红学"。

土尔扈特回归祖国

因为生活习俗与文化比较接近,清朝入关以前,与蒙古族各部落已经有了密切的联系。入关后,双方关系更加亲密。许多蒙古族首领都被清朝封为了王爷。

乾隆三十六年(1771年),有一支远在今俄罗斯伏尔加河下游地区的蒙古土尔扈特部落启程回归中国,让乾隆皇帝好一阵激动。

土尔扈特蒙古是厄鲁特蒙古四部落之一,原来在塔尔巴哈台附近游牧。17世纪30年代,部落的首领和鄂尔勒克因与准噶尔部蒙古族首领巴图尔珲台吉关系不好,经常发生冲突,他就率领整个部落和其他部落的部分牧民,带着帐篷和牛羊向西迁移,进入了人烟稀少的额济勒河(今俄罗斯伏尔加河)下游的草原放牧。但是,这里属于沙皇俄国的势力范围,沙皇便派军队前来骚扰,强迫他们宣誓效忠沙皇俄国。

土尔扈特蒙古牧民不肯宣誓效忠,所以经常与沙俄发生冲突。土尔扈特蒙古牧民非常怀念故国,曾多次派使者向清朝政府上表,进献土特产品,诉说苦难,表示他们的思念和忠心。

1712年,土尔扈特的使者又来到了北京。康熙皇帝对远道而来的使者给予了热情款待,嘉奖他们的忠诚。接着,康熙帝又派图理琛率领官员,经过俄国的西伯利亚,去探访土尔扈特部。

两年后,他们到达伏尔加河下游,见到了久别的蒙古族同胞,向土尔扈特的首领阿玉奇汗转达了皇帝的问候。

清朝的使者受到了土尔扈特牧民的热烈欢迎。土尔扈特牧民说,蒙古族与满族有共同的根源,衣帽服饰与满族人民相似,他们也是祖国的儿女。

1756年,土尔扈特首领又派使者走了3年到达北京,向乾隆皇帝呈献礼物,表示敬意。

土尔扈特人面对沙皇俄国的侵略与奴役,不断地进行反抗。17世纪60年代,他们响应俄国著名农民领袖拉辛领导的顿河农民起义；17世纪末，又起兵支持了巴什基尔人的起义。

18世纪60年代，阿玉奇汗的曾孙渥巴锡继承了汗位，这是一个血气方刚的人。

当时，沙皇俄国正与土耳其打仗，急需兵员，于是强令土尔扈特16岁以上的男子到俄国军队当兵，这样既给自己增加了兵力，也能削弱土尔扈特的力量，一箭双雕。土尔扈特一些老人便叹息道："土尔扈特的末日来临了。"

这时，沙俄又强迫渥巴锡交出他的儿子与其他300个贵族子弟作为人质。愤怒的渥巴锡率领全体牧民喊道："我们永远不做奴隶，我们要去太阳升起的地方！"

1771年1月，渥巴锡召集部落全体战士，宣布要脱离沙皇俄国叶卡捷琳娜女皇的统治。第二天，一场震惊世界的土尔扈特部落反对沙皇的起义便爆发了。

他们杀死了沙俄官员，收拾起自己的帐篷、财物，带着妇女、老人、儿童，分成三路，向着太阳升起的东方进发了。

叶卡捷琳娜女皇得知土尔扈特牧民发生暴动，并且要离开沙俄国境后，大发雷霆，说："这将使罗曼诺夫家族和头戴彼得大帝皇冠的守护神鹰蒙受永不可洗净的耻辱！"

于是她当即派出大批军队围追堵截，企图让土尔扈特牧民永远留在沙皇俄国受其奴役。

然而土尔扈特牧民在渥巴锡汗的率领下，最终冲破了沙皇军队的阻击，克服了恶劣气候带来的困难，走了半年，行程万里，回到了伊犁。他们付出了沉痛的代价，出发时的17万余部落民众中，安全回到伊犁的只有7万余人，大多数人都被战争、疾病、饥饿夺走了生命。活着的人，个个形容憔悴，衣衫褴褛，孩子们更是面黄肌瘦。而他们赖以为生的牛、羊、骆驼，几乎全部丢失了。

乾隆皇帝知道土尔扈特人到达伊犁后，便马上派官员前往伊犁，发放慰问、救济物品，并将他们安置在了伊犁河流域放牧。

伊犁及甘肃、陕西等地各族百姓筹集了20多万头牛羊、4万多石米麦、5万多件皮大衣、6万多匹棉布，还有大批的毡帐，送到伊犁，交到了远道归来的兄弟姐妹手上。

乾隆皇帝曾在热河（今河北承德）木兰围场和避暑山庄多次接见、宴请渥巴锡等首领。而后乾隆又封渥巴锡为卓哩克图汗,并赐给了他"管理旧土尔扈特部南右旗札萨克之印"。乾隆还亲撰了《土尔扈特部归顺记》和《优恤土尔扈特部众记》两篇碑文,在承德普陀宗乘庙内,刻石立碑,永作纪念。

纪晓岚总纂《四库全书》

雍正二年(1724年),清朝大学者、著名文学家纪昀(1724—1805,字晓岚)出生在直隶献县(今属河北)一个富贵的官僚士大夫家庭。在清朝前期,献县可谓人才辈出。而纪晓岚4岁起便读书习文,从小就受到了良好的教育。一同上学的七八个人中,他年纪最小,却是最聪明的一个,私塾老师非常喜欢他,对他的要求也格外严格。

纪晓岚天资聪颖,顽皮淘气,曾有许多关于他的故事流传下来。

有一年冬天,趁老师不在,纪晓岚就在课间做起了滑稽表演。他手拿一把破扇子,一扭一扭地学起了村里演大戏时傻老婆扇扇子的样子,惹得满堂大笑。这时,正巧一个南方的书客路过这里,被这滑稽的场面所吸引。他看纪晓岚穿着棉衣棉裤,手中却摇着扇子,觉得好笑,一时兴起,便说:"你这个样子,颇像一联。"纪晓岚随口问道:"怎么讲法?"那书客便吟道:"穿冬装摇夏扇糊涂春秋。"纪晓岚见他是一个南方人,便不假思索,脱口回敬:"居南方来北地什么东西。"对仗工整,言辞辛辣,南方书客扫兴而去,引来身后一阵哄堂大笑。

有一天,纪晓岚放学回家,经过一家酒馆,偶然瞥见店里的账房先生汗流不止,手忙脚乱,觉得很有趣。而待他走进去才知道,原来是账房先生有一笔账出了差错,可无论怎样也找不到错在什么地方。纪晓岚拿过账本仔细看了一遍,然后就三下两下把账本撕了个粉碎。这一下账房先生可急了,抓住纪晓岚不依不饶。纪晓岚笑了笑,推开账房先生说:"这本账簿太破旧了,我再给你写一份新的,顺便把错处改过来。"账房先生将信将疑,把新账本、笔、砚摆在了纪晓岚的面前。纪晓岚提笔刷刷地写了起来。不一会儿工夫,新账目就写好了。账房先生望着这个小学童,不禁竖起了大拇指。

纪晓岚21岁时参加了院试,成绩优异。24岁时又参加了乡试,并以超群的才华赢得了第一名。他潜心研究考证学,博览群书,为后来编纂《四库全书》打下了扎实的基础。

乾隆十九年(1754年),30岁的纪晓岚参加了会试,殿试为二甲第四名,赐进士出身。按照清朝科举制度,新选进士除一甲三名授修撰及编修外,应另外再选一部分有文学、书法特长的进士,入翰林院学习,称为翰林院庶吉士。乾隆二十二年(1757年),纪晓岚庶吉士学习期满,成绩优异,留院授编修。

从此以后,纪晓岚开始了他春风得意的仕途生涯。他先后出任山西乡试正考官、会试考官、顺天乡试考官。直至乾隆二十九年(1764年)他父亲病故,才返乡守丧。三年期满,他携带家眷又回到京师。这一年正月,纪晓岚奉诏续修《通志》,深得乾隆帝赏识。乾隆三十三年(1768年),纪晓岚升任翰林院侍读学士。

然而天有不测风云。这一年发生了两淮盐引案,这是乾隆年间的大案之一。其中牵扯到盐运使卢见曾,他勾结盐商,收取贿赂,侵吞公款且数额巨大。在查办过程中,卢见曾事先得知了消息,便把资财藏匿了起来,于是乾隆帝严令追查走漏消息之人。负责此案的是刘统勋。刘统勋是纪晓岚乡试时的考官,性情刚直,因赏识纪晓岚的才华,故认定他为第一名并上奏给乾隆皇帝。他与纪晓岚师生情谊甚浓,但他并不因此而徇私情,经查正是纪晓岚走漏了风声。

原来纪家与卢家是亲戚,纪晓岚的女儿嫁给了卢见曾的孙子。就这样,纪晓岚因泄密报信一事在乌鲁木齐度过了两年多的谪戍生涯。这件事对他的思想、性格影响很大。回到京师后,他的内心充满了矛盾,深感世态炎凉,仕途险恶,但他又不想隐身出世,所以他终日以书为伴,苦心研读。

乾隆三十八年(1773年),乾隆帝降旨购访民间遗书,提倡对古籍进行整理和考据。又派军机大臣为总裁,挑选翰林等官,选定人员,详立条规,专司查校,编纂《四库全书》。

因刘统勋极力推荐,纪晓岚担任了总纂官。他尽心尽职,招揽了许多当时著名的学者参加编修,深得乾隆帝的赏识。

《四库全书》总计存书3460余种,79300余卷(文渊阁本),共缮写7部,分藏于文渊、文溯、文源、文津、文宗、文汇、文澜七阁。文汇阁、文宗阁后毁于战火,文源阁被英法联军焚毁,文澜阁所藏亦多散失,经补抄才基本得全。

《四库全书》是我国历史上乃至世界历史上规模最为宏大的一部百科全书式丛书,它基本上囊括了乾隆以前中国古代的所有重要著作,许多珍本秘籍因《四库全书》的编修才得以保存下来,这是一项极为浩繁的工程,素有"千古巨制、文化渊薮"的美称。

马戛尔尼使华

作为最早进行工业革命的国家,英国逐渐成了西方的头号强国。18世纪,英国对华贸易额已超过其他所有欧洲国家对华贸易额的总和。但是英国工业品在中国的市场十分狭小,英国对华贸易进口多,出口少,长期处于逆差状态。此时的清政府正奉行严格限制对外贸易的政策。1757年,乾隆皇帝下令关闭沿海其他口岸,只留广州一个口岸对外通商,并于1759年颁布《防范夷商规条》,限制外国商人在华的活动,这使英国人开拓中国市场更加困难,英国人便强烈要求中国取消对外贸易的限制政策。

1792年,英国国王乔治三世派前驻俄大使乔治·马戛尔尼(1737—1806)为特使来到中国,由此开始了中英之间第一次正面的官方接触。而使团的目的在于获取中国的茶叶种植技术,以便移植到自己的殖民地去。随团带来了大批各领域的专家学者,以搜集中国各方面的情报,而对外界缺乏了解的清王朝却将英国使团视为了因仰慕中华文明而前来朝贡的蛮夷。

1793年9月,乾隆帝接见了英使团。马戛尔尼提出:中国开放舟山、宁波、天津口岸;划出舟山附近的小岛,供英商存货与居住;英国在北京设立商馆,派人驻京从事贸易;减免英商商税;允许英商自由居住广州等地;等等。乾隆帝对英国人提出的要求十分愤怒并断然拒绝,抱着天朝上国的陈旧观念,他认为对外贸易对中国无益,它仅仅是中国对西方的单方面恩惠。

英国人通商的要求不符合当时中国的经济体制,因而被回拒了,而随团带来的展现英国军事、天文等科技的礼物,却只被乾隆视为享乐的东西。当时,中国已经处于封建社会的末期,虽然表面上还存在着康乾盛世的名头,但内部已经开始腐朽。

后来,英国使团经乾隆帝允许,通过大运河回到了南方,而英国人沿途经过直隶、山东、江苏和浙江,这便把中国的腹地暴露给了英国人。这次中国之行,英国人虽然没有达到预期目的,但是他们了解到了中国这个大帝国的富庶,并垂涎三尺。比如,马戛尔尼使团获悉北京人口数是300万,光是都城就有14平方英里,而紫禁城面积就超过了1平方英里,京城比当时刚刚扩建的伦敦城还要大,是18世纪世界上最大的城市。他们在前往广州的途中还搜集了大量有关中国物产、地理环境、兵力设防等方面的信息,这就为后来英国发动对华战争做了先期准备。

"和珅跌倒,嘉庆吃饱"

乾隆帝在位的时候,很宠信一位叫和珅的大臣。而和珅是怎样发迹的呢?

一次,乾隆帝准备出外巡视,叫侍从官员准备仪仗。可侍从官员竟找不到仪仗用的黄盖。乾隆帝十分恼火,问:"这是谁干的好事?"侍从官员们听到皇帝责问,都吓得张口结舌。只有一个青年在旁从容不迫地说:"管事的人不能推卸责任。"

乾隆帝侧过脸一看,那个青年眉目清秀,态度镇静,乾隆帝心里高兴,把追问黄盖的事也忘了,只问他叫什么名字。那青年回答名叫和珅。乾隆帝又问他的家庭情况,读过哪些书,和珅也都对答如流。

乾隆帝十分赞赏和珅,便马上宣布让他总管仪仗,之后又派他当了御前侍卫。而和珅是个非常伶俐的人,乾隆帝要什么,他件件都办得令皇帝十分称心;乾隆帝爱听好话,和珅就尽说顺耳的。日子一久,乾隆帝便把和珅当作亲信,和珅也因此步步高升。不出10年,和珅就从一个侍卫变成了大学士。后来,乾隆帝还把自己的女儿固伦和孝公主嫁给了和珅的儿子。从此,和珅跟皇帝攀上了亲家,权势可谓如日中天。

第16章 清朝

和珅受到了乾隆帝的恩宠，不断加官晋爵，而他也利用这份恩宠不断地贪污受贿，中饱私囊。

乾隆帝想仿效康熙帝巡游江南，便派和珅负责监造龙舟车驾。于是和珅派人到各处收集名贵木料，征召工匠，把龙舟造得十分华丽，花去银子无数，而其中大部分都进了和珅的腰包。

和珅又借机到各地通报皇上巡游之事，要地方官做好迎接工作。地方官接到公文，吓得不得了，怕接待不周，就拼命贿赂和珅，和珅就借机向地方官索贿，因此乾隆帝巡游使和珅积累了无数财富。而云贵总督李侍尧仗着自己是乾隆帝面前的红人，不受和珅的指使，没有向和珅行贿，和珅就向乾隆帝告发李侍尧贪污索贿，乾隆遂将李侍尧革了职。

和珅不但接受贿赂，而且公开勒索；不但暗中贪污，而且明里掠夺。地方官员献给皇帝的贡品都要经过和珅的手，和珅总是先挑最精致稀罕的留给自己，剩下的才送到宫里去。而乾隆帝并不查问，别人也不敢告发，他就越来越贪心了。

有一回，有个叫孙士毅的大臣从南方来到北京，准备朝见乾隆帝，正巧在宫门口遇到了和珅。和珅见孙士毅手里拿着一个盒子，就问："你手里是什么东西？"孙士毅说："没什么，是一个鼻烟壶。"

和珅走上前去，毫不客气地把盒子抓到了手里，打开一看，那个鼻烟壶竟是用一颗大珠子雕刻出来的。和珅拿在手里，看了又看，嘴里啧啧称赞，竟涎皮赖脸地说："好宝贝！就送给我，怎么样？"孙士毅慌忙说："不行！这件宝贝是准备献给皇上的，昨天已经奏明皇上了。"

和珅听后脸色一沉，把鼻烟壶往孙士毅手里一塞，冷笑着说："我不过跟你开个玩笑，何必那副寒酸相！"

过了几天，他又跟和珅碰在一起，只见和珅得意扬扬地说："我昨天也弄到一件宝贝，你看看，能不能跟你上次进贡的那件比？"

孙士毅走过去一看，原来就是他献给乾隆帝的那个鼻烟壶。孙士毅嘴里随口应付了几句，心里却想，这件宝贝怎么会落到和珅手里？难道是圣上赏给他了？后来，他偷偷打听，才知道是和珅买通太监从宫里偷出来的。

和珅利用他的职权千方百计地搜刮财富，一些官员知道他的脾气，就尽量搜刮珍贵的珠宝去讨好他。大官压小吏，小吏又向百姓层层压榨，百姓的日子也就越来越难过了。

1796年,乾隆帝传位给儿子颙琰,颙琰即位,就是清仁宗,又称嘉庆帝(1760—1820)。

嘉庆帝早知道和珅贪赃枉法的情况,只是因为他是太上皇的红人,所以,对他的所作所为只能忍着,而朝廷大臣也不敢参奏。嘉庆四年(1799年),乾隆帝一去世,大臣纷纷弹劾和珅,嘉庆帝马上把和珅逮捕了起来,赐他自杀,并且派官员查抄了他的家产。

和珅的豪富,本来就是出了名的,但是抄家的结果,还是令人大吃一惊。长长的一张抄家清单里,记载的金银财宝、绫罗绸缎、稀奇古董多得数都数不清,粗粗估算一下,大约值白银8亿两,抵得上朝廷十多年的总收入。嘉庆帝亲自处理了这桩贪污案,他也不禁暗暗心惊,自古以来,即便是晋朝以奢华著名的王恺、石崇,也不及和珅的十分之一。自然,那查抄出来的大批财宝,都让嘉庆帝派人运到宫里去了。事情传开后,民间就有人编了顺口溜讽刺说:"和珅跌倒,嘉庆吃饱。"

天理教起义

嘉庆十八年(1813年),嘉庆帝离开北京去了承德避暑山庄,在那里花天酒地,整日歌舞不休,过得舒适安逸。就在这时,发生了一件几乎使清朝灭亡的大事,这就是天理教起义。

天理教是白莲教的一支,又称八卦教。教徒在河北、河南、山东、山西、北京等地都有,分布很广。北京天理教的首领叫林清(1770—1813),是北京大兴人,幼年做过武将家的小童,学得一身好武艺。他住在北京郊区宋家庄的姐姐家里,为人仗义,见识又广,而且慷慨大方,不爱钱财,因而很受当地人敬仰。林清口才也很好,善于鼓动群众,所以吸引了许多人入教。

河南天理教的首领叫李文成(1766—1813),他很有抱负,并且有勇有谋,也受到当地人的推崇。后来林清前往河南找到了李文成,与他共商起义大事。李文成建议把山东天理教的首领冯克善找来,一起商谈。冯克善是个很有心计的人,他一来,就告诉林清、李文成说嘉庆帝不在京城,正在避暑山庄。他们觉得这正是起义的好时机,并且商定好起义的口号为"二八中秋,黄花落地"。而闰八月十五就是起义时间,他们三人将在这一天分别在三地起义,"黄花落地"即指清朝统治灭亡。

李文成送走林清、冯克善以后,就组织教徒积极打造兵器。因为时间紧迫,大家都干得十分卖力。有一天晚上,李文成派人摆上酒菜,与几个打造兵器的弟兄围坐在一起喝酒。喝过几杯,大家都有了几分醉意。这时一个人高声地念起了八卦的口诀,其他人来了兴趣,竟高声喊起"二八中秋,黄花落地"的口号。不料,县里一个叫刘斌的小官从朋友家喝完酒出来,刚好路过这里听到了起义的口号,便赶紧回去报告了知县强克捷。知县是个新上任的官,对县里的情况不了解,对天理教的情况更是一无所知,听到报告后,就把事情报告给了知府和巡抚。知府和巡抚听了却不以为然,劝他们不要鲁莽。

强克捷却想这事发生在自己的管辖范围内,倘若真有点事情,皇上怪罪下来,自己是推卸不了责任的,不如赶紧去抓几个首领来。

晚上,李文成正在屋里休息,一群兵丁冲进来,把他抓走了。李文成的妻子李四嫂见丈夫被抓,知道事情泄露,就马上找其他首领们商议。最后,李四嫂带领大家冲进城去,杀了刘斌、强知县,把李文成救了出来。就这样,起义被迫提早发动了。起义群众推李文成为大明天顺李真主,教徒们纷纷响应,声势很快壮大起来。而嘉庆帝正在避暑山庄行乐,听到这个消息,吓得赶紧返回了北京。

住在北京的林清并不知道李文成起义的消息。到了约定的那一天,林清按计划把攻打皇宫的人分作两队:一队从东华门进攻皇宫,一队从西华门进攻皇宫。义军首领则摇晃着小旗,指挥义军搭人梯爬墙。

形势十分紧迫,二皇子绵宁哆哆嗦嗦地拿了一杆鸟枪爬上城墙,看见义军已从人梯上爬上来了,于是他定定神,举枪射击,义军便应声落地。这时候镇国公奕灏带着1000多人赶来了,与义军展开了激烈的战斗。义军寡不敌众,逐渐败下阵去。这一夜,皇宫中乱成了一片。王公、妃嫔、太监、宫女都哭哭啼啼地缩在屋子的角落里,心惊胆战。

天亮时,几个突围出去的义军赶紧向在外面等候消息的林清报告。没想到朝廷已经探清了林清的情况,抢先一步,用计把林清抓走了。在北京发动的天理教起义,至此完全失败了。

在河南起义的李文成遭官兵围城,于是李文成同妻子李四嫂兵分两路,李四嫂带兵坚守,李文成自己则带着一部分兵士退到深山老林里去了。这里路径弯曲,李文成就在山中指挥起义军与官兵拼命死战,杀死了无数官兵。不料官府见难以取胜,就下令放火烧山,李文成最终在烈火中死去。

李文成率领的起义军覆灭后,官府的重兵就转移到了城内。因为这是一座古城,城墙坚实厚重,官兵便用炸药炸毁了城墙,蜂拥进城。城里的起义军虽奋勇杀敌,毫不退让,但人数太少,势单力薄,渐渐败下阵来。李四嫂也身负重伤,为了不受侮辱,她自杀而死。其他起义军将领大多数也自杀了。河南的天理教起义也以失败告终。

林清、李文成等人领导的天理教起义虽然很快就失败了,但是其教徒奇迹般地攻进了皇宫深处,英勇无畏地与最高统治集团直接进行战斗,这是自汉朝以来从未有过的壮举。

这次起义像一把利刃刺进了清王朝的心脏,令清王朝的统治者想起来就心惊胆战、不寒而栗。

混日子的曹振镛

相比之前的皇帝,嘉庆帝确实无能,而无能的他宠信的也都是一些"不表态,无建言"的无能臣子。这些无能臣子里的代表人物就有混日子的曹振镛。

曹振镛(1755—1835)是安徽歙(shè)县人,生于1755年,字俪笙。1776年,21岁的他中了进士,任翰林院编修;嘉庆初年,升少詹事,历任内阁学士、吏部侍郎;1806年,升工部尚书。

说来好笑,自他进入仕途,便官运亨通。一个没有建树、政绩平平的人却步步高升。嘉庆年间,他又进入内阁,成了嘉庆帝的宠臣。

嘉庆帝出巡，曹振镛便以宰相身份留京处理朝政大事，代君3月。这也才有了"宰相朝朝有，代君三月无"的俗谚。由此可见嘉庆帝对他多么信任。当然，曹振镛并没有因为嘉庆帝去世而受到冷落，道光年间（1821—1850年），他又进了军机处，并在军机大臣的位置上一干就是十余年。

1823年的万寿节，万寿山玉澜堂热闹非凡，道光帝亲自赐宴给15位老臣。虽然从年龄上来看，68岁的曹振镛相比这些人还太年轻，还不够资格参加，但他还是被邀请来了；1824年，69岁的他荣升上书房总师傅；1826年，他又担起了"拟御纂笔札"之职，成为辅佐之臣。同年，他又因平张格尔叛乱有功，晋升太子太师。次年，张格尔被擒，他再次受封，成为太傅，位列"三公"，受赐紫缰，成为显赫功臣之一，并获得了在驾光阁陈列画像的殊荣。

1831年，万寿节庆典上，道光帝赐给曹振镛双眼花翎，还亲笔题词："亲政之始，先进正人。密勿之地，心腹之臣。学问渊博，献替精醇。克勤克慎，首掌丝纶。"

1835年，曹振镛寿终正寝。当官50余年，没有灾难，只有提拔。这位仕途顺畅到令人咋舌的人，死后道光帝还给他颁诏盖棺定论："大学士曹振镛，人品端方。自授军机大臣以来，靖恭正直，历久不渝。凡所陈奏，务得大体。前大学士刘统勋、朱珪，于乾隆、嘉庆中蒙皇祖、皇考鉴其品节，赐谥'文正'。曹振镛实心任事，外貌讷然，而献替不避嫌怨，朕深倚赖而人不知。揆诸谥法，足以当'正'字而无愧，其予谥'文正'。"

如此平庸之人，为何在仕途上如此平步青云？曹振镛在面对门生讨教为官之道时，道出了"真谛"："无他，但多磕头、少说话耳。"

对上，多磕头不会错；遇事，少表态同样不会错。

1813年，天理教起义军偷袭紫禁城，众臣都劝在热河行宫的嘉庆帝暂缓回宫，先调兵镇压。可首席军机大臣董诰则哭泣着求皇上回宫，以便掌控大局。而留守北京替皇上处理朝政事务的曹振镛呢？则什么都不行动，似乎一切与他无关，只要朝廷不乱就行。因此，有人写对联讥讽董诰和曹振镛说："庸庸碌碌曹丞相，哭哭啼啼董太师。"

不求有功，但求无过，这是曹振镛一生顺利、得宠的原因。当然，还有个原因就是能洞察皇上的内心，不管是嘉庆帝还是道光帝，其心思他都能一眼看穿。

面对大清的逐渐衰败，道光帝有心求治，但却没有能力。每每看到朝臣递上来的奏折，都有种力不从心之感，不知如何处理，很是烦恼，曹振镛看出了他的心思，便劝他道："国家并没什么大事发生，很太平，都是那些大臣在无事生非，将一些事情夸大上奏，皇上不用烦忧，他们只是为换取直谏虚名而言。依臣看，皇上每次只需将他们奏折中的错误挑出来，再严加斥责就行了，这样以后他们再上奏时就谨慎多了。"

道光帝一听，这倒是个好主意，于是看奏折时，根本不管所奏何事，只是找毛病，然后训斥，有些人还因此被罢了官。这样一来，果然上奏的人就少了，粉饰太平的人也就多了。当然，这样做的后果就是民怨沸腾。

怪不得有人会写一首《一剪梅》来讽刺曹振镛：

仕途钻刺要精工，京信常通，炭敬常丰。莫谈时事逞英雄，一味圆融，一味谦恭。大臣经济在从容，莫显奇功，莫说精忠。万般人事要朦胧，驳也无庸，议也无庸。

八方无事岁岁丰，国运方隆，官运方通。大家襄赞要和衷，好也弥缝，歹也弥缝。无灾无难到三公，妻受荣封，子荫郎中。流芳后世更无穷，不谥文忠，便谥文恭。

古人说："上有所好，下必甚焉！"在权力高度集中的封建王朝，在只有皇帝说了算的皇权体制下，又岂能责怪曹振镛一人的平庸无能？有那样的嘉庆帝、道光帝，出现曹振镛这样的一批官员，又有什么奇怪呢？

龚自珍忧国忧民

清朝从嘉庆、道光以后，国势越来越衰弱。一些关心国家命运的知识分子不甘心一味埋头苦读，而是愤然而起，在社会上发出了震荡人心的呼声，希望人们振作起来，为国家的重新振兴而作出努力，也希望当权者不要再浑浑噩噩地过日子，而要进行一场彻底的政治改革。开创这种风气的代表人物就是著名思想家和文学家龚自珍（1792—1841）。

龚自珍的家在今杭州西子湖畔。他从小就表现出超凡的聪颖,12岁的时候,开始跟随外祖父段玉裁学习。他最爱读的书是北宋大政治家王安石的《上仁宗皇帝言事书》,他一边认真地读,一边恭恭敬敬地抄写,前后居然抄写了九遍。当时还是少年的龚自珍就立下了远大志向:要像王安石一样,革除社会弊病。

因为龚自珍平日里读书刻苦努力,所以他参加科举考试也比较顺利,二十多岁就在北京做官了。那时候,国势十分衰弱,危机四伏,可是许多文人只会写文章颂扬"盛世",以便谋取功名富贵。但年轻的龚自珍却不肯那样,他读过许多书,看问题、议论事情都十分精辟、透彻。他喜爱研究社会政治、经济问题,把自己的学问叫作"天地东西南北之学"。龚自珍还在许多文章中呼吁进行政治改革,他认为祖宗留下来的体制弊病很多,应该行动起来,进行变通改革,这样社会才能进步。

后来,龚自珍考中进士。在殿试的时候,他效法王安石的《上仁宗皇帝言事书》,在文章中大胆提出了自己的观点,请求进行变法,文字十分尖锐。阅卷大臣看了以后大惊失色,一口咬定他的文章不符合考试规格,结果把他的文章从优等拉了下来。

龚自珍这样极力主张变法改革,当然不符合统治阶级的心意,所以他做官20多年,一直只当些小官,根本得不到升迁,而那些整日溜须拍马的官僚反而做着高官,拿着丰厚的俸禄,他们都叫龚自珍为"龚呆子"。可是在社会上,龚自珍已经是很有名气的文坛大师了。他的诗词和散文都写得非常好,在社会上广为流传,他还同当时著名政治家林则徐、学者魏源等是好朋友,经常在一起谈论国事,或者谈论诗词,互相勉励。龚自珍作为文坛的大师,常会有年轻人来请教他,他就从头说起,细细道来,从来不觉得麻烦。他讲解得十分细致,有时听者都疲倦了,龚自珍却依然侃侃而谈。

有一年初夏,龚自珍在郊外看见一片盛开的芍药花,美丽动人。他不忍离去,就在花旁坐下来,拿出一壶酒高兴地喝了起来。过了一会儿,有个人从这里经过,龚自珍看他穿着普通人家的衣服,不由分说就把那人请来喝酒,一边喝酒一边高声歌唱。刚好有一个龚自珍的朋友路过,也被拉来喝酒吟诗。于是三个人一块儿开怀畅饮,十分痛快。从这件小事上,我们可以看到龚自珍豪爽、奔放的性格,同时我们也可以知道龚自珍在黑暗的官场中被压抑得太久,所以,他对这样自由、美好的生活极为向往。

那时候，英国正非法向中国输入鸦片，毒害中国人民，而且换走了大量白银。国库空虚，人民的钱财也被搜刮一空，生活更加艰难，而且鸦片严重毒害了人民的身体。龚自珍看见苦难的祖国由于鸦片的输入而更加虚弱，便坚决主张禁烟。后来，他听说道光皇帝派林则徐为钦差大臣到广州去禁烟，喜出望外，马上给林则徐写了一封长信，帮他出谋划策，还表示愿意同他一道去广州协助禁烟。林则徐是龚自珍的老朋友了，知道龚自珍的一片爱国之心，而且也了解龚自珍的才能，内心自然非常希望龚自珍同他一起去广州禁烟，拯救中华民族。然而当时朝廷当权者昏庸无能，还互相倾轧，局面很复杂，林则徐虽然理解龚自珍的一片心意，但也只好回信婉言谢绝了他的一番好心。

林则徐赴任以后，龚自珍便再也不愿过官场生活。一方面因为他的才能、抱负无法得到施展，想报效祖国却没有办法，看着国家渐渐衰落下去，他却只能在一旁叹息；另一方面则因为官场腐化，奸臣、小人当道，整日歌功颂德却不为民办事。于是龚自珍决定辞官回家。第二年，龚自珍雇了两辆车，一辆车上装着他珍爱的书，一辆车供自己乘坐。他一人独坐在车中，想起自己从小就苦读经书，满腹才学，本想着通过考试做官后，为祖国兴盛贡献自己的力量，却不想屡屡遭到小人排挤，自己耿介忠诚，反倒不能被委以重任，现在年纪大了，竟只得悄然返回家乡，真是无限感慨。龚自珍在归途中吟咏不绝，把自己当时的感触和对往事的追忆，写成了许多感人的诗篇。

不久，龚自珍到了江苏，开始在书院讲学。1841年，这位掀起近代改革风潮的思想家和文学家最终因病去世。

林则徐虎门销烟

从乾隆三十八年（1773年）起，英国每年对华输入鸦片上千箱。嘉庆五年（1800年），嘉庆皇帝下诏严禁鸦片输入，于是鸦片贸易转成了走私，每年输入量仍然很大。鸦片泛滥，给中国带来了严重的后果。

嘉庆末年，皇帝派人前去东南沿海一带调查。据查，每箱鸦片从印度购买时才200多卢比，到中国后销价竟高出十三四倍。有利可图，就促使英国商人想尽一切方法向中国倾销。而中国的一些不法贩子与官吏狼狈为奸，组织了鸦片输入、销售一条线，使鸦片源源不断地输入中国，中国的白银也就滚滚向外流去。而由于白银外流，银价上涨，铜币贬值，百姓生活愈加痛苦。嘉庆末年，朝廷已处于内外交困的境地。

嘉庆帝便责令两广总督进一步查明鸦片的来源及走私的情况。为确保国家白银不再外流，缓和农民的反抗情绪，巩固大清的统治地位，嘉庆帝与诸大臣商讨禁烟办法。然而禁烟措施还没想好，嘉庆皇帝就去世了。而后嘉庆的儿子继承皇位，他就是道光皇帝（1782—1850）。

道光初年，禁烟办法实施得仍不顺利，鸦片的输入量有增无减，中国的社会经济开始发生急剧的变化。

面对此状，道光帝决心采纳汤金钊的建议，诏命林则徐为钦差大臣，节制广东水师，赐尚方宝剑，使其有先斩后奏的生杀大权，前往广州禁烟；又特赏黄马褂，允许他在紫禁城骑马，并严厉告诫穆彰阿等人："从今以后若仍有主张弛禁，严惩不贷！"

林则徐（1785—1850），福建侯官（今福州）人，自幼聪明好学，20岁中举，27岁中进士，为官数十年，忠心耿耿，办事干练，官风清正。

道光十九年（1839年）一月二十五日，林则徐到达广州，前来迎接他的是两广总督邓廷桢和水师提督关天培。从此，林则徐、邓廷桢、关天培三人合作，全力禁烟。

胸有成竹的林则徐，首先肃清了参与鸦片走私并包庇、纵容贩毒行为的贪官污吏，抓住了靠鸦片发了横财而又十分猖狂的伍绍荣。伍绍荣被抓到衙门大堂后，立即瘫软在地，如实招认了自己的罪恶行径。于是林则徐历数其罪状，依律处斩了伍绍荣。

林则徐杀了伍绍荣后，又警告了20余名贪官污吏。肃清内贼后，他们的利剑又直指英酋。英国驻中国的商务监督义律，是一个阴险毒辣的家伙，一向在中国贿赂贪官，专横跋扈，袒护本国不法商人。这次在中国贩卖鸦片的大商人是查顿和颠地，查顿闻讯后，在林则徐到广州前就已悄悄溜走。而颠地靠义律撑腰，又不甘心失去发财的机会,便与义律勾结,千方百计地对抗林则徐。

他们以少充多,企图蒙混过关。林则徐让颠地等交出全部鸦片,颠地等实际上才交出1000余箱,他们将其他的鸦片隐藏,拒不交出。林则徐便派参将李大纲前去洋行警告颠地,并让他转告义律,不交出全部鸦片是过不了关的。义律闻讯,知道此计不成,立即召集了全体英商商议对策。贿赂、美人计、暗杀等都是下策,无济于事,最后义律决定诉诸武力。而这些商人又都怕事情闹大,自家性命难保。

义律拒不交出鸦片,激怒了广州人民,他们自觉地拿起刀枪,将英国洋行团团围住。林则徐下令,将洋行的中国雇员撤出,再派1000余名士兵将洋行包围,逼迫义律交烟交人。颠地被吓得趁夜悄悄溜出洋行,准备逃往澳门。然而四面八方都是愤怒的中国人,人们把他从水中擒获,装在了麻袋里。第二天,颠地在威风凛凛的钦差大堂上,老老实实地交代了罪行,并表示愿意交出全部鸦片。林则徐严肃地警告他:"这次放你回去,你告诉义律,如果再不交出全部鸦片,将断绝你们的粮、水,直到全部交出为止!"

颠地回到洋行,如实转告了义律。义律望着眼前狼狈的颠地,无奈,只好将鸦片共200多万斤全部交出。林则徐、邓廷桢及广东巡抚怡良一起赴虎门验收,并严重警告这些外商必须低头认罪,保证今后再不做鸦片生意。

林则徐望着这堆积如山的鸦片,心里十分高兴,这是对抗英酋的重大胜利。上对得起皇上,下对得起百姓。随后林则徐命人起草奏折将此胜利喜讯奏明皇帝,并请示处理方法。

道光皇帝接到林则徐、邓廷桢、怡良的联合奏折后,非常高兴。立即传谕:鸦片数量之多,不宜运送到京,为免生意外,着就地销毁。并谕沿海居民及外商在销烟时前去观看,以振中华神威。

道光十九年四月二十二日,广州城大街小巷贴满了布告:皇上命钦差大臣林则徐于四月二十二日在虎门销毁鸦片,着沿海居民、外商前来观看。这一天,虎门彩旗高悬,锣鼓震天,百姓扶老携幼,从四面八方拥向虎门,如同过年一般。一些外国商人也集聚在看台周围观看这一空前盛况。

看台上,林则徐威风凛凛,坐在中间,左右两侧坐着邓廷桢和关天培,还有怡良、余保纯等人。林则徐神采奕奕地转向关天培说:"开始销烟!"关天培即大声传令:"钦差大人有令:销烟开始!"霎时,万众欢腾,士兵们将鸦片与石灰掺在一起,倒入烟坑,然后放进了海水,顿时气泡翻滚,浓烟冲天,散发出一股股呛人的气味。200多万斤鸦片,整整烧了23天,终于被全部销毁了,就连池子里剩下的黑渣,也都被冲进了大海。

林则徐的销烟运动取得了胜利,可是义律等英国人并没有善罢甘休。不久,这些侵略成性的恶人便把这当成借口,发动了罪恶的鸦片战争。

鸦片战争

林则徐虎门销烟的胜利,给了英国人沉重的打击。他也料定义律一定不会善罢甘休。为此,他上奏道光皇帝拨款维修炮台,购买大炮。但昏庸无能的道光只看到了眼前的胜利,认为这是多此一举。林则徐便决心自筹资金,做好战争准备。各衙各部的官员也在林则徐的倡导下纷纷捐助。对那些发了鸦片之财,而又不愿捐助的人,林则徐就强迫他们捐助。有了钱,林则徐便命关天培抓紧时间维修炮台,并把新购置的200门大炮安装在了关键之处,把虎门装备得如铜墙铁壁一样。

在布防虎门炮台的同时,关天培又组织了大批水勇(如同现在的水上民兵),同水师官兵一起进行操练,相互配合,联合作战,从而使广东水师的力量更加强大。

果然不出林则徐所料,义律并不甘心失败,更不舍得中国这块肥肉。林则徐发现有几艘英国商船不夹带鸦片进入珠江口时,竟有两艘兵舰和十艘武装商船护航,并肆意向中国的巡逻船开炮。关天培当机立断,命水师以重炮回击。关天培虽受伤,但指挥若定,水师将士更是勇敢顽强,水勇小船也向英船冲去。在重炮的轰击下,义律所乘的指挥船被击中,顿时火光冲天,吓得义律赶紧撤退逃跑。

击败英舰后,水师士气更加高涨,关天培命人将胜利喜讯报告给林则徐大人。下午林则徐亲自来到水师营看望关天培及受伤的士兵,并告诉关天培,义律是决不会善罢甘休的,水师一定要日夜用心防备,切不可掉以轻心。果然,第二天义律就带领舰队攻击了珠江口和官涌山炮台,然而一连六次,均以失败告终。

义律走投无路。他无法向英国商民、政府交代,竟撒了一个弥天大谎,说中国违反国际法,破坏通商条例,攻打英国的兵舰与商船,使之损失惨重,要求英国政府保护他们的利益。最后,英国女王通过国会做出决定,要派遣军队进攻中国。而后英政府任命义律的堂兄乔治·懿律为侵华总司令,任命伯麦为海军司令,率16艘战舰,装载540门大炮,又调遣在印度驻防的20多艘兵舰,一齐向中国开来。

1840年6月21日,英国侵略军到达澳门,并于次日宣布:自6月28日起封锁珠江口。从此,历时两年零两个月的鸦片战争开始了。

面对英军的挑衅,林则徐除加强各炮台的防御,加紧水师、水勇的训练外,还向沿海民众发出了告示,提醒民众密切注意英商的行动,并亲笔写信给福建、浙江、江苏、山东、河北等沿海各省的总督、巡抚,请他们做好防御敌人入侵的准备。同时,又在广州沿海张贴斩杀敌人的悬赏告示,让民众同仇敌忾。

知己知彼方能百战百胜,林则徐深知英国的舰队与大炮较清廷都占优势,便与关天培研究制定了以小股船队偷袭敌舰的作战方案。当敌舰接近防线时,关天培早已准备好小战船,每船有三四名水手,船上装满了干草、火药,伪装成运粮运菜的民船,迷惑敌人,乘风势向大船开去。当乔治发现情况有异时,小船已围在了每艘大船的周围。只见小船纷纷起火,火势直扑英国兵船,烧得英军狼狈逃窜。

一连几天都是如此,英军想前进却不熟悉水路,固守又无价值,最后便想高价收买向导。义律派人费尽周折才找到3名愿意做向导的人,是一老二少。乔治十分高兴,约定先付50两银子,进入港口后再给100两。老头微笑着答应了乔治的条件,指引英船越过一个又一个的暗礁,顺利地航行了4个多小时,到了一个小岛,老人说:"我们先上岛看看是否有埋伏,然后再前进!"乔治便说:"留一个人在船上。"老人遂带一名青年向小岛游去。而当这一老一少消失在小岛上后,突然从小岛四周射出了巨大的火龙,直向英船喷来,轰轰的爆炸声吓得英军连呼带叫:"中计了,中计了!"再寻找船上的向导,已无影无踪。之后乔治东一头、西一头乱闯一阵,好不容易才逃走,但还是有一艘船触了礁。

广东水师在林则徐、关天培的指挥下,连连胜利,道光皇帝接到捷报,更加高兴,便传谕嘉奖林则徐、关天培及水师们,拨银50000两,赏林则徐玉如意一把,赏关天培宝刀一口。而这节节胜利却遭到了穆彰阿等佞臣的嫉妒与不满。

乔治攻打珠江口多时,毫无进展,还伤亡了不少士兵,灰心丧气。义律便建议道:"中国政府中像林则徐这样的官员少,我们可以攻打其他地方,比如北上攻厦门。"于是乔治采纳了义律的建议,开始沿海北上。

三元里抗英

在鸦片战争中,英国侵略者虽然迫使腐朽的清朝政府退让屈服,但却遭到了具有光荣革命传统的中国人民的坚决反击,其中规模较大的是广州郊区三元里人民抗击英国侵略者的斗争。

1841年5月29日,英国侵略者来到广州城北的三元里村,正遇到菜农韦绍光的妻子,就跟踪调戏她。韦绍光等人闻讯赶来,忍无可忍,当场打死了十余个英国士兵,其余的英国士兵便抱头逃跑了。韦绍光料定敌人决不会罢休,便在三元古庙前操起庙中三星旗宣誓:"旗进人进,旗退人退,打死无怨!"自此,大家以令旗为号,统一行动,团结战斗。

5月30日早晨,三元里和附近的几千群众,手持刀矛、锄头、棍棒,向英国侵略军的营地——四方炮台挺进佯攻。当英军司令卧乌古率军冲下来时,他们立即向北撤退,诱敌深入。敌人不知是计,以为中国人民无力抵抗,就一味穷追,一直追到牛栏冈。这时一声锣响,牛栏冈上出现了七八千人的队伍,狡猾的卧乌古发现中计,便立即下令撤退,但中国百姓仍把敌人团团围住,猛打痛杀,最终敌军少校在这次战斗中被打死了。中午,雷电交加,风雨大作,撤退中的侵略者因火药受潮,枪炮失灵,士气更加低落。而三元里人民却越战越勇,他们挥锄上阵,奋勇当先,痛杀敌人,就连妇女儿童也呐喊助威,漫山遍野,杀声震天。

敌人眼看抵挡不住英勇的三元里人民,只好狼狈撤退。可暴雨下个不停,穿着长筒靴的敌人不时滑倒在田里,很快就成了刀下鬼。有的只好跪在地上,举手投降。此外，一些敌人结成方阵，向后撤退，狼狈逃窜。

三元里人民的抗英斗争，是近代中国人民第一次规模较大的自发地反抗外国侵略者的英勇斗争。它沉重地打击了英国侵略者，迫使他们不得不立即从广州撤兵。

《南京条约》

1840年8月，英舰直逼天津。

直隶总督琦善（约1790—1854）不仅媚外，而且在鸦片贩卖中得到过不少好处。林则徐禁烟，断了他的财路，而他又与穆彰阿关系极好，所以他们都排斥林则徐。于是琦善和穆彰阿二人一唱一和地把英舰直逼天津的责任全部推到了林则徐身上。而昏聩无能的道光帝竟信以为真，撤去了林则徐两广总督之职，不久，又将林则徐、邓廷桢等革职，流放到了新疆伊犁。

琦善在穆彰阿的支持下，取得了两广总督的宝座，怀着不可告人的目的，来到广州上任。琦善上任后就命令关天培：一，减船裁兵；二，解散水勇；三，设置在海里的铁链要拆毁；四，对英军要客气，并重申违令者以军法论处。关天培因此气愤地离开了总督衙门。琦善怕各将领不听命令，又派出参军监督各处撤防，以讨英国人的欢心。

1841年1月7日，英军舰队直抵穿鼻洋，并用猛烈的炮火对清朝炮台进行了轰击。琦善吓得魂不附体，紧接着便与英军私拟《穿鼻草约》。他为了掩盖自己的卖国罪行，进而谎奏：赔款可以暂不付；香港只是一个荒岛，而英国人只是在岛上居住。

道光帝得知琦善谎奏后，即下令撤去琦善的两广总督之职，随后又派他的侄儿奕山前去广州接任。

英军得知《穿鼻草约》被废，恼羞成怒，1841年2月25日，向虎门炮台发动了大规模的进攻。各防线在琦善的撤防命令逼迫下，已是兵微将寡，大炮无几，弹药又少,防御工事几乎全毁。所以英军很快就攻下横档、永安二炮台,又挥军向镇远、威远二炮台进发,而这是虎门仅存的两座炮台,由关天培镇守。

镇远和威远同样兵微将寡,弹药又不充足,防御设施也遭到了琦善的破坏。最后这两座炮台均失守,关天培也壮烈牺牲。

英军攻陷虎门,接着又攻陷厦门、宁波等地,进而沿长江侵入了南京江面。

在北京的道光帝听说英军都打到南京了,吓得要命。可是这个昏庸的皇帝,不但不竭尽全力去同侵略者决战,反而派耆英等人前去和洋人和谈。

在敌人大炮的威胁下,耆英等人答应了英军的无理要求,从而签订了中国近代历史上第一个不平等条约——《南京条约》。这个条约规定,中国把香港岛割让给英国,赔偿英国各种损失2100万元,等等。这样,这次鸦片战争就以英国人的胜利结束了。从此,中国开始沦为半殖民地半封建社会。

《南京条约》签订以后,腐败的清王朝为了偿还给英国的赔款,更加残酷地剥削贫苦的老百姓。老百姓本来就已经处于水深火热之中,这下就更没了活路。朝廷不让老百姓活下去,老百姓就自己找活路。1851年,爆发了轰轰烈烈的太平天国运动。

太平天国运动

太平天国运动是中国近代史上规模巨大的农民起义。

1851年1月11日,洪秀全(1814—1864)在广西金田起义,定国号为太平天国。他宣布了五条军纪:一,听从命令;二,男女分营;三,秋毫莫犯;四,财产归公,团结和睦;五,同心合力,不得临阵脱逃。从此,举世震惊的太平天国运动开始了。

金田起义后的第三天,洪秀全挥师东进,首战于东岭,将尾追其后的广西提督向荣杀得大败而逃。而后洪秀全又乘永安空虚,挥得胜之师一举攻下了永安,并在州城和城郊70多个村庄设营布防,严阵以待。在东乡,洪秀全正式称天王,攻占永安后,就开始封王建制,封杨秀清为东王,萧朝贵为西王,冯云山为南王,韦昌辉为北王，石达开为翼王，秦日纲、林凤祥等40余名首领，则各称丞相、军师等，所有军队由东王统一调度。

洪秀全占领永安后，咸丰便派赛尚阿率精兵前来围剿，洪秀全决定突围向西攻桂林。在突围中，洪大全被俘，押北京后被处死。攻击蓑衣渡时，冯云山也战死了。但这没有影响太平军的士气，在天王洪秀全的率领下，太平军攻下了道州、郴州。大军直逼长沙，长沙守将骆秉章防守严密，激战中，西王萧朝贵战死。洪秀全考虑不能停在一处，于是改攻宁乡、益阳、湘阴，占领了岳州府后又获得了大批武器弹药；然后沿江而下，一举攻克汉阳、汉口，接着夺取武昌，休整军队，备粮草，造船只，准备东进。

咸丰三年（1853年）正月，太平军水陆并进，犹如霹雳闪电般破九江，夺安庆，大军直逼南京城。

镇守南京的两江总督陆建瀛，曾在湖北与太平军交战，失利后退守南京，此人武功高强，但年岁太大。后来洪秀全、杨秀清二人站在南京城下，杨秀清指着脚下，小声说："我们从这里向仪凤门城楼挖一条通道，然后用炸药轰开城墙，杀进去！"洪秀全说："好办法！"

咸丰三年二月十日，太平军战士在黎明前挖好了一条通道，将炸药放入，点燃后，轰的一声，城墙就被炸开了一个大缺口，于是太平军蜂拥而入。清官兵面对突如其来的太平军，慌忙应战，渐渐不敌，结果，陆建瀛被太平军杀死，仪凤门被太平军攻下，接着聚宝门、水西门也被太平军占领。南京守将祥厚、霍隆武也在激战中被太平军杀死了。经过十几天的战斗，清军死的死，降的降，整个南京城全部被太平军占领。

随后，天王洪秀全在大队人马的护卫下进入南京城，开创了太平天国的新天地，正式建立了与清王朝相对峙的政权。

洪秀全进入南京后，在原总督府召开了各王及诸将会议。大殿正中坐着洪秀全，他的东侧坐着杨秀清。下面太师椅上依次坐着韦昌辉、石达开、林凤祥、胡以晃、赖汉英、陈玉成、李秀成、蒙得恩、赖文光、秦日纲等人。洪秀全环视众人说："在天父天兄的护佑下，我等顺利攻下南京。吾意在此建都，不知诸位认为如何。"而各将领对此意见很不一致。林凤祥说："我认为建都南京、洛阳或是北京，都不是主要的。主要的是我们天国务要除妖净尽，占据全国，斗争不可半途而废。如若建都南京,稍事休整,就应扫清南京周围,下攻镇江、扬州,上取安庆、九江。最重要的是北伐,攻下清朝的老窝北京!"

林凤祥的话有理有据,又有远大志向。洪秀全、杨秀清听后不由得赞扬了几句。但二人关心的仍是建都,所以杨秀清接着说:"我看,定都南京,大家并不反对,就这样定了。"

洪秀全还提出:把南京改作天京,即可颁布《天朝田亩制度》,实行耕者有其田,有饭同食,有衣同穿,有钱同使,无处不均匀,无人不饱暖的制度。

会后,杨秀清又建议扩建总督府为天王府,同时修建东王府、北王府、翼王府等。对于扩建后的天王府,洪秀全非常满意。周围十余里,内外两重,外城名曰太阳城,内城名曰金龙城。而城门朝南,头道门为真神荣光门,又称皇天门,二门为真神圣天门,左右设钟鼓楼。进二门后有大殿名曰金龙殿,极为壮观。殿后为内宫,宫后则建有后林苑。

洪秀全临朝,头戴纯金精制的王冠,脖子上戴金项链,身穿有纯金纽扣的绣金龙袍。出门时,则乘宫女手牵的金车,并与杨秀清制定了等级森严的礼制:官员一律乘轿。天王是64人大轿,东王为40人。东王每次出巡,仅仅仗队就有1000多人。见天王跪拜称"万岁",见东王跪拜称"九千岁"。而北王、翼王及百官见东王也需跪拜称"九千岁"。

此时的洪秀全、杨秀清有些放松了对清廷的进攻,在战略部署上也产生了分歧。两人各有各的打算,对现状偏于满足,杨秀清更是狂妄自大起来。

石达开智败曾国藩

定都天京之后,洪秀全命春官正丞相胡以晃、夏官副丞相赖汉英西征。西征军一路杀敌,很快就攻占了安庆、湖口和九江等沿江重镇。长江两岸到处都有西征军活动。可是和曾国藩交手以后,西征军遭到了接连的失败。曾国藩是清朝的礼部侍郎,因为母亲死了而在湖南老家守丧。由于正好赶上西征军攻打湖南,他就组织起了一支地主武装军来对抗太平军。他的这支武装就叫湘军。而曾国藩镇压太平军的手段非常凶残,所以人送外号"曾剃头"。他率湘军拼命攻下了武昌,向西征军疯狂反扑。在这危急关头,洪秀全和杨秀清派又来了石达开(1831—1863)指挥西征。石达开赶到湖口,便立刻乘船来观察湘军的水营。

小船驶出鄱阳湖,来到了长江水面上。在赖汉英的指点下,石达开远远望去。只见一望无际的江面上,大小战船依次排列,阵容整齐。看着湘军的水营,石达开心中暗想:曾国藩治军有方,看来要打败湘军不能硬攻,只能智取。

"曾国藩把他的水军战船中宽形的叫快蟹,较长的叫长龙,"赖汉英一边指点一边向石达开介绍:"那些'快蟹''长龙'等大型战船摆在阵势中间,用以指挥作战。那些轻便的舢板快船则穿插其中,直接执行守卫和攻击的任务。"

"曾剃头这家伙真是挖空了心思呀!"石达开笑着说:"不过,我们太平军也不是傻子。他有他的办法,我们有我们的主意!"说完,他便伏在赖汉英耳边讲了自己的破敌设想。

"妙计!妙计!"赖汉英听了非常兴奋:"这回看他曾剃头还怎么猖狂。"

石达开回到湖口,下令让将士好好休息。然后,他又让赖汉英领人守住长江和鄱阳湖交汇的水面,以防备湘军突然进攻。

曾国藩布置好了水军阵势,准备与石达开决一死战。可是一连等了十几天,也不见太平军有什么动静。曾国藩沉不住气了,派人去攻打湖口,结果吃了个败仗。曾国藩只好再做准备,打算再次进攻太平军。

一天晚上,天空阴云密布,整个湘军大营也是一片死寂。这时候,十几条太平军的小船却飞速驶来,渐渐向湘军靠近。突然间一阵战鼓响,太平军呐喊着把无数支火箭射向了湘军。湘军从梦中惊醒,只见一团团火球滚动在江面上和夜空中。

"太平军进攻了——"湘军在一片叫喊中慌忙应战。当他们手持刀枪准备拼杀时,四周突然一片寂静,黑暗中哪还有什么太平军的影子。湘军又紧张地等了好长时间,见还没有什么动静,便一个个大骂着回去睡觉了。就这样一连一个月,湘军每天晚上都要被折腾一番。曾国藩见手下人被搞得筋疲力尽,气得大骂太平军。他几次派兵挑战,石达开却只是坚守阵地,不肯出来应战,曾国藩也就放松了警惕。在他看来,石达开只能搞一些夜间骚扰,根本就没什么可怕的。

一天,有个湘兵来报告,说石达开撤兵了。曾国藩听后即刻命令全体将士追击石达开。这时,曾国藩的门生左宗棠连忙拦住了他,劝他慎重一些,可曾国藩哪肯失去这次机会。就这样,曾国藩率领大军直奔湖口杀去。他见湖口城头果然已没了太平军,便命令湘军大小舰船向鄱阳湖进击。那些舢板战船轻便灵活,都争着冲到前面,驶进了鄱阳湖。"长龙"和"快蟹"速度慢,渐渐被甩在了后面。一见敌人已经中了圈套,石达开立刻命令埋伏在湖口两岸的太平军迅速封锁湖口。随着一声令下,几十门大炮齐声开火,把湖口水面死死地封住了。这样,湘军的战船就被分成了两半,舢板快船在鄱阳湖内,"长龙"和"快蟹"都被留在了湖外的江面上。

湖口内外,炮声轰轰,太平军全军出动,与湘军展开激战。湖口内,湘军的小船由于失去了"长龙""快蟹"的指挥,乱作一团。在太平军的猛烈进攻下,湘军的舢板快船翻船、着火,几乎全军覆没。在湖口外,太平军的小艇也飞速驶向那些湘军大船。没有舢板快船的配合,"快蟹""长龙"行动迟缓,只能被动挨打。

曾国藩见大势已去,自己的指挥船也陷入了太平军的重围之中,急得拼命跺脚。一个湘军头目劝他快上小船逃走,他便一边咬牙咒骂石达开,一边跳上了一艘小艇朝江中退去。

天色渐渐黑了,太平军将士越战越勇,湘军最后彻底被击溃。当月亮挂上天空时,江面的硝烟已经散去。太平军早已得胜收兵,而江面上只剩下湘军的几条残船。曾国藩看看黯淡的天空,又看看滔滔的江水,顿时泪流满面。"我耗尽心血,苦苦操练,没想到今天竟遭到这样的惨败,还有什么脸面去见皇上!"说完,就要跳江自尽,旁边的将领们连忙把他拉住,劝他"胜败乃兵家常事"。曾国藩这才冷静下来,率领残兵败将逃了回去。

曾国藩败走后,石达开乘胜进军,夺回了武汉三镇,又攻克了大半个江西。正当他想要将躲在南昌的曾国藩残部一举铲尽时,洪秀全却突然命令他马上率兵回天京。原来是清王朝派大军在天京周围建立了江南、江北两座大营,直接威胁了天京的安全。石达开接到命令后,便立刻率兵打回了天京,与秦日纲一起将两座清军大营摧垮。清兵统帅向荣被迫上吊自杀。太平军的这一系列胜利使太平天国进入了全盛时期,各地也纷纷响应起义。

天京事变

太平天国作为一个农民政权,不可避免地具有局限性,而且随着形势的发展,其局限性日益明显。进入天王府的洪秀全,开始每天沉溺于声色犬马之中,与"皇后"及100多位妃子厮混,从不出宫,能见到他的仅有几位王爷。这正应了他一入天王府就写的告示:"大小众臣工,到此止行踪,有诏方准进,否则云中雪!"这告示就是失败的预兆。

本来,天王洪秀全是太平天国的最高领袖,可他深居简出,指挥大权就落在了杨秀清肩上。结义的六兄弟,进入南京前牺牲了冯云山、萧朝贵;进入南京后,石达开和韦昌辉又率兵征战,太平天国的大权已然落到杨秀清手中。而他制定了等级森严的礼制,修建了东王府,被称为"九千岁"。

太平军西征胜利后,杨秀清在东王府举行了庆典,张灯结彩,十分隆重。一天,杨秀清面色发紫,说天父附在身上,要和二兄讲话。洪秀全得信后,便赶紧过府,跪在杨秀清面前听训。"天父"说:"你和东王都是我的儿子,你称万岁,为什么东王只能称九千岁?其实,东王的智慧和功劳都比你天王的高,你必须封东王为万岁。这是天意,不得违抗!"

这使洪秀全很气愤。洪秀全知道杨秀清想要和自己争位,若不除掉他,将后患无穷。此时,同患难、共富贵的手足情,在二人间早已消失得无影无踪了。

不久,洪秀全写了诏书,秘密派人分别送给了武昌的石达开、江西的韦昌辉和丹阳的秦日纲。

北王韦昌辉为人十分奸诈,他对杨秀清早已不满,但表面装得十分亲热。而论功劳,讲贡献,他都不比杨秀清差,他也想专权。因此,得到天王旨意后,他便日夜兼程赶回了天京,正好秦日纲也到了。二人便商量于八月三日(1856年9月1日)午夜动手。

韦昌辉和秦日纲派亲信秘密封锁了通往东王府的街道。半夜又派数千名战士将东王府团团围住。初四凌晨,韦昌辉便以迅雷不及掩耳之势,冲进东王府,将睡梦中的杨秀清杀死了。其家属、侍从、文武官员、杂役等数千人受到牵连。次日韦昌辉又用计诱杀了杨秀清的亲属、部下共五千余人。而韦昌辉的滥杀无辜不仅激起了太平军的不满,也使洪秀全大为吃惊。

石达开赶回天京后,闻讯大惊,他目睹天京的惨相,好不悲伤,遂指责韦昌辉道:"杀了杨秀清也就算了,怎能滥杀无辜呢!"对此,韦昌辉怀恨在心,同时也觉得将来与他争权的会是石达开,遂产生了杀害石达开之心。石达开也有所察觉,便趁夜悄悄溜走了,而韦昌辉竟将石达开全家都杀死,并派人追杀石达开。

石达开逃到安庆后,集合自己部下四万人,声讨韦昌辉。韦昌辉在天京彻底暴露了自己的真面目,他率军围攻天王府,使自己成了孤家寡人,最后被捉。随后天王将韦昌辉斩首,并将他的人头送给了石达开,同时将秦日纲也处以死刑。

天国异姓六兄弟,战死两人,因内讧自相残杀而死两人,最后只剩下洪秀全、石达开二人。

处死韦昌辉后,一场风波平息了,石达开返回了天京,洪秀全便加封石达开的官职,让他处理朝政。然而洪秀全对这唯一的异姓兄弟也不放心。于是洪秀全又封了文不能治国、武不能安邦、爱财如命的两个哥哥为王——洪仁发为安王,洪仁达为福王,并暗中命这两个成事不足、败事有余的哥哥监视石达开。这就让石达开起了戒心,怀疑洪秀全有杀害自己之心。为此,石达开带领10万大军出走,同太平天国分裂,致使太平天国的力量被严重削弱。1863年,石达开的部队在四川大渡河边陷入清军的重围,最终全军覆灭。

在天京,洪秀全又提拔了陈玉成、李秀成等一批青年将领,坚持斗争,一度稳定了战局。最后,终因敌人力量过于强大,安庆、苏州、杭州也相继失守,天京被围。1864年6月,洪秀全病逝。7月19日,天京陷落。太平天国运动坚持斗争14年,驰骋18省,最后以失败告终。

铜瓦厢改道事件

一次黄河决口，使七百多年的黄河南流现象发生了改变；一次铜瓦厢决口，则衍生出铜瓦厢改道事件。更是因为这样的一个事件，才有了今天黄河下游的形成。

1855年是清政府的多事之秋，内有风起云涌的农民起义军，外有帝国主义的入侵，清王朝大厦摇摇欲坠。也就在这时，黄河在铜瓦厢决口了，直接导致黄河下游脱离了原来的河道，改道向东穿运河，夺大清河入渤海。

1855年7月初，兰阳县大雨倾盆，一下就是3天，导致河水猛涨，当地下北厅水位骤升4米，黄河两边出现了"两岸普律漫滩，一望无际，间多堤水相平之处"的情况。之后，铜瓦厢三堡以下处在了"登时塌三四丈，仅存堤顶丈余，签桩厢埽，抛护砖石，均难措手"的危险境地，并于次日决堤。再一日，决口达到了七八十丈宽，正河断流，全河改变方向，流向东北，分为3股，穿运河，夺山东大清河，到达利津县后，又流入渤海。此次铜瓦厢决口，致黄河水泛滥，给河南、山东、直隶三省的部分州县造成了巨大灾难，40多个州县被淹没，成千上万的良田、村庄被毁。山东尤甚。

"水由曹、濮归大清河入海，经历五府二十余州县。漫口一日不堵，则民田庐舍一日不能复涸"，"平地陡涨水四五尺，势其汹涌，郡城四面一片汪洋，庐舍田禾尽被淹没"。最先淹没的是菏泽，接下来便是濮州、范县、寿张等州县。

铜瓦厢决口，是清朝时期黄河最严重的一次决口，这次决口，让清政府陷入两难，究竟是让它回到原来的河道上，还是将错就错，让它改新道？为此，清政府争论了30年都没有结果。

铜瓦厢改道前，黄河流向是由开封，经兰阳、仪封（后两地合并为兰考县）、归德（今商丘）、虞（今虞城县）、迄曹县、单县、砀山、丰县、沛县、萧县、徐州、灵璧、睢宁、邳县（今江苏邳州）、宿迁、桃源（今江苏泗阳县），东经清河与淮河交汇，经云梯关入海。

虽然历朝历代，旋决旋堵，可直到1855年的铜瓦厢决口，黄河也并未发生大的改道。特别是在明代之后很长一段时间,为了确保运河漕运顺畅,一直很重视对坝堤的维护。

1855年的这次铜瓦厢决口,其实在1850年就露出了端倪,险情严重。东河总督颜以燠曾亲督抢险;1853年,长臻也曾写奏折,称:"下北厅兰阳汛铜瓦厢上次抢险之处溜势下卸,又出奇险。"

可见,在这次决口之前此段已经危机重重了。黄河下游的河床严重淤积,汛期时水位高出堤外10多米是常有的事。同时,两岸堤防间距越往下游越小,这也导致排洪能力减弱,时常"下游固守则溃于上,上游固守则溃于下"。

机器坏了一处好修,若很多处都出现问题,也就离报废不远了。铜瓦厢决口就是这种情况,清政府一直以来也没放弃过堵口,可也只能头痛医头,脚痛医脚。而清朝廷的衰落,已经让他们没有能力去彻底筑堵了。

铜瓦厢改道一个多月后,东河总督李钧去决口处做了勘测,发现决口处的东、西坝间距就有170多丈宽,想要堵住这个决口,工程量很大,需要工人几万甚至十几万,需要银两几百万甚至几千万两。这对咸丰时期的清政府来说,哪有那么容易?何况太平天国还在南京建立了政权,长江流域很多地方都被他们控制了;北伐军也在跃跃欲试,想推翻清政府……因此,对清政府来说,除掉农民起义军、北伐军才是他们最先要解决的事,而对于黄河决口也就只剩担忧和悯恻了。

不要说要不要堵黄河决口,即便是决定完成这项大工程,到底是将黄河流向改回原来,还是顺应决口后的流向,清政府也一直做不了决定,这也就让受到决口影响的百姓灾难更深,让灾情更重。

侍郎沈兆霖是顺应决口新方向派,1861年,他提出"宜乘此时顺水之性,听其由大清河入海",说这样"河庆顺轨,民乐力田,缺额之地丁可复,历年之赈济可停,就此裁去南河总督及厅员,可省岁帑数十万,而归德、徐、淮一带地几千里,均可变为沃壤,逐渐播种升科,似亦一举而兼数善者矣"。

于是,清政府派直隶总督恒福、山东巡抚文煜、河南巡抚庆廉、东河总督黄赞汤进行勘查后再商议决定。然而,这一勘查又没了结果。

决口后的黄河下游处于无防无治的状态。

同治时期,农民起义军反清和帝国主义入侵处在了一个暂时休战期,治理黄河才被重新提上日程。

清政府此次派出的是直隶总督曾国藩、湖广总督李鸿章(1823—1901)、两江总督马新贻、漕运总督张之万、东河总督苏廷魁,以及江苏、河南、山东、安徽等各地巡抚,让他们商议出个具体方案。

结果,这么多人经过一段时间的商议后,联合上奏,说不适合改回故道,因为若改回原来的河道,那费用、用工都不可估量,即便是有这些银两,有这些用工,可他们事实上不一定能改道成功,还不如顺应决口后的新方向。

清政府还在犹豫之中,1871年,黄河又一次溃决,而这次溃决的地方是山东郓城侯家林。

顺应决口新方向一说再次被提出是在1873年。李鸿章写了一个长长的奏折,把堵决口、浚故道的难度全都写了出来,而且还对黄河北行造成的漕运影响做了分析。总之一句话,恢复原来的河道不现实,办不到。

清政府最终接受了李鸿章的意见,也确定了治理方案。然而,1887年,黄河再次发生溃决,此次溃决的地方是郑州。于是,顺应决口新方向之说又遭到反对,恢复故道之说又被重新提起。就连钦派督办郑州河工的礼部尚书李鸿藻、河道总督李鹤年也觉得只有这样黄河才会久安。和以前一样,有这么说的,就有那么说的,户部尚书翁同龢(hé)、工部尚书潘祖荫、两江总督曾国荃都极力反对恢复故道。为了说明恢复故道的不可行,他们还在奏折中列举出恢复黄河故道的两大隐患和五大顾虑。

铜瓦厢改道一事再次停了下来。直到1888年,清政府在经过了无数次利弊权衡后,在大清河两岸修起了大堤,新河道才有了雏形。

而铜瓦厢改道事件与其说是黄河治理问题,倒不如说是清朝廷衰落的前奏。

英法联军火烧圆明园

1856年,英法两国在沙俄和美国的支持下,以所谓"亚罗号事件"和"马神甫事件"为借口,联合发动了一场侵华战争。这场战争,是第一次鸦片战争的继续和扩大,是资本主义国家对中国的又一次侵略战争,因此历史上称其为第二次鸦片战争。

1856年10月23日,英国侵略军首先进攻广州。两广总督叶名琛"不战、不和、不守",于是广州很快沦陷。为了扩大侵略,迫使清政府就范,英法联军决定北上进犯大沽口,夺取天津,以天津作为向清政府要挟的筹码。

英法侵略军向大沽口发动进攻时,美俄的舰艇也赶来助威。英法轻易拿下大沽炮台后,便直扑天津城郊,摆开了对天津的攻势。清朝政府束手无策,急忙派大学士桂良、吏部尚书花沙纳为全权大臣向侵略者求和投降。

1858年,两名全权大臣代表朝廷分别与英、法、俄、美签订了《天津条约》,定于一年后在北京换约。这项条约除了赔款以外,还答应外国公使驻北京;增开南京、汉口、淡水、牛庄等十处口岸;允许外国人到中国内地通商、传教等。由此,外国人更加猖獗起来了。

可是,对这个激起中国人民强烈不满的不平等条约,英法政府还感到不满足。他们觉得得到的利益太少,便决定再次使用武力逼清政府退让。

1860年,英法侵略者以护送代表到北京交换条约为名,派军舰蛮横冲进了大沽口,一举拿下了天津,直逼北京。咸丰皇帝惊恐万状,带着后妃、亲王、大臣仓皇逃往了承德避暑山庄,只留下他的弟弟恭亲王奕䜣在北京与英法侵略者谈判。

整个京城内毫无抵抗力量,英法联军便绕过北京城的安定门和德胜门,占领了海淀地区,进而又向圆明园进兵。

圆明园位于北京西北郊,经清朝康熙、雍正、乾隆等历代皇帝征集全国能工巧匠,耗用无数金银,不断加以扩修,精心经营150余年,最终成为一座美丽、宏伟的皇家园林。

闯进园内的侵略军没有找到皇帝,但发现了数不清的珍贵文物和金银珠宝。侵略者顿时红了眼,他们扑上前去,将宝贝大把地往袋里装,往腰里塞,装不下就用抢来的绸缎和刺绣品当包袱,将文物珠宝尽量往里装。最后东西多得实在装不下,只好见到金子就丢掉银子,见到珠宝又将金子扔掉。因为无价的瓷器和珐琅瓶太大,无法拿走,就干脆将其打碎。楠木器具、铜器、象牙雕刻等也被肆意毁坏。

每一个法国兵都从圆明园抢到了价值三四万法郎的珍贵物品。一名法国军团指挥官抢掠的奇珍异宝和金刚石,价值竟不少于80万法郎。当时的法军军营中堆满了各种各样的钟表、五光十色的绫罗绸缎和数不尽的珍贵文物,价值达3000万法郎。《圆明园四十景图》也被他们抢去,现收藏在法国国家图书馆。

在这期间,英国侵略军头子格兰特竟公然下令,准许军官分批到圆明园抢掠。几天以后,他又下令全军可以"自由劫掠"。几天来,凡是园里能搬动的金银珠宝和珍贵文物都被抢走。单是英国陆军二等军官赫利斯一人抢到的黄金就值22000英镑,这还不包括一英尺高的黄金树和七英尺高的黄金塔等艺术品。晋朝大画家顾恺之的《女史箴图》也落入敌手,现在收藏在伦敦大英博物馆。

对圆明园进行了野蛮的掠夺和破坏以后,为了掩盖罪行,也为了让清政府见识一下他们的厉害,英国全权公使额尔金又下令将圆明园全部焚毁。

10月18日,三四千名英军一齐出动,在圆明园四处放火。霎时间浓烟滚滚,火光冲天,黑烟结成烟团,在天空中向东南流动,长达百余里,日月无光,难辨白昼。

万恶的侵略军接着又抢劫了畅春园,把圆明园的附属园苑万寿山的大报恩延寿寺、静明园、静宜园等也洗劫一空,然后放火烧毁。

美丽、宏伟的皇家大花园,最大的珍藏馆,世界级的奇景异观,几世几代中国人的心血,随着滚滚浓烟的飘散,从此化为了灰烬。

英法联军烧毁圆明园以后,又在地坛一带修筑了工事和炮台,做出攻打北京的架势。清朝政府惊恐万状,立即下令打开安定门,让英法联军进城。英法联军一进城,立即派重兵把守安定门,把大炮设在城楼上,然后向留守在北京的恭亲王奕䜣发出了最后通牒,声称奕䜣如果不接受他们提出的全部条件,他们就要像火烧圆明园那样烧毁北京城内的皇宫。俄国公使伊格那提耶夫也出面帮助英法侵略者说话,逼迫清政府投降。奕䜣便在英法两国武力的恫吓和俄国的诱逼下,接受了侵略者提出的全部条件,分别与英、法两国签订了更加屈辱的《北京条约》。

《北京条约》除了承认《天津条约》完全有效外,还增加了新的条款:开放北京的门户——天津为商埠,割让九龙司地方一区给英国,等等。英法侵略军得到利益后,第二次鸦片战争才正式结束。

叶名琛异国绝食而亡

> 零丁洋泊叹无家,雁札犹传节度衔。
> 海外难寻高士粟,斗边远泛使臣槎。
> 心惊跃虎笳声色,望断慈乌日影斜。
> 惟有春光依旧返,隔墙红遍木棉花。

这首诗的作者以文天祥和伯夷、叔齐两兄弟自喻,表明了自己的民族气节。而这位自喻为求和使者的人,最终因为不食敌人之粟,绝食而亡,死在了异国他乡。但他不会想到,他以这种方式离世,却在很长一段时间被人讥为"六不总督":不战不和不守,不死不降不走。

他是谁?为何会死在异国他乡,而且还是绝食而亡?

他就是叶名琛(1807—1859),字昆臣,湖北汉阳人,清朝两广总督。

鸦片战争后的中国已经羸弱到任人宰割的地步了。即使如此,那些以英国为首的西方列强,依然希望从中国拿走更多的东西。咸丰年间,西方列强不仅要求开放通商口岸,而且还要让鸦片走私合法化,甚至要外国公使进驻北京。

这样的要求,即便是任人欺负的清政府,也不可能答应。于是,1856年,英法联军发动了第二次鸦片战争。他们很快就攻入了广州,还将当时的两广总督叶名琛抓了起来,并转往印度加尔各答。被囚禁起来的叶名琛,因自己所带食物吃完了,又不愿意吃敌人的食物,最终绝食而亡,死在了异国。

其实,叶名琛在被俘前,已经被清政府革了职。为什么会这样呢?1835年中进士,历任广东巡抚、两广总督兼通商大臣、体仁阁大学士,叶名琛的仕途按理说很顺利,任两广总督期间,在向朝廷提供千万两白银军饷后,他也曾深得咸丰帝宠信。

1856年10月8日,广东水师在黄埔港,将窝藏在从厦门开往广州的"亚罗"号商船上的2名中国海盗、10名问题水手抓了起来。这艘船是中国的商船,船主是香港人，船上所有水手也都是中国人。只是，船主为了走私方便，在香港的英国政府领了登记证。

英国领事巴夏礼得知此事，便强硬要求两广总督叶名琛放人，还说必须在48小时内放。叶名琛很茫然，不知这事和英国有什么关系。巴夏礼颠倒黑白，说"亚罗"号是英国船，还说中国水师侮辱他们英国的国旗，必须向英国道歉。

叶名琛虽然很是气愤，但也忍气吞声，在第二天放了人。可巴夏礼依然不满意，连叶名琛写给他的信件都不拆。原来，巴夏礼的目的根本不是放人，他是在挑衅，在寻找攻打中国的机会。

同年，第二次鸦片战争爆发，英国海军向广州发动进攻。叶名琛一边发告示，悬赏杀敌，一边带领经过训练的乡勇积极反抗。那时候，叶名琛训练的乡勇有2万余人，他们在沙船上装满火药，向300名英国人冲去，英国人被他们鱼死网破的精神吓坏了，当下四散而去。

只有筏子的他们，虽然不能直接和英国大船较量，但却可以用智谋。当那被点燃的筏子漂向英国船舰旁，还是能让英军慌乱一下的，运气好了，还可以毁几艘英国小船。然而，实力、武器的差距，还是让叶名琛陷入了不利局面，他想让政府支援，便将他们英勇抗击英军的事上报朝廷，不料，不仅没得到支援，反而招致咸丰帝的怒骂，说他们不应该和英国硬来，应该和英国人坐下来谈判。

叶名琛何尝不想谈判，可由得了他吗？无兵可用，没有好的武器，更没钱，叶名琛的处境更艰难了。然而雪上加霜的是，他被革了职。

1857年10月，英国的援军又到了，进驻香港。几天后，带着援军的英国额尔金爵士和葛罗照去见叶名琛，直接提出，他们要占领广州，占领沿江炮台等，甚至还限他10日内给出答复，不然后果自负。

这已经是赤裸裸的侵略了，叶名琛当然不可能答应。

1857年11月，英法联军又向叶名琛发出了最后通牒，限他48小时交城。叶名琛虽然带着乡勇又挣扎了一番，但还是失了守，广州沦陷，而叶名琛也最终被俘。

刚开始时，叶名琛是被关在英国军舰"无畏"号上的。那时候，虽然被俘，可叶名琛没有丝毫慌张，他"欲面见其王以理论"，他希望见到英国君王，然后和他理论，他觉得英国君王应该是明事理的。

关押中,叶名琛只吃自己带的食物,而不愿意吃敌人的。然而,他并没有被送去英国,更没有机会见到英国君王,他被带去了印度的加尔各答。那时候,叶名琛还没绝望,也还关心着国内局势,每天都要让翻译给他读当地的报纸——《加尔各答英国人》,希望能从中知道国内的情况。

或许是从清政府那里看不到希望,也或者是知道自己无望见到英国君王,在所带食物吃完后,他选择了绝食。

1859年3月,饿得瘦骨嶙峋的他,死了,死在了异国他乡。

叶名琛最终用这种惨烈的方式结束了自己的生命。现在再看晚清名士薛福成对他的评价:不战不和不守,不死不降不走,相臣度量,疆臣抱负,古之所无,今亦罕有。

这种评价,也不见得就是准确的。

辛酉政变

1861年8月22日,咸丰皇帝病逝。咸丰临终时口授遗诏,宣布由他5岁的儿子载淳继位,并指定载垣、端华、肃顺、穆荫、景寿、匡源、杜翰、焦佑瀛等八个亲信为"赞襄政务王大臣",辅佐载淳,总摄国政。然而,事情没有按咸丰皇帝的意愿发展。他死后不久,朝廷就发生了政变,国家大权落到了小皇帝的生母叶赫那拉氏(1835—1908)手里。

那拉氏出身于满洲贵族家庭,小名兰儿。咸丰登基后,那拉氏应选入宫。别具一番风韵的那拉氏被咸丰一眼看中,得到了宠幸。皇后钮祜禄氏幽娴静淑,咸丰帝却对她只有敬没有爱。而那拉氏,芙蓉面,杨柳眉,性情乖巧,兼通满汉两文,识经晓史,能书能画,故深得咸丰宠爱。她很快就被封为了贵人,接着又被封为懿嫔。之后,那拉氏为咸丰生了载淳,母以子贵,那拉氏很快便又升一级,被封为懿妃,第二年又升为懿贵妃,地位仅次于皇后。

咸丰身体虚弱,懒理政务,不时就要那拉氏代笔批条。那拉氏由此对朝廷军政大事和人际关系慢慢有了了解。久而久之,那拉氏开始向咸丰举荐人才,进而干预政事。

载淳继位后,钮祜禄氏被尊为"母后皇太后";那拉氏则被尊为"圣母皇太后",徽号"慈禧"。一个称为"东太后",一个称为"西太后"。但慈禧权欲熏心,并不满足,意欲夺取清王朝大权。咸丰的死,正好给她提供了机会。这时清廷内部分为两大派。一派以八大臣为首,把持朝廷军政大权,主张原封不动地维持现存秩序,对外国侵略者抱着疑惧和仇视态度。另一派以咸丰的异母弟弟恭亲王奕䜣为首,极力主张向外国侵略者妥协。

慈禧深知奕䜣和八大臣有很深的矛盾,为了实现自己的篡权计划,她便决定争取奕䜣的支持。咸丰在热河(治今河北承德)死后,她立即以报丧为名,派亲信赶回北京,密召奕䜣速来热河,单独召见,商定"回銮"北京后,除掉八大臣,实施两宫垂帘听政的计划。而她最关心的是洋人对两宫太后垂帘听政的态度。奕䜣便保证说:"各国对太后听政绝无异议,如有误会,我尽可解释,若有不妥,唯奴才是问。"

奕䜣回到北京,就召集党羽,拉拢八大臣的反对派,紧锣密鼓地为皇太后垂帘听政做舆论准备。与此同时,慈禧在热河也加紧了行动,为她的上台大造舆论。

1861年10月26日,咸丰的灵柩从热河运往北京。慈禧怕八大臣中途闹事,便有意将他们分开。让肃顺单独负责护送灵柩沿大路走,而叫载垣、端华等人跟随她走小路。但肃顺也并非庸碌之辈,他知道慈禧凶残无比,如不尽早除去,后患无穷,所以事先安排了侍卫兵,准备在队伍行至古北口时将她刺死。谁知慈禧早有防备,她的亲信侍卫荣禄日夜守卫,毫不懈怠,直到北京,肃顺派的刺客都无从下手。

11月1日,慈禧在胜保安排的亲兵的接应下,提早一天回到了北京,当天便和奕䜣会晤。而奕䜣在北京已做好一切准备,并转达了英法使馆的态度。慈禧见洋人不反对,便更加有恃无恐。

次日黎明,载垣、端华刚踏进宫门,就被事先埋伏在两旁的侍卫就地逮捕,慈禧派人宣读早已拟好的谕旨,将八大臣全部解职并审判定罪。慈禧一见事情进展顺利,又命令睿亲王仁寿、醇亲王奕䜣急速去捉拿肃顺。这时,行至密云的肃顺还被蒙在鼓里,对京中的变乱毫无知觉。两亲王赶到密云驿站,趁肃顺睡觉时,突然带兵闯入,把他捆了起来。

慈禧逮捕了八大臣之后,便在王公大臣面前痛诉肃顺等人的罪状,并说先帝并没有让他们辅佐朝政,完全是他们趁国难之机独揽大权。而钮祜禄氏也在一旁帮着慈禧说话。小皇帝看到两位母亲的悲痛之状,便按照慈禧预先教好的话说:"肃顺等人,忘恩负义,着实可恶,该杀头!"

圣旨一下,八大臣就要人头落地。慈禧也深知打击面太大会对自己今后不利,于是采取了区别对待的策略:将军机处的景寿、穆荫等五人革职;肃顺、载垣、端华则被列出十大罪状,判处死刑;载垣、端华赐令自尽;肃顺本应被凌迟处死,但念其是先帝重臣,遂加恩改为斩决。

第二天,两宫太后就开始垂帘听政。而钮祜禄氏没野心,也没能力,一切便听任慈禧自作主张、独断专行。26岁的慈禧从此走上了政治舞台,篡夺了清朝大权。这一年,因为是旧历辛酉年,故这一历史事件被称作"辛酉政变"。

在以后40多年的时间里,她一直把持朝政,成了清朝实际上的最高统治者。

左宗棠收复新疆

在新疆西边有个叫浩罕的小国,曾依附于中国。后来,在英国的支持下,浩罕国军事头目阿古柏率兵占领了新疆的南部。接着,他又向北疆扩张,占领了乌鲁木齐,并且公然宣称要在新疆成立一个哲德沙尔汗国,然后自己当国王。这是要公开把新疆从中国的领土中分裂出去。而俄国也早就想夺取我国的新疆地区,于是趁机出兵,占领了新疆西部的伊犁地区。

阿古柏和俄国侵略新疆一事,在清政府的官员中间引起了争论。曾国藩和李鸿章害怕沙俄,而慈禧太后对新疆问题也不放在心上,因为她正忙着选择一个新皇帝。同治皇帝不久前病了,慈禧想找一个听她话的皇帝,后来选中了醇亲王奕譞的儿子载湉。因为载湉的父亲是咸丰的弟弟,母亲则是慈禧的妹妹。慈禧把4岁的载湉送上皇帝宝座后,自己便又重新开始垂帘听政。载湉,即光绪帝。

阿古柏占领了新疆之后，身在兰州的陕甘总督左宗棠（1812—1885）心里非常着急。他听闻朝廷对这件事一点儿也不关心，更是又急又怒。左宗棠立刻写奏折批驳了李鸿章等人。在奏折里，他气愤地说："对于外国人的侵略势头，我们决不能助长。如果我们放弃新疆，他们就会占领整个西北。如果我们放弃整个西北，他们就会占领整个中国。别人能够容忍阿古柏的侵略，我不能。如果朝廷同意我的意见，我愿意带兵出征，收复整个新疆。"

左宗棠的奏折写得很有气势，使朝廷中的许多官员非常佩服。他们纷纷向慈禧保举左宗棠，希望能早日收复新疆。慈禧太后也觉得丢失领土不太光彩，既然有人愿意出征，便可以一试。于是，左宗棠被任命为钦差大臣，领兵去收复新疆。

1876年的春天，左宗棠率领军队离开兰州，经过河西走廊，来到了肃州（今甘肃酒泉）。一路上可以看到行行杨柳，绿叶繁茂，这些杨柳都是左宗棠初来西北时，为保持水土而命令军士栽种的。

左宗棠把军队的将领们召集在一起，商讨进军新疆的具体战略部署。他说："新疆地广人稀，中间是天山，把新疆分为了南北两部分。北方地势平坦，交通方便，我们就先攻打北疆。立稳脚跟以后，我们再进军南疆，收复全部领土。"刘锦棠等众位将领都点头说这个办法很好。

左宗棠见大家同意，便开始布置任务，说："刘锦棠和金顺两位将军率领主力攻打乌鲁木齐。徐占彪和张曜把守哈密。其余部队保卫敦煌和玉门等地，防止敌人入侵内地。"各位将军接到命令后刚要分头行动，左宗棠又嘱咐大家说："新疆民族很多，他们都是我们的姐妹兄弟，你们要尊重他们，绝对不允许杀人放火，有犯者严惩不贷。"

刘锦棠率领主力部队离开肃州后，直接向乌鲁木齐杀去。驻守乌鲁木齐的是阿古柏的大将军白彦虎。白彦虎是中国人，他听说左宗棠部下的大将军杀来了，就一面给阿古柏送信，一面派兵死死守住城外的古牧场。而刘锦棠一到乌鲁木齐，就下令向古牧场发动进攻。阿古柏的军队拼命抵抗了一整天。其实，清军并没有真正猛烈地进攻，刘锦棠只是让部队远远地开枪放炮，大声呐喊，却并不往前冲。天黑以后，清军也就收兵了。

打了一天仗，白彦虎累得筋疲力尽。他觉得清军白天已经发动进攻了，那么晚上就可以安心地睡觉了。可就在他睡得正香的时候,外面的枪声却把他惊醒了。清军突然进攻,阿古柏的军队来不及准备,仓促应战,于是大多都被消灭了。白彦虎拼命逃回乌鲁木齐城里后,就带着家眷连夜逃跑了。由此,刘锦棠率兵攻下古牧场,又很快占领了乌鲁木齐。

第二天,阿古柏派来的援军赶到了。然而,刘锦棠早就在城外设下了一个伏击圈,敌人刚一进到圈中,埋伏在四周的清兵就枪炮齐发。结果阿古柏的军队被打得死伤无数。

阿古柏本来以为有英国人的支持,清朝不敢派兵来打他。现在左宗棠的军队接连胜利,他确实有些吃不消了。但阿古柏不死心,要和清军顽抗到底。他命令自己的儿子伯克·胡里去守托克逊,大总管爱伊德尔呼里守达坂城,白彦虎守吐鲁番,准备与左宗棠决一死战。然而,他的计划最终没能得逞。这样一来,南疆地区也被收复了。阿古柏节节败退,带领仅剩的一点儿兵力向西逃窜。半路上,他却被手下人杀死了。不久,白彦虎和伯克·胡里逃到了俄国。清军各路大军在吐鲁番胜利会师。这样,除伊犁以外,清军收复了新疆的全部疆土。

左宗棠见俄国人还赖在伊犁不想走,便决定亲自到新疆,指挥清军收复伊犁。临行前,他命人带上了一口棺材,手下人不明白这是怎么回事,左宗棠就激动地说:"我已经六十多岁了,为了收复国家的领土,情愿搭上我这条老命。"将士们一见统帅这么坚决,顿时深受感动,也都纷纷表示:"不赶走俄国人,我们决不活着回去。"

然而左宗棠离开肃州,向西走了不远,就突然接到了慈禧太后的命令,让他停止进军伊犁。左宗棠非常痛心,望着西北方向一望无际的戈壁滩,连声哀叹。但是没办法,他只好命令部队停止进军。原来,慈禧害怕左宗棠收复伊犁会引起麻烦,就和李鸿章商量,决定派曾国藩的儿子曾纪泽去跟俄国人谈判。后来,曾纪泽和俄国签订了《伊犁条约》,虽然要回了伊犁,却把霍尔果斯河以西的大片领土割让给了俄国。

洋务派兴办洋务

第二次鸦片战争后,清朝统治阶级内部出现了两个互相对立的政治派别,即洋务派与顽固派。这两个派别在对内镇压人民、维护封建统治方面是一致的,但在如何对待西方资本主义列强及西方的先进科技等方面有着严重的分歧。由此产生的矛盾和斗争在相当大的程度上影响了中国近代历史的进程。

洋务派在中央的代表是恭亲王奕䜣、桂良和文祥等人。这些人在对外谈判中,目睹洋人"船坚炮利",不是自己的力量所能抵挡的,因此主张掌握西方先进武器,加强防卫力量。洋务派在地方上的代表则是曾国藩、李鸿章、左宗棠、沈葆桢、张之洞等人,其中李鸿章在洋务运动中的贡献最大。1861年1月11日至24日,奕䜣、桂良和文祥在不到半个月的时间内先后两次上奏,探讨以"自强"为治国总纲的基本国策,力图以此"振兴"清王朝。而在这个基本国策的指引下,中国历史进入了长达30多年的洋务运动时期。

洋务运动的前期,清政府兴办了一系列近代军用工业。

1861年,在镇压太平天国运动时,为增强湘军的作战能力,曾国藩设立了安庆内军械所。这是洋务派兴办军火工业的最初尝试。

1862年,李鸿章任用英国人马格里在松江创办了上海洋炮局。1863年,他把该厂迁到了苏州,改称为苏州洋炮局,又购入了一些西式机械设备,制造武器弹药供给淮军,用于对太平军作战。1864年,马格里在李鸿章支持下,买下了英国"阿思本"舰队所带的修造枪炮用的机器,提高了该厂的生产能力,每周可生产炮弹1500发至2000发。

1865年,李鸿章购买了上海虹口美商旗记铁厂,将这所铁厂与丁日昌和韩殿甲主持的设在苏州的两个炮局合并在一起,加上容闳从美国购来的机器,成立了江南制造总局。这所兵工厂最初计划以造船为主,后来改为以制造枪炮、弹药、水雷等武器为主,同时也造船及一些简单机器。该局所产军火主要供给南北洋军队,雇佣工人约2000人,同时聘用英国技师。同其他军火工厂相比,江南制造总局经费充裕,技术力量雄厚,是近代中国一个大型兵工厂。

1865年,李鸿章把马格里主持的苏州洋炮局迁到南京,将其扩充为金陵机器局。该局的厂址设在雨花台附近,专造枪炮弹药,但规模小于江南制造总局。

金陵机器局的产品大都供应淮军及北洋三省,一小部分则拨给南洋和沿江各省。该局在英国人马格里的主持下,所造大炮质量低劣。1875年1月,大沽炮台试放该局制造的大炮时,发生了爆炸,当场炸死士兵5人,重伤13人。主持人马格里却拒绝承担责任,要求重新演放,结果仍旧炸裂。李鸿章遂将马格里撤职,此后金陵机器制造局改由中国人监办。

1866年,左宗棠任用法国人德克碑和日意格承办福州船政局,厂址设于福州马尾。该局主要制造和修理船舶,是近代中国最大的专业船舶制造厂。该局原计划在5年内用3万两白银造船16艘,结果用了6年多时间,开支530余万两,却只造了大小轮船15艘,而且均是木壳船,质量不高。

1867年,清政府令满洲贵族崇厚在北方筹办天津机器局。崇厚雇聘英国人密妥士为总管,办了三四年,毫无成效,只好于1870年交由李鸿章经办。李鸿章派中国人进行了全面整顿扩建,成立了东、西两局。东局设在城东贾家沽,主要制造火药、洋枪、洋炮、水雷和各式子弹;西局设在城南海光寺,主要制造开花子弹和军用器具等。东、西两局共有工人约2500人,规模仅次于江南制造总局,成了当时的"洋军火总汇"。该局所产军火除供应直隶淮、练各军,北洋舰队外,其他如吉林、奉天、察哈尔、热河及江南分防水陆淮军也均按时拨给,连河南等省需用火药等也会向津局索取。

除以上四大局之外,各省督抚为增强地方统治势力,也相继兴办了一些军用工业。其中有:1869年,左宗棠创办的西安机器局,后迁往兰州,改称兰州通用机器厂;1869年,英桂在福州创办的福建机器局;1873年,瑞麟在广州设立的广州机器局;1875年,刘坤一在广州设立的广州火药局,丁宝桢在济南建立的山东机器局,王文韶在长沙设立的湖南机器局;1877年,丁宝桢在成都建立的四川机器局;1881年,吴大澂在吉林建立的吉林机器局,刘坤一在南京建立的金陵火药局;1884年,岑毓英在昆明设立的云南机器局,张之洞在太原设立的山西机器局;1885年,刘铭传在台湾成立的台湾机器局。

1890年，张之洞把在广州筹建的枪炮厂迁往汉阳，称为湖北枪炮厂，并增购机器，建筑厂房，至1895年正式投产。该厂下设炮厂、枪厂、炮架厂、炮弹厂、枪弹厂，后来又添设了炼钢厂和无烟火药厂，成为清政府在洋务运动后期兴办起来的全国最大的枪炮厂。

清政府兴办的新式军用工业完全采取官办方式，禁止私人资本向军火工业投资，以保证清政府对军火工业的垄断权。军用工业的建立和发展要求有与之相适应的原材料、燃料、交通运输以及巨额资金的保障。于是，近代民用工业应运而生。

19世纪60年代到90年代，清政府先后兴办了约40个民用企业，主要有航运业、煤矿业、金属矿业、电讯业、炼铁业和纺织业。这些企业的主要创办者是李鸿章、张之洞、左宗棠等洋务派官僚。如1872年，李鸿章派朱其昂等官员在上海设局招商，购买了3艘外国轮船，成立了轮船招商局，并以"官督商办"方式经营；1879年，李鸿章在大沽到天津之间架设电报线，之后又创办了天津电报总局，这是中国创办最早的电报局。这些民用企业多数是围绕军事工业而建立的。在经营管理方面，由于清政府的腐败统治，这些民用企业基本上和军事工业一样，表现为"衙门化"，且经营管理权都把持在官僚手中。商人虽然入股，但对企业的经营情况无权过问。

尽管洋务运动有其历史的局限性，但它的出现是进步的。近代军事工业与民用企业的建设促进了近代文化教育事业的兴起，对中国社会发展产生了深远的影响。

中国铁路之父詹天佑

詹天佑是广东南海人，生于1861年，卒于1919年。他是中国近代杰出的铁路工程专家、爱国知识分子，为发展中国早期铁路建设事业作出了卓越贡献。他在列强面前不畏强暴、威武不屈的精神永为后世铭记。

第16章 清朝

詹天佑出生在广东南海一个没落的茶商家里,是家中长子。在他很小的时候,父亲就把他送到私塾去读书。他天资聪颖,学习刻苦,又喜欢看课外书,尤其喜欢读一些与工程学有关的画报。看完书后,他还会照着书上或画报上的图片,用胶泥捏火车、机器等,捏得还很像样。

有一天,他独自看着闹钟,愣愣地看了好半天。父亲问他:"你怎么老看闹钟啊?"他却反问父亲:"这闹钟怎么会走的呢?为什么铃声会按时间响呢?"父亲被问得张口结舌,回答不出来。这些问题一直像猜不透的谜,在小天佑的小脑瓜里萦绕着。为了揭开这些谜,他便趁大人不在,偷偷把闹钟拆开了,琢磨了好一阵子,然后又照原样安装好,才终于弄清了闹钟的构造,知道了它为什么会走。

从此,詹天佑更加喜欢机器了。平时他特别留意一些小东西,比如小齿轮、小铁丝、小钉子,一有空就自己闷头摆弄,为此,小伙伴们给他起了个外号叫"小机器迷"。小天佑在街上看到洋人带着稀奇古怪的东西,也总是要仔细观察,如果可能的话,他就一定要把这个东西是怎么做的弄清楚。

一次,母亲发现他的口袋破了两个洞。一摸,里边竟是一个个坚硬的零件,气得母亲把这些杂七杂八的东西都扔到了院子里,他伤心地哭了。父亲把事情的原委弄清楚后,便开导妻子支持天佑的兴趣,还亲手帮助儿子捡回了那些零件,并一件一件地放到木盒里。从此,詹天佑摆弄机器的爱好在家中取得了"合法"的地位。

1872年,突然传来了一个好消息:清政府为了培养人才,决定送30名聪慧好学的少年到美国求学。当时詹天佑才11岁,他听到大人的谈论以后,就勇敢地向父亲提出:"父亲,让我去吧!"父母听了都很高兴,就答应去为他报名。经过选拔和考试,詹天佑名列前茅,被录取为第一批出国留学的预备生。

于是詹天佑坐火车到了上海,然后又换乘轮船去美国留学。他一点儿也不胆怯,因为在他的心里装着发奋学习、振兴祖国的雄心大志。

就这样,詹天佑开始了异国他乡的留学生涯。没有亲人的呵护,就只能独立自强。克服了孤独与彷徨之后,他发奋读书。经过了近10年的苦读,詹天佑终以优异的成绩获得了学士学位,并回到了国内工作。

1890年,关内外铁路总局计划把关内铁路延伸到关外的沈阳和吉林。当铁路铺至滦河时,由于河深水急,英、日、德三国的工程师在给桥打桩时都失败了。英国总工程师只好把詹天佑找来试试。詹天佑经过认真探测和调查,利用"压气沉箱法"克服了流动层厚的困难，按期完成了滦河铁路桥的全部工程。他的成功，使那些自命清高的外国工程师惊奇万分，也为中国人长了志气。1894年，他被英国土木工程师学会选举为会员，成为该学会的第一位中国会员。

1902年年底到1903年春，詹天佑负责建成了京汉铁路支线——新易铁路，铁路从河北新城至易县梁各庄，长约45千米。

1905年到1909年，詹天佑又成功主持修建了中国铁路史上第一条中国人独自设计施工的重要铁路——京张铁路。京张铁路的建成，不仅为詹天佑在世界上赢得了声誉，更重要的是使整个中国工程技术界在世界上取得了地位。当时，还有人把京张铁路与万里长城并列为中国两大伟大的工程。

中法战争

19世纪中期，法国侵占了越南南部，接着又侵略北部，企图把越南作为侵略中国的基地。于是越南军民同驻扎在中越边境的刘永福黑旗军相配合，在1873年和1883年两次大败法国侵略军。

1883年12月，法军进攻越南北部地区的清军驻地，中法战争爆发。从1883年12月到1884年4月，战争在越南北部陆上进行。由于清军指挥混乱，主帅未战先逃，法军最终占领了红河三角洲。

1884年8月，法国舰队突然袭击福州马尾港内的福建水师。由于北洋大臣李鸿章的妥协退让，福建水师损失惨重，军舰被击沉11艘，水师官兵殉国700多人。清政府因此被迫对法宣战。

战争分海陆两路进行。在海路方面，法国舰队先后向台湾和浙江镇海发动进攻，遭到了中国军民的顽强抵抗。

在陆路方面，法军攻占了中越边境的谅山和镇南关（今友谊关），进犯中国。

镇南关是中国西南边境的大门。占领镇南关后，法军统帅尼格里非常狂妄，他命人在镇南关的城墙上写了一行大字："广西的门户已不复存在了。"当地的中国人民非常气愤,便也在城墙上写了一行更大的字:"我们要用法国人的头颅,重筑我们的门户。"然后,他们纷纷来到清军老将冯子材(1818—1903)的大营里,要求加入部队,赶走侵略军。由此,当地人民的反法热情一下子高涨起来。这一切使尼格里非常害怕,于是他放火烧毁了镇南关,而后带领法军退到了文渊城。

冯子材来到被烧毁的关前,气愤地说:"洋鬼子竟敢烧了我们的家门,这个仇一定要报!"他立刻命令部队在关前东西两座山岭上修筑炮台,并垒起一条3里的长墙,把东岭和西岭连接了起来。长墙的对面,还挖了一条壕沟。

一天早晨,起了大雾。冯子材得到报告:"尼格里趁着大雾来攻城了。"冯子材立刻找来了苏元春、王德榜和王孝祺等将领,部署了自己的作战计划,然后命令各位将领马上分头行动。

尼格里从文渊城杀出后,把队伍分成了两路。一路攻打东岭,一路攻打长墙。他们依靠先进的武器,很快就登上了东岭。洋鬼子们一冲进炮台,便把炮口转向长墙开起火来。炮弹雨点一样落在长墙上,炸得石头、砖块乱飞。正面的敌人也端着枪,"哇哇"怪叫着冲了上来。冯子材一面指挥清兵奋勇还击,一面大声鼓励说:"弟兄们,报效国家的时候到了。千万不能让洋鬼子冲过长墙,不然我们还有什么脸去见两广的父老!"这时候,王孝祺也领人绕到法军后面发动了猛攻。苏元春冒着猛烈的炮火,冲上了东岭。双方用大炮展开了对攻,东岭上炮声隆隆,喊杀声响成了一片。可是,凶猛的敌人并没有被打退。

就在这关键时刻,法国兵突然乱了起来。原来是有人向尼格里报告,说王德榜率兵袭击了文渊城。往前线送食品、弹药的运输队几次都被王德榜打了回去。

冯子材率领士兵奋不顾身地杀向敌人。周围的老百姓也都来支援冯子材。他们手里拿着各种武器,有刀枪,有棍棒,还有干农活用的锄头和铁耙。尽管武器落后,但他们没有一个怕死的,都不顾一切地朝敌人冲去。最终,年近70的老将冯子材指挥抗法,歼敌近千人,扭转了整个战局,这就是"镇南关大捷"。同时,西线的黑旗军也在临洮打败了法军,收复了10多个州县。

这次抗法战争的巨大胜利,沉重地打击了法国,导致法国茹费理内阁垮台。法国政府急于同清政府议和,清政府也认为这是求和的好机会,就下令停了战。1885年6月,李鸿章在天津和法国代表签订了《中法新约》,清政府不但承认了法国在越南的殖民统治,而且还同意在云南、广西两省的中越边境开辟商埠。这样,中国西南的门户便被打开了。战争最终以"法国不胜而胜,中国不败而败"宣告结束。

中日甲午战争

光绪二十年(1894年)春,朝鲜爆发了东学党领导的农民起义,朝鲜国王请求清政府派兵协助镇压。日本为了实现侵占朝鲜、侵入中国的目的,以保护在朝日侨为借口,也乘机出兵朝鲜。后来,鉴于东学党起义被镇压,朝鲜局势已稳定,清政府便向日本建议双方撤兵,但遭到了日方拒绝。7月25日,日本军舰在朝鲜牙山口外丰岛海面袭击中国运输船,清政府被迫于8月对日宣战。因为这一年是中国农历甲午年,所以此战被称为"甲午战争"。

在此以前,清政府虽然已经建立了舰队,修筑了沿海防御工事,但整个军事政治机构十分腐朽。为筹建海军而设立的海军衙门成了支付修葺颐和园的经费和官员们中饱私囊的机构。而掌握最高权力的慈禧,除了尽情享乐外,此时正煞费苦心地筹备自己的六十大寿。交战双方,一方蓄谋已久,准备充分;另一方则处处回避,仓促上阵。

9月15日凌晨,日军重兵向平壤城内的清军发起猛攻。而清军统帅叶志超昏庸无能,贪生怕死,在大敌当前的关键时刻,不但不组织军队凭险抵抗,固守待援,反而率军逃跑,"一夕狂驰五百里"。在平壤保卫战中,虽出现了左宝贵等英勇抵抗的爱国将领,但败局无法挽回,平壤最终陷落。

9月17日,日本舰队和北洋舰队在黄海海面展开了一场激战,双方互有损伤。李鸿章为了保存实力,竟命令北洋舰队退守威海卫军港,把制海权拱手让给了日本。而日本侵略者知道,要使清政府屈服,就必须歼灭北洋海军。为了达到这一目的,日本海军对中国发起了新的进攻。

11月中旬,旅顺局势危急,丁汝昌亲往天津,请求率舰前往救援。可李鸿章不但不支持丁汝昌的爱国行动,反而大加训斥。不仅如此,他还革去了丁汝昌的尚书头衔,摘去其顶戴(清朝用以区别官员等级的帽饰),以示惩戒。由于没有援军,旅顺很快就失守了。而日军在占领大连、旅顺之后,又发动了对威海卫军港的袭击。

在日军海陆两路的夹击下,威海卫南、北炮台很快便失守了,日军又封锁了威海卫东、西港口,并命南、北炮台和停泊在港口外的军舰一起发炮,轰击港湾,使北洋舰队陷入了困境。此时,日本联合舰队司令写信诱降丁汝昌,丁汝昌严词拒绝。随着威海卫形势的日益严峻,窃据北洋舰队海军副提督的英国人马格禄等人,竟勾结营务处道员牛昶昞和一些贪生怕死的将领胁逼丁汝昌投降,丁汝昌十分悲愤。

1895年2月11日,刘公岛告急,在内无弹药、外无援军的情况下,丁汝昌召集诸将开会,提出"与其在刘公岛坐以待毙,不如冒险突围,与日军做最后的较量",然而无人响应他的建议。会后,牛昶昞等人又指使一些贪生怕死的人,用尖刀威逼丁汝昌率队投降。丁汝昌不愿卖国求荣,但又无力挽救危局,遂怀恨自杀,以身殉国。丁汝昌死后,马格禄等人盗用丁汝昌的名义,向日本侵略者投降,北洋海军就这样"一朝瓦解成劫灰"了。不久,牛庄、营口、田庄台也相继失陷。中日甲午战争以侵略者的胜利而告终。1895年3月,清政府按侵略者的要求派李鸿章赴日本"议和"。4月17日,李鸿章按日本侵略者的要求,代表清政府签订了其内容包括割让台湾岛给日本的丧权辱国的中日《马关条约》。

消息传开,全国各界群情激愤,台湾人民的愤怒更是达到了极点。台湾军民武装保卫台湾,历时4个多月,浴血奋战,前后歼敌4000余名。虽然台湾最终被占领,但台湾人民并未屈服,反日斗争此起彼伏,为中国近代史写下了光辉的一页。

黄海战役

1894年9月17日，清朝北洋舰队在鸭绿江口的大东沟完成护航任务后，正准备返回，忽然发现西南海面上有一支悬挂着美国国旗的舰队快速驶来。海军提督丁汝昌（1836—1895）便果断地下令生火起锚，排成雁行阵迎去。驶到近处时，那支由12艘军舰组成的舰队又突然换上了日本国旗，并列成纵队，向北洋舰队开炮。于是，中日黄海海战爆发了。

战幕一拉开，北洋舰队虽险情丛生，但广大爱国将士全都同仇敌忾、英勇奋战。在战斗中，表现突出的有"定远""致远""经远"三舰。

旗舰"定远"是敌舰攻击的主要目标，战斗一开始，便中弹数发，船上桅杆被打断，船桥也被震塌。正在指挥的北洋海军提督丁汝昌也身受重伤，但他拒绝入仓，坚持坐在甲板上督战。"致远"舰管带邓世昌，在鏖（áo）战中见旗舰"定远"上的帅旗被打落，便立即命令升起帅旗，吸引敌舰。他见敌舰"吉野"甚为猖狂，认为"苟沉此舰，足以夺其气而成事"，便当机立断，集中火力猛击"吉野"舰。炮手们发炮准确，一排排炮弹发着尖厉的呼啸声直朝"吉野"飞去，打得"吉野"舰火光四起，掉头逃跑，邓世昌又下令尾随追击。由于舰上配备的弹药很少，不多时，炮弹便打完了。"吉野"发现这一情况，便又反扑回来。

邓世昌在广大爱国士兵誓与敌人血战到底精神的鼓舞下，毅然决定：开足马力，撞沉"吉野"。官兵们的怒吼声在黄海上空回荡。"吉野"舰上的日本官兵被中国水兵的英勇行为吓呆了，他们惊恐万分，纷纷跳水逃命。但就在"致远"逼近"吉野"的时候，一发炮弹击中了"致远"的鱼雷发射管，管内的鱼雷爆炸了，舰上燃起了大火，船体缓缓下沉。但舰上的200余位中国官兵，无一人跳水离舰，最终他们在高呼杀敌的喊声中，随着舰旗沉没在了黄海的怒涛中。

当"致远""经远"被敌人的炮火分隔开后，"经远"也在激战中受了伤。管带林永升指挥着受伤的"经远"舰独立作战，力图把敌舰吸引过来，让"致远"狠打"吉野"。在混战中,一敌舰受重伤企图逃跑,"经远"便立即开足马力追击,准备给以致命打击,却不幸中了鱼雷。林永升大呼:"为国杀敌,死而后已!"全舰官兵同仇敌忾,在舰身逐渐下沉的情况下,仍继续向敌舰猛烈射击。最后,全舰除16人获救外,近200人为国殉难,表现出了崇高的爱国气节。

"热血染黄海,丹心映碧波","致远""经远"将士的英雄壮举,激励了清军舰队众多官兵的斗志。战斗持续了5个小时,在北洋舰队的严厉打击下,敌舰大伤元气:旗舰"松岛"受创极重,官兵死伤100余人;"比睿"后舰起火,逃出重围;"西京丸"中弹累累,运转失灵;"吉野"也丧失了战斗力。日本舰队见偷袭中国北洋舰队并未占到什么便宜,只得退出战斗。

在黄海海战中,日本海军有5艘军舰受到重创,伤亡600余人。而中国北洋舰队损失5艘军舰,伤亡千余人。战后,李鸿章却命令北洋舰队躲进威海卫军港,将制海权拱手让给了日本,最终导致了北洋舰队的覆灭。

公车上书

康有为(1858—1927)是广东南海丹灶(今属佛山市南海区)人。他接受西方国家学说,认为中国要摆脱贫穷落后就要进行改革。而要进行改革,就要说服皇帝,在皇帝的主持下进行。

康有为在广州著书立说,宣传自己的主张,大力主张改革。1895年,康有为和梁启超等人赴北京参加会试。《马关条约》签订的消息传到北京,朝野舆论哗然,人心激愤。举人们听后更是义愤填膺。

康有为和梁启超便借此机会,发动举人们上书请愿。全国各地1300多名举人联合起来,公推康有为和梁启超起草《上皇帝书》,请求皇上拒绝在条约上签字,同时惩办卖国投降官员,破格提拔人才,加强军队训练,并进行变法,在政治、经济、文化各个方面都进行改革。

经过一昼两夜奋笔疾书,万言书写好了,各省举人也都签了名。虽然由于掌握大权的官僚的阻挠,光绪皇帝最终没有看到万言书。但是,万言书的内容已在各省广泛传播开了。

戊戌变法

中日甲午战争以后,帝国主义列强疯狂侵略中国,在中国开设了通商口岸,使侵略势力深入到了中国内地;而清政府在甲午战争中丧权辱国,屈膝投降,导致了严重的民族危机,激起了全国人民的愤怒。以康有为为代表的资产阶级改良派,在民族危机日益严重的情况下,发动了具有爱国救亡意义的维新运动,幻想在不触动封建主义的经济基础及其上层建筑的前提下,通过自上而下的改良,使中国走上资本主义道路。

当时在朝廷中,以慈禧太后为首的一派形成了"后党",以光绪皇帝(1871—1908)为首的一派则形成了"帝党",帝、后两党争权激烈。光绪皇帝登基之时还年幼,只有4岁,现在光绪帝已经长大,慈禧不得已才撤帘归政,由光绪皇帝亲政。慈禧经常住在为供她"颐养冲和"而修饰一新的颐和园,表面上不过问国事,只寄情于湖光山色之间,但实际上依然大权在握,光绪皇帝也只不过是由她摆弄的傀儡,朝政大事最后的裁决,还须请示慈禧太后。

朝廷中大批掌握军政实权的贵族官僚都依附于慈禧太后,而站在光绪皇帝这一边的只有他的老师翁同龢等人,翁同龢官位较高,多年任尚书,两度任军机大臣,但实权不大。维新运动兴起后,资产阶级改良派幻想依靠皇帝及其亲信大臣的力量推行他们的变法主张。光绪皇帝及其"帝党"则希望利用资产阶级改良派这股新起的社会力量,通过变法维新,摆脱慈禧太后的束缚,从而掌握实权,来挽救摇摇欲坠的清朝统治。于是,帝党与改良派便在互相利用的基础上联合起来。

光绪二十四年(1898年),光绪皇帝决定变法,他召见康有为商量变法的步骤,并任命他为总理衙门章京,许他专折奏事。康有为又举荐了主张变法的数人,如内阁候补侍读杨锐、刑部候补主事刘光第、内阁候补中书林旭、江苏候补知府谭嗣同,光绪皇帝便各赏四品卿衔,让他们担任军机章京,协助主持变法事务。从6月11日到9月21日,改良派通过光绪皇帝接连颁发了许多除旧布新的变法法令。1898年是戊戌年,因此这次变法又被称为"戊戌变法"。

变法之前,光绪皇帝曾到颐和园请示慈禧太后,慈禧并未加以阻挠,并且说:"变法也不是要紧的事,但不要违背了祖宗的规章制度,不要损害我们满洲人的利益,否则,不可施行。"又说道:"翁同龢这个人不可靠,应尽早将他罢免。"光绪皇帝不得已撤销了翁同龢的军机大臣等一切职务。而翁同龢是光绪皇帝的亲信大臣,是帝党首领,是皇帝与维新派之间起桥梁作用的人物,翁同龢被革职,光绪皇帝也就失去了重要支柱。

变法以后,慈禧也摆出一副改良派的样子,不加阻挠,而且当守旧官僚请她阻止变法时,她还连笑带骂地说:"你管这么多闲事干什么?"当光绪皇帝觉得慈禧高高在上,感到自己事事受到掣肘时,慈禧还托人转告光绪皇帝:"太后不禁止皇上办事。"其实,慈禧玩弄的是一套"欲取故予"的手法,她要等到变法激怒一切腐朽的社会势力之后,再一举扑灭维新运动,甚至连同光绪帝一起除掉。这一用心,在她的亲信荣禄的一段话中表达得十分清楚:"我们一直想要将皇上废掉,只是找不到一个罪名,不如听任他反复改革,使天下人共愤,然后一举将皇上连同帝党除掉。"

事实上的确如此。首先反对改良的是礼部,因为变法时期,所有改革事宜,多需礼部核议,弄得礼部手忙脚乱。礼部尚书怀塔布是慈禧太后的表亲,另一大臣许应骙也是慈禧平日信任的红人,两人素来守旧,见了这些烦琐的手续,愤懑已极,恨不得将维新党人立刻驱逐,因此便将一切需通过礼部衙门的新政都暗中搁置了。当光绪皇帝知道翁同龢被革职一事与怀塔布、许应骙日夕进谗言有关,就将他们及礼部四个侍郎一律免职了。守旧党人见了这道圣旨,吓得魂不守舍,他们赶紧跑到颐和园钻营运动,求太后重新执政。大太监李莲英也向慈禧太后磕头泣诉,因为维新党人若行新政必定先斥太监,光绪帝深恨李莲英,正想拿他开刀。慈禧认识到时机已经成熟,于是与李莲英密议,她以光绪名义宣布将于10月19日在天津阅兵,打算利用荣禄的军队发动政变,胁逼光绪退位。光绪帝此时也已得知讯息,但他手中无兵权,急需一胆大心细之人,先夺荣禄兵权,否则万事难成。

为此光绪帝先后召见了杨锐和林旭，交付密谕，要他们与康有为、谭嗣同等人商议相救。几人商量后，决定由谭嗣同去游说袁世凯。

袁世凯（1859—1916）是曾经镇压捻军的袁甲三的侄孙，早年投入淮军，以奸诈机变的才干得到了李鸿章的赏识。甲午战争后，他又巴结军机大臣荣禄，得到在天津附近的小站督练新建陆军的差事，建立起了一支装备较好的军队，共七千人。同时，他还参加了由帝党人士组成并有改良派参加的强学会，两面逢迎。谭嗣同正是被袁世凯的实力吸引并被他的伪装迷惑，才决定去游说他的，指望他在天津阅兵时凭借其兵力发动政变，诛荣禄等后党，从而恢复帝党的权力。

9月18日深夜，谭嗣同来到袁世凯的住所，说明了来意。袁世凯当即答应："只要是朝廷的命令，我尽死而为。"还正色厉声说："杀荣禄如同杀一条狗！"可是只隔了一天，他就赶往天津，去向荣禄告密。荣禄得报，便星夜进京去见慈禧。9月21日凌晨，慈禧由颐和园回到宫廷，当即发动政变，将光绪幽禁在了瀛台。瀛台是中南海南海中的一个小岛，环岛皆水，光绪帝到了此地，料知没有好结果，不禁泪下。李莲英见状厉声道："太后即来，皇后亦至，难道万岁爷还怕寂寞吗？"言毕自去，留内监守卫。

过了不多时，慈禧太后驾到，光绪急忙跪接。慈禧则怒目而视，指着他骂道："你入宫时年仅4岁。我立你为帝，将你抚养成人，过去20余年，不是我全力保护，哪里还有你的今日荣耀？你要变法维新，我也不阻挠你，你为什么听人唆使，忘了我对你的大恩大德，还要设计害我？你试想一下，应该不应该？"光绪跪在地上，战栗不能出声。慈禧又叹息道："我想你的命薄，没有福气做皇帝，现在亲贵重臣都请我训政，没有一人向着你。即使是汉族大臣，又有几个助你为恶？你认为是好人的，其实都是奸臣，我一定要惩处他们。"

慈禧回到宫中，便以光绪的名义发了一道上谕："因念国家为重，再三吁请老太后训政，仰蒙太后答允，这实在是臣民之福"，宣布光绪自己不能处理艰难的国事。她又令步军统领逮捕维新党人，当时便拿住杨深秀、谭嗣同、杨锐、林旭、刘光第、康广仁六人，下刑部狱中，不久就将他们六人处死了，史称此六人为"戊戌六君子"。那些支持维新变法的官员最终也被革职、监禁或充军。慈禧随后又废止了几乎全部维新法令，并恢复了绝大部分被废除的旧制。至此，轰轰烈烈的戊戌变法宣告失败。而戊戌变法前后共历时103天，故又称"百日维新"。

义和团运动

"义和团"原称"义和拳",其成员主要练习拳棒,学习武术,进行反清活动,而参加者则主要是贫苦农民。19世纪末,随着帝国主义侵略的加深,义和拳开始把斗争矛头指向帝国主义。1898年秋,鲁西北义和拳首领赵三多在冠县蒋家庄竖起"扶清灭洋"大旗,率众攻打教堂,揭开了义和团反帝爱国斗争的序幕。到1899年秋天,这场反帝爱国运动的火焰已蔓延到山东、直隶等地的许多州县。此时,山西、内蒙古和东北的义和团运动也汹涌激荡。

1900年4月,美、英、法、德四国公使联合照会清政府,限令清政府在短期内将义和团剿灭。慈禧太后看到义和团运动声势浩大,迫于形势,又想利用义和团来对付外国侵略者,便承认了义和团为合法团体。义和团逐渐扩大了在北京和天津的势力。

1900年6月10日,英、俄、日、法、德、美、意、奥八国侵略联军两千多人,由英国海军中将西摩尔率领,从大沽经天津向北京进犯,八国联军侵华战争就此开始。

西摩尔联军在向北京进犯途中,遭到了义和团及部分爱国清军的阻击。在落堡一带,义和团将通向北京的铁路拆毁。西摩尔不得不命令部队停下来抢修铁路,结果中了义和团的埋伏,几十人被打死。联军在落堡战败后,逃窜到了廊坊,又遭到三百多名义和团团民和清兵统帅董福祥率领的甘军的打击,死伤无数。这就是著名的"廊坊大捷"。西摩尔联军真是上天无路,入地无门,只得逃回天津。

八国一见西摩尔战败,大惊失色,又慌忙调集大批侵略军进入天津,驻扎在紫竹林租界。

6月17日,天津紫竹林租界枪炮齐鸣,喊杀声震天,义和团围攻租界的战斗打响了。

紫竹林租界北临海河,在天津城东南,本来是个景色美丽、环境优雅的地方。可是第二次鸦片战争后,这个地方就被帝国主义列强强行占领了。他们在那里建教堂,盖洋房,驱逐原先居住在那个地方的中国人,还到处挂出了"华人与狗不得入内"的牌子,污辱中国人。中国人把这里的洋人恨透了。

而打响进攻紫竹林第一枪的,是武备学堂的学生们。武备学堂位于紫竹林租界东面,是清朝培训军官的学校。当义和团运动在天津兴起的时候,武备学堂的许多学生也加入了进去。6月17日早上,学生们乘洋人不备,开炮猛烈轰击紫竹林租界。由于武备学堂势力很大,所以联军立即派大批军队扑向武备学堂。然而,在学堂学生们的英勇抵抗下,联军始终没能冲进学堂。不料,恶毒的侵略者竟放火烧房,使学堂内的火药库爆炸,学堂学生全部壮烈牺牲。

就在武备学堂学生们英勇抵抗侵略者反扑的同时,一路义和团在曹福田(?—1900)的率领下,开始了老龙头火车站的争夺战。

在攻打紫竹林租界之前,曹福田就意识到,老龙头火车站既是联军由大沽向津、京增兵的枢纽,也是租界与外界联系的要地。如果抢占了老龙头火车站,也就切断了租界内兵力、粮食等供应的生命线,那么租界内的敌军就会不战自败了。守卫在车站内的是俄军。他们占据有利地形,构筑了坚固的工事。曹福田一到,就下令包围车站,向俄军发动猛攻。为了配合作战,义和团还在三岔河口、黑炮台等地架起大炮,猛袭车站。一时间,枪炮声、喊杀声连成一片,俄军被打得仓皇逃走。不久,联军又增派援军七八千人,带着新式的枪炮反扑。义和团寡不敌众,被迫退出了车站,但仍对车站采取包围之势,寻机反攻。

争夺老龙头火车站的战斗还在激烈地进行,由张德成率领的义和团便从马家口向紫竹林租界发起进攻。

张德成本是在海河上以撑船为业的船夫,后来由于帝国主义在天津附近修建铁路,霸占码头,张德成便没了生计。他痛恨洋人,为了生活,就在天津郊区独流镇组织了义和团,不久队伍就发展到了两万余人,号称"天下第一团"。而这一次他是与曹福田商量好,联合攻打租界的。

联军使用的都是先进的洋枪、洋炮,并且在租界周围布满了地雷。而义和团大多使用大刀长矛,还有的使用镐头、铁锹,武器相当落后。虽然义和团战士个个勇猛顽强,高喊着"刀枪不入,杀尽洋人"的口号,一批批地向上冲,但又一批批地死在了联军罪恶的子弹下。义和团接连进攻了十几次都没能成功。眼见着战士们一批批地死去,张德成心急如焚,他猛然脱掉上衣,怒喊道:"我跟你们拼了!"

说着抡起大片刀就要向上冲。这时,背后有人高喊道:"大师兄,且慢!我有妙计可制服洋鬼子。"

张德成回头一看,原来是红灯照的黄莲圣母。黄莲圣母是天津附近红灯照的首领。红灯照,也是义和团的一支,不过参加者都是女子。黄莲圣母原名叫林黑儿,她的父母、丈夫、子女都被洋人杀害,她带着对洋人的满腔仇恨投奔了义和团,并组织了红灯照,召集许多年轻女子参加进来。她还散发传单,上写"一片苦海望无津,小神忙乱走风尘,八千十万神兵起,扫灭洋人世界新",就这样,她成了红灯照的领袖。

黄莲圣母叫人马上找来了50多头凶猛彪悍的公牛,又让义和团战士们在牛角上绑上锋利的匕首,牛尾上挂满一串串的大爆竹。张德成一看,不禁拍手叫绝,立即下令点燃牛尾巴上的爆竹。

爆竹一响,公牛一下子惊了,它们拼命地向租界里冲去。租界周围的地雷被公牛踏响,大批的联军士兵有的被牛踩死,有的被牛角上的尖刀刺死,租界内联军的弹药库也被牛尾巴上的爆竹点燃。联军一下子乱了阵脚,义和团乘势冲入租界,占领了许多地方。

在天津义和团奋勇杀敌的同时,北京义和团也与侵略者进行了殊死搏斗,狠狠地打击了侵略者的气焰。

正当义和团战士在前线浴血奋战的时候,慈禧太后露出了她卖国的真面目。在此以前,她允许义和团抗击八国联军也只不过是泄私愤。7月初,慈禧密令四川提督宋庆不遗余力屠杀义和团。在宋庆的血腥镇压下,义和团损失惨重,天津全城很快就被侵略者占领。

8月初,八国联军两万多人,从天津沿运河向北京进犯,途中又遭到了义和团的沉重打击。从天津到北京不到200里,而联军却用了半个月才开到北京城下。

慈禧太后一看大事不妙,急忙请李鸿章出城求和,并送去西瓜、冰块给联军解暑。但是联军拒绝慈禧的求和,向北京发动了猛烈的进攻。慈禧和她的亲信们只得弃城逃跑。而她在逃出北京的同时,还不忘下令留守的清军配合联军将义和团斩尽杀绝。最终,义和团反帝爱国运动在清军和八国联军的共同镇压下失败了。

八国联军侵华

1900年6月10日，为了镇压中国人民的反抗，英、俄、日、法、德、美、意、奥八国组成侵略军，由英国海军中将西摩尔率领，从大沽经天津向北京进犯，发动了侵华战争。之后八国联军在落垡、廊坊一带遭到了义和团阻击，伤亡惨重，遂狼狈退回天津租界。7月中旬，八国联军攻陷天津。8月初，他们又集结兵力从天津向北京进犯。8月中旬，八国联军攻陷北京，慈禧太后带着光绪帝逃往了西安。9月，侵略军增至10万人，德国陆军元帅瓦德西任联军统帅。

八国联军在所到之处，掳掠财物，残杀百姓，使许多村镇变成了废墟。进入北京以后，他们更是到处抢劫财物，杀人放火，侮辱妇女，无恶不作。皇宫和颐和园内的图书文物、国宝奇珍也遭到了他们的洗劫。与此同时，沙俄单独出兵十余万，侵占了中国东北地区，企图吞并东三省。

在八国联军攻入北京之前，清政府就已经派李鸿章前去求和。这年12月，除原来出兵的八国外，又加上比利时、荷兰、西班牙三国，共同向清政府提出了议和条件，并于第二年正式签了约。1901年是辛丑年，所以这个条约叫《辛丑条约》，条约规定：清政府向各国赔款共计白银九亿八千多万两（本息合计），拆毁北京至大沽的各个炮台，各国可在山海关至北京铁路沿线驻兵，禁止中国人民建立反抗帝国主义的各种组织，等等。从此，中国完全沦为了半殖民地半封建社会，清朝政府实际上成了为各个帝国主义国家效劳的傀儡政权。

邹容与陈天华

中国近代史上有两位宣传家十分著名：一位是被喻为"革命军中马前卒"的邹容（1885—1905），还有一位则是敲响"警世钟"的陈天华（1875—1905）。

邹容是四川巴县（今重庆市巴南区）人，他从小目睹了清政府的腐朽统治和帝国主义的侵略，遂产生了像谭嗣同等革命先辈一样走救国救民道路的愿望。1902年，邹容到日本留学，期间他经常参加集会，慷慨陈词，揭露清政府的腐败，宣传革命道路。

1903年5月，邹容写的《革命军》在上海出版，立刻就在海内外华人中产生了巨大的影响，成为清末时期传播十分广泛的革命书刊。这本书用通俗的文字宣传了资产阶级民主革命思想，号召人们起来革命，推翻清朝政府和"外来之恶魔"，建立一个"中华共和国"。不幸的是，邹容后来被逮捕，结果病死在了狱中，年仅20岁。

陈天华是湖南新化人。戊戌变法失败后，陈天华便去日本留学，探求革命道路。沙皇俄国企图侵占东北三省的消息传来后，陈天华咬破手指写下了血书，并寄给湖南各学校，以表达他的悲愤之情。他还参与创办《游学译编》《新湖南》，介绍西方的民主思想和政治学说。此外他也写了许多宣传革命的作品，如《猛回头》《警世钟》等，这些作品大多用白话文写成，通俗易懂，感情丰富真挚，在进步青年中流传甚广。

1905年，为了抗议日本政府颁布《取缔清国留日学生规则》，唤起人们的斗志，陈天华在日本东京大森海湾跳海自杀而亡，时年30岁。

鉴湖女侠——秋瑾

"鉴湖女侠"就是秋瑾(1875—1907)。她是浙江绍兴人,因绍兴有鉴湖故址,而她立志做一个铲除人间不平的豪杰,所以给自己取了这个别号。

秋瑾从小聪明伶俐,读过很多书,写诗作词样样精通,而且还跟表兄学了一身好武艺。她经常骑马舞剑,拿枪弄棒,是个文武双全的"名门闺秀",在江浙一带很有名气。

结婚后,秋瑾随丈夫来到北京,认识了许多思想进步的朋友,接触到了先进的科学文化知识。1900年,因为八国联军侵入北京,秋瑾一家到南方避难。途中看到八国联军烧杀抢掠,无恶不作的情景,她感慨万千:"清政府这样腐败无能,使中国人任意受外国人的欺凌,作为中华儿女就应该担负起挽救国家危亡的重担。"

秋瑾从此开始了她的革命活动。为了更好地从事革命活动,1904年,秋瑾毅然离开了她的丈夫和两个年幼的孩子,东渡日本留学。在那里,秋瑾先后加入了"共爱会""十人会""三合会""光复会"等革命组织,并结识了徐锡麟。

秋瑾与徐锡麟经常在一起学习先进的思想文化知识,探讨救国救民的真理,结下了深厚的革命友谊。1905年,秋瑾加入了同盟会,成为孙中山的亲密战友。同一年,为了抗议清廷与日本政府相互勾结,禁止学生在日的革命活动,许多留学生罢学回国。回国后,秋瑾和徐锡麟先后来到浙江绍兴的大通学堂,把那里作为培养革命人才的基地,为进行武装起义做准备。

不久,徐锡麟去了安徽,并取得了安徽巡抚恩铭的信任,做了安庆巡警学堂监督。通过他的争取,学堂中有好多学员都已成为革命党人。于是他与秋瑾商定,要在1907年同时举行安庆起义和绍兴起义。但由于叛徒告密,安庆起义被迫提前举行,最后只有徐锡麟身边的通讯员逃了出来,找到秋瑾并告诉她安庆起义提前举行了。

秋瑾不假思索地对其他人说道:"安庆起义被迫爆发,我们也暴露了,现在我们必须撤离此地。"说完,她一面收拾与起义有关的文件,准备烧毁,一面派人通知其他革命党人赶快躲避起来。

7月14日,300多名清军包围了大通学堂。"这些狠心的豺狼!"秋瑾听到徐锡麟被害的消息后泪流满面,拔出手枪就要往外冲。这时身边的人忙劝阻她说:"秋女士,你快逃吧,我们掩护你。"

"不!"秋瑾斩钉截铁地说:"革命就要流血,我要成为中国女子为革命流血的第一人!"说完,她一个箭步冲了出去。最后在清兵的重重包围中,秋瑾和8名学生不幸被捕。

7月15日凌晨,秋瑾在绍兴轩亭口英勇就义,年仅32岁。临刑前她索取纸笔,疾书"秋风秋雨愁煞人"七字作为自己的最后遗言。

光绪帝死之谜

一个是被囚禁在中南海瀛台的光绪帝,一个是统治中国近半个世纪的慈禧太后;一个37岁,正值壮年,一个73岁,古稀老年。这两个人,却在1908年11月,差不多同时死去,死亡时间相差只有20个小时。究竟是巧合还是阴谋?

1908年11月14日,光绪帝死在了西苑瀛台涵元殿。

1908年11月15日,慈禧太后死在了西苑仪鸾殿。

1904年,清朝外务部右侍郎伍延芳,曾对日本公使内田康哉"预言",说光绪帝一定会死在慈禧太后前面。这话初听荒谬,可朝臣官员、太监们全都相信这个"预言"。就连给光绪帝看病的太医都说光绪帝常年生病,身体很虚弱,突然发生急性病很正常,随时死去也不奇怪。

真是这样吗?对于光绪帝的死,很多人都有回忆,而从回忆中能看出,光绪帝的死一定有问题。

太医屈桂庭回忆说,光绪帝死前的三天里,一直在床上乱滚乱叫,说他肚子痛得不行,而且"面黑,舌焦黄""此系与前病绝少关系"。

晚清内务府大臣增崇的儿子也回忆说,光绪帝死的时候,他还小,他只记得,那天他父亲接到光绪帝驾崩的消息后,曾对叔叔们说,前天据内务大臣继禄为皇帝带去的医生说,他给皇上把过脉,一切正常。而且当时医生去的时候,光绪帝还在屋里站着,不像有什么大问题,怎么这么快就死了?一个叔叔听父亲说完,便惊恐道:"太可怕了。"另一个叔叔又补充说:"一定是场阴谋。"最后,他父亲让两位叔叔别乱说话,还叹气摇头,说很多事情说不清。

从这些回忆中能看出,光绪帝很可能是被慈禧太后害死的。那么,为何慈禧太后会对自己的亲外甥下如此毒手?

光绪,也就是载湉,继位时不过4岁。那时候他之所以会被他的姨妈——慈禧太后选中,就是因为他和她的关系,还有他的年龄足以让慈禧太后垂帘听政。因此,他虽然名为皇帝,但却只是慈禧太后的傀儡。

不过,随着光绪帝年龄的增长,思想的成熟,他也想有所作为。可慈禧太后不想还政,在1889年,虽然撤帘归政的姿态做了,但权力还牢牢掌握在慈禧太后手里。

光绪帝当然不甘做傀儡皇帝,在维新运动的影响下,1898年春,光绪帝对庆亲王奕劻说,如果慈禧太后依然不将权力还给他,他就退位,不做皇帝了,因为他不想做亡国之君。这话很快就传到了慈禧太后的耳朵里,她只冷笑一声说,他不想坐,我还不想让他坐呢。

最后在奕劻的一再劝说下,慈禧太后才答应让光绪帝推行新政。可这种答应,还是有诸多限制,让光绪帝不能放开手脚实施,为此,光绪帝还曾想劫持慈禧太后,但最终也没能成功。

这些事,全都被慈禧太后记在了心里。戊戌变法失败,慈禧太后训政时,便宣布光绪帝病入膏肓。一时之间,人心惶惶,朝廷内外甚至开始给光绪帝准备后事。最后,因为各国驻华公使的介入,以及英国公使所派的法国医生亲自为光绪帝看病,这才阻止了这场迫害阴谋的发生。

一计不成,又生一计,慈禧太后开始制造舆论,以此废帝。后又因大臣刘坤等人,以及西方列强的干预而未能成功,但光绪帝却被囚禁了起来。

在被囚禁的日子里,光绪帝所吃的食物,大多已经腐臭,想让御膳房做点新鲜的饭菜,也必须要先得到慈禧太后的同意。在得知光绪帝说饭菜不好时,慈禧太后还会训斥光绪帝,说他浪费、奢侈。

光绪帝被囚禁的瀛台涵元殿,也是破旧不堪,四处透风。天气热时还好,冬天时,又没炉火,非常冷。侍候光绪帝的老太监王商看不过眼,便和内务府大臣立山商量看能不能维修,立山同情皇帝,遂偷偷整修了涵元殿,结果慈禧太后知道后,大骂立山,还说要派他去打扫瀛台。

立山吓得边捆自己耳光,边说奴才该死。可即便是这样,慈禧太后还是没放过他,直接将他杀了。

由此可见,慈禧太后由于担心光绪帝掌权,所以到处散播光绪帝病重的谣言,以便找机会给光绪帝下毒,然后谎称其病重而亡,实在是蛇蝎心肠。也就在那时,慈禧太后也得了重病。

慈禧太后生日那天,光绪帝率百官去慈禧太后处探病请安,在从南海到德昌门的一路上,光绪帝心情很好,还不时活动筋骨,想必那时候,他是希望慈禧太后死的。不过,那天慈禧太后不仅不见他,还传谕说她病重,卧床不起,不用见面。光绪帝很吃惊,不知慈禧太后为何这么说。其实,在那时候,慈禧太后就已经决定,必须让光绪帝死在她之前。

当然,想让光绪帝死在慈禧太后前面的,除了慈禧太后外,还有李莲英。李莲英见慈禧太后快不行了,怕光绪帝掌权后把自己杀了,于是便想先下手杀死光绪帝。而光绪帝也确实是被慈禧太后指使李莲英,用一碗含毒的酸奶毒死的。

得知光绪帝死了,慈禧太后这才满意地闭上了眼睛。

科举制

科举制度是中国封建王朝用考试的方法选拔官员的一种制度,长期以来被读书人当作追求功名利禄、光宗耀祖的出路。

隋文帝时废除了魏晋以来按门第高低选用官员的九品中正制,开始设科取士。隋炀帝时又开设了进士科,并把这种考试办法定为制度。所谓"科举"就是分科取士的意思。

唐代科举有常科和制举两种。常科分秀才、明经、进士、明法、明字、明算等科,投考明经、进士两科的人往往较多。明经着重考察参试人员对儒家经典的记诵,比较死板;进士科着重考诗赋。因为重要官员大多是通过进士科发迹的,所以一考中进士就会荣耀非凡,被看作是"登龙门"。进士科着重以诗赋取士,这也是唐代诗人辈出、唐诗在诗歌领域内登峰造极的重要原因。制举是由皇帝视需要定下名目下令考选的制度。武则天当皇帝后,还开创了由皇帝亲自在宫殿殿试的制度,并增设了选拔武将的武举。

明清两朝,每三年一次在各省省城的贡院举行乡试,考期在农历八月,凡本省秀才、监生、贡生等考中的考生被称为举人。每三年一次在京城举行会试,考期先在农历二月,后改为三月,考中的考生则称为贡士。贡士要参加皇帝主持的殿试,又称廷试,分三甲取录:一甲三名,赐进士及第,第一名称状元,第二名为榜眼,第三名为探花;二甲若干人,赐进士出身;三甲若干人,赐同进士出身。列为三甲的会被分别授予翰林院修撰、编修、庶吉士等官。科举考试的内容越来越钻牛角尖,明清两朝都以儒家的经典"四书""五经"的文句为题,清朝还规定了文章的文体一定要采用八股文,解释不得背离朱熹的《四书集注》等书,致使读书人养成了脱离实际死啃教条的风气。到了清朝光绪三十一年(1905年),推行学校教育,科举制度最终被废除。

清代皇帝的葬礼

古代帝王生前享尽荣华富贵,死后也大讲丧葬排场。

据有关史料记载,皇帝一般在生前就选择好风水宝地,以作为自己死后安葬的陵墓地址。清朝从顺治皇帝开始的历代皇帝、后妃们的陵墓都选址在东陵(在河北遵化)和西陵(在河北易县)两地。他们在死前,甚至年轻时就会安排工匠为自己营造"地下宫殿",以便死后在阴曹地府也享受冥福。如慈禧太后墓地的营建时间就长达35年,耗费钱财不计其数。

清代皇帝和后妃们的棺木(皇帝和皇后的棺椁又称"梓宫")都是选用云南产的金丝楠木,光木材所花的运费就高达数十万两白银。棺材制成后里里外外还要刷七七四十九道漆。

皇帝驾崩(帝王去世)后,要选择吉时良辰入殓,然后停灵数日,同时不断举行法事、吊唁等活动,再选择黄道吉日出殡安葬。

皇帝的灵柩出殡前,得将杠夫(抬灵柩的人)找来,先按正式出殡的规模和要求在德胜门演杠(练习)10天。杠夫们要先抬着一块和棺木重量相同的独龙木(上万斤)练习,上面要放上一碗水,一直练到碗中的水不洒出来为止。在杠夫演杠的同时,民工还要日夜施工,抢修去陵墓的御道。

出灵这一天,首先要烧价值连城的"大法船",再用72人的小杠将棺木抬出东华门。此时,皇室宫府倾巢出动,走在最前面的是64位引幡人。接着是皇帝的卤簿仪仗队(古代帝王出外时在其前后的仪仗队),有1600余人,他们手中各自举着兵器等,浩浩荡荡,十分壮观。

抬棺木的杠夫分3班,每班128人,轮流换班抬送。走在灵柩后面的是全副武装的八旗兵勇,再后面是文武百官、皇亲国戚和宗室的队伍,车轿连绵不断。

在送葬队伍中还夹有大批和尚、道士、尼姑、道姑和喇嘛,他们身穿法衣,手执法器,沿途不断念经诵咒。一路上还有一班专门撒纸钱的,整个送葬队伍长达十几里。

从北京城到墓地,沿途几百里,每隔一段距离还要搭设暂安殿,供停灵和送葬队伍休息。这种暂安殿搭得十分豪华,玉阶金瓦,朱碧交映。

皇帝从驾崩到安葬(亦称奉安)总要耗费大量钱财。据记载,慈禧的葬礼办了近一年,共耗费白银120万两。

孙中山

孙中山（1866—1925），名文，字德明，号日新，又号逸仙，在日本从事革命活动时曾化名中山樵，孙中山之名便由此而来。1866年11月12日，孙中山出生于广东香山（今中山）翠亨村的一个农民家庭，青少年时代受到广东人民斗争传统的影响，向往能进行一场轰轰烈烈的革命事业。

孙中山家除有父母和祖母外，还有哥哥、姐姐和妹妹，他排行老三。其家境从祖辈起就非常贫寒。他祖父是个没有土地的佃耕农，父亲16岁时便只身到澳门谋生，后来返回翠亨村成家，靠租种田地度日。像中国农村许多贫苦人家的孩子一样，孙中山从6岁起便跟姐姐上山打柴草，年纪稍长，又开始干牧牛、除草、插秧、挑水等各种农活，有时还随外祖父驾船出海取蚝。他没有鞋穿，常赤脚走路，也很少吃米饭，主食是番薯。

童年时代的艰苦生活，使孙中山对农民的悲惨境遇感触很深，也使他萌发了自由、平等、博爱的思想。生于贫困农民家庭的孙中山后来说："我坚决进行革命的原因，是不愿意中国农村永远这样穷苦，我愿意中国的儿童都有鞋穿，有饭吃。"他也一直没忘记自己是个"农家子"，直到1922年，他还坦率地对外国友人说："我是苦力的儿子，我自己也是苦力，是和穷人的孩子一起长大的。"

因为家贫，交不起学费，孙中山到10岁才进私塾读书，除练习写字以外，便是机械地背诵《三字经》《千字文》及"四书""五经"之类的书。

他更喜欢的是夏日坐在大榕树下，听参加过太平天国运动的农民冯爽观讲他追随天王洪秀全南征北战的故事。有一次，冯爽观很遗憾地说："洪天王灭了清朝就好了！"孙中山便说："天王死了，就没有人起来反抗清政府了吗？"冯爽观说："那要看有没有人愿做'洪秀全第二'了。"孙中山听后说："我愿做'洪秀全第二'。"这之后，孙中山真的开始以此自居，稍一有空，就跑去看三合会会员练武，回家便舞枪弄棒，操练武艺。他幼小的心里埋下了革命的种子。

那时候的孙中山已隐隐地觉察到当时的中国社会有许多不合理之处。县里的官差到村上,不是催粮就是逼税,还抓人、派差。孙中山看到他们胡作非为,便气愤地说:"这些官兵就是强盗!"姐姐因为缠足痛得直流泪,他看了十分不忍,便对母亲说:"为什么姐姐的脚好好的,却要用布把它们包扎起来呢?你看姐姐痛得这么厉害,不缠可以吗?"听到母亲否定的回答后,他又愤愤地说:"女子把双足缠成这样,实在是毫无道理。"一些富户家的奴婢,吃的是残汤剩饭,穿的是破衣烂袄,还常受主人打骂,孙中山也认为这是违背常理的。从这些事上,他开始产生了对现行社会制度的怀疑和不满,也渐渐认识到了封建制度的没落和腐朽。

12岁那一年,他随母亲赴美国檀香山投靠哥哥,在那里,他进入教会学校学习,并接触了西方文化。

5年以后,他因为失学而回到国内,接着进入香港雅丽士西医书院学医。学医期间,他和陈少白、尢(yóu)列、杨鹤龄等经常议论时政,抨击清政府,在当地颇有声名。毕业后,他在澳门、广州等地从医,医术和医德受到人们称赞。出于对清政府的痛恨和对穷苦百姓的关心,他决定弃医"治国"。

但在国内活动太过危险,于是他由上海赴檀香山,在哥哥孙眉和华侨的支持下,于1894年11月24日在当地创立了名为"兴中会"的革命组织;1895年10月准备发动广州起义,却因泄密而失败,不得不流亡日本。之后他又从日本到美国,再到英国,宣传革命,筹集资金,发展会员。1896年10月,他不幸在伦敦被清使馆诱捕,被捕期间受尽了折磨,幸而在英国友人的营救下得以脱险。之后,他在大英博物馆潜心研究西方政治、经济理论,逐渐形成了三民主义思想理论,又联合各革命团体成立了"中国同盟会"。

与此同时,孙中山筹集经费购买武器,领导革命党人连续进行武装起义。这些起义虽都失败了,但沉重地打击了清朝的腐朽统治。1911年,辛亥革命终于导致清政府彻底垮台。1912年1月1日,中华民国临时政府成立,他就任临时大总统。

然而,革命的胜利果实却被阴谋家袁世凯篡夺了。为了推翻袁世凯的独裁统治,孙中山又发动了"二次革命",组建中华革命党,发表讨袁檄文,最终将野心勃勃的袁世凯赶下了皇帝的宝座。

1922年,孙中山接受共产国际和中国共产党的帮助,决心改组国民党。1924年初,他在广州召开中国国民党第一次全国代表大会,在宣言中提出"联俄、联共、扶助农工"三大政策,重新解释了三民主义,实现了伟大的转变,促进了中国革命的新发展。

1924年10月,奉系军阀张作霖和直系将领冯玉祥联合,推翻了以曹锟为总统的直系军阀政权。冯玉祥、段祺瑞、张作霖先后电邀孙中山北上共商国是。孙中山接受了邀请,并提出废除不平等条约、召开国民会议等解除困境的办法。11月,孙中山离开广州北上,先抵上海,再绕道日本赴天津。12月底,他带病到达北京。1925年3月12日,孙中山因患肝癌在北京逝世。他逝世前夕签署的遗嘱包括《国事遗嘱》《家事遗嘱》和《致苏俄遗书》。在《国事遗嘱》中,他总结了40年的革命经验,得出结论:必须唤起民众,及联合世界上以平等待我之民族,共同奋斗。发出了"革命尚未成功,同志仍须努力"的号召。他指出,要按他所著的《建国方略》《建国大纲》《三民主义》及《第一次全国代表大会宣言》继续努力,以求贯彻。在《家事遗嘱》中,他说明:将遗下的书籍、衣物、住宅等留给宋庆龄作为纪念,要求子女们继承他的革命遗志。在《致苏俄遗书》中,他又阐明了实行三大革命政策,坚持反帝爱国事业的坚定信念。1929年,孙中山的遗体由北京移葬南京紫金山。

孙中山是中国近代民主革命的伟大先行者,为了改造中国耗尽了毕生的精力,在历史上建立了不可磨灭的功勋,在政治和思想方面也为后继者留下了珍贵遗产。

黄花岗起义

1910年11月,孙中山在马来半岛槟榔屿召开会议,同黄兴等人商议了在广州举行起义的计划。1911年初,他们在香港建立了统筹部,由黄兴、赵声分别担任正、副部长,负责广州起义的领导工作。孙中山则亲自到欧美各国华侨中募集起义经费,购买武器。而黄兴组织了一支800人的敢死队,作为起义的中坚力量,并在广州设立了近40处秘密机关。

起义的日子原定于4月13日。4月8日,同盟会会员温生才刺杀了广州将军孚琦,清政府遂在广州戒严,并到处搜捕革命党人,起义日期被迫推迟。敢死队队员事先写好了绝命书,纷纷表示愿为革命牺牲,林觉民在给妻子的诀别书中写道"以天下人为念""为天下人谋永福"。

4月27日下午5时30分,黄兴在广州小东营起义指挥部召集队伍,做好了起义部署,然后率敢死队一百余人直扑两广总督衙门。两广总督张鸣岐闻风而逃,起义军便放火焚烧了总督衙门。敢死队冲出后,和清军大队人马相遇,展开了激烈的战斗。黄兴右手负伤断了两指,仍旧坚持指挥战斗,用左手打枪。喻培伦则在胸前挂着满满一筐炸弹,边冲锋,边投弹,所向披靡。许多革命党人在激战中壮烈牺牲。经过一昼夜的战斗,起义队伍伤亡惨重,起义也终因寡不敌众而失败。

在这次起义中,革命党人共牺牲100多人,广州人民收敛到烈士尸骸72具。这72具尸骸被合葬在了广州黄花岗,称为"黄花岗七十二烈士",因此,这次起义也被称为"黄花岗起义"。辛亥革命胜利后,孙中山在黄花岗烈士陵园墓坊上题写了"浩气长存"四个大字。这次起义震动了全国,不久就爆发了武昌起义。

武昌起义

以四川为中心的"保路运动"爆发后,清朝政府调集驻武汉的新军入川镇压。大批新军向四川开拔,给武汉革命党人发动起义提供了好时机。

地处长江中游的武汉,是中国中部重要的交通枢纽,被称作"九省通衢"。除此之外,这里还是当时仅次于上海的第二大商埠。所以,武汉自然成了反动统治的心腹要地。同盟会成立后,武汉也被革命党人所看好,不久就成了革命力量最集中的中心点之一。革命党人在这里做了长期深入的工作,在湖北新军里培养了大批骨干。当地的群众也在革命党人的宣传鼓动下,积极倾向革命。由此武汉地区的革命运动便有了深厚的群众基础和良好的条件。

武汉地区有两个革命团体,一个叫作共进会,一个叫作文学社,都和同盟会保持着密切联系。他们看起义的时机已经成熟,便于1911年9月组成湖北革命军总指挥部,推定文学社负责人蒋翊武为军事指挥,共进会负责人孙武(1880—1939)为参谋长,刘复基、彭楚藩等为军事筹备员,负责组织起义。经过商议,定于1911年10月11日以放火为号发动起义。

起义的日子一天天逼近,大家都投入到了积极的准备工作中,不料在起义前夕,接连发生了两起事件,新军中的革命党人有不少被杀害,革命党人这时除了提前发动起义别无选择。

第一件事是新军炮队的革命党人孟发臣等人和营长杨齐风发生冲突,杨齐风用军棍打了孟发臣等人,士兵们看到营长这样横蛮专制,按捺不住怒火,拖出几门大炮就向军官宿舍轰击,谁知射出的全是演习用的假弹。他们去取真弹时,被赶来的部队镇压。湖广总督瑞澂虽然没有利用这事大肆搜捕革命党人,却因此布置了防务措施,加强了防备。

第二件事发生在10月9日。一部分革命党人在参谋长孙武的带领下,在汉口俄租界宝善里配制炸药。不料有人吸烟,火星落在炸药上,顿时引起了爆炸。孙武受伤,被人送进了医院。巨大的爆炸声引来了俄国巡捕,他们把革命党人准备起义用的文告、旗帜、印信等全部没收,并抓住了刘同等人,接着他们就把这些战利品交给了瑞澂。刘同当时只有十四五岁,在敌人的严刑拷打下,他把他所知道的革命党的秘密机关和重要人物全部供了出来。瑞澂马上下令包围了武昌小朝街的起义指挥部,抓住了一批革命党人。总指挥蒋翊武侥幸逃脱。起义计划就这样被彻底打乱了。

当天午夜过后,瑞澂下令将捉到的革命党人全部杀害,接着关闭城门,全城戒严,并严格管束新军各团各营人员,不许他们外出,不许他们相互往来,按照名单秘密搜捕新军中的革命党人。

10月10日晚7时左右,驻武昌城新军工程第八营的士兵金兆龙在兵营里擦枪,排长陶启胜就问:"你们要干什么?"金兆龙回答:"以防不测!"陶启胜大声说:"你们想造反吗?"金兆龙急不择言,说道:"造反就造反,你能把老子怎样!"陶启胜上来就要扭住金兆龙,而程正瀛抬手就给了他一枪。受了伤的陶启胜转身便往门外跑。全营革命党人听到枪声,大喊:"反吧!"顿时大家行动起来,枪声大作。

起义发动之后,熊秉坤等率众直奔楚望台军械库。把守军械库的工程营士兵顿时纷纷加入起义队伍,起义士兵的战斗力和信心由此得到加强。驻守军械库的工程营左队队官吴兆麟曾经参加过革命团体日知会,所以被推为临时总指挥,吴兆麟便立即带领队伍进攻总督衙门。这时新军各团营革命士兵听到枪炮声和工程第八营起义的消息后,也都纷纷起义。起义队伍声势更加浩大。经过一夜的战斗,到11日拂晓,武昌就被革命军全部占领了。11日晚至12日清晨,汉口和汉阳新军也发动了起义。最终,武汉三镇全部为革命军所占领。

武昌起义成功得这么快,是大家所没想到的。这时候,孙中山远在美国,黄兴还在香港,而当时策划起义的共进会和文学社,因为起义前的几个事件,领导人有的牺牲,有的藏匿,因此,起义成功后,都不知该由谁出面组织政府。经过激战的革命士兵聚集在武昌开会。他们四处找人,还找来了立宪派、地方绅士和一些没来得及逃走的官吏,要他们参与推举都督,成立革命政府。由此可见,革命党人当时对朋友和敌人的观念还十分模糊。

起义的士兵还认为,当都督的总应该是有"声望"的人,有人提议熊秉坤和吴兆麟当都督,而起义发起者熊秉坤和临时总指挥吴兆麟一个是班长,一个是连长,他们也觉得自己缺乏威望和指挥经验,难以控制今后的局势。会场上立宪派中有人看准了势头,便提议让原清军协统(旅长)黎元洪当都督。

黎元洪是湖北黄陂人,曾在北洋水师里任职。起义的当天晚上,他坐镇军营,曾亲手杀死过响应起义的士兵,后来革命党人派来的联络人员,也被他枪杀了。人们找到他让他出面主持军政府,担任都督,他怎么也不肯,后来,在革命党人的枪口逼迫下,他才无奈就任。这时,立宪派头子、湖北咨议局局长汤化龙也被推举担任了民政总长。可黎元洪被迫上台后,终日一言不发,也不肯剪去辫子。革命党人无可奈何,只好把他监视起来,另外组织了一个"谋略处"处理重要军事问题,并以黎元洪的名义通电全国。

湖北军政府成立后,宣布把国号改作"中华民国","中华民国"的主权属于人民,表示支持和同情各地人民群众的斗争,号召各地人民响应起义,推翻清朝的统治。军政府又陆续发布文告,宣布人民享有民主、自由、平等的权利;宣布废除一切苛捐杂税,废除当年和往年所欠的田赋。

军政府的革命政策,得到了群众的拥护,激起了群众的革命热情,引得工人、农民、知识分子纷纷报名参军。接着起义军又在与清军的一次交战中打了大胜仗,攻占了清军的阵地。

革命形势越来越好,当了几天木头人的黎元洪也活跃起来,积极把持政权。一些投机分子看到起义成功,也都自称"拥护共和",钻进了革命队伍中,控制形势的发展,而且势力越来越大。此次起义虽然成功,却隐藏着巨大的危险。

武昌起义胜利的消息很快传遍全国。湖南、陕西、山西、江西、上海等10多个省市也一个接一个发动起义,成立军政府,宣布独立。清王朝在各地的统治被迅速瓦解。因为1911年是旧历辛亥年,所以这次革命被称为"辛亥革命"。

第 17 章　中华民国

　　中华民国是辛亥革命以后建立的亚洲第一个民主共和国,简称民国。1912 年南京临时政府建立,孙中山就任临时大总统,结束了两千多年的封建帝制,建立了资产阶级政权。然而,民族危机犹在,内忧外患,战乱不断,人民在动荡中挣扎求存,饱受屈辱。与此同时,为了实现自由、民主,众多仁人志士进行深入而持久的探索,最终成就了一部中华民族抵抗侵略,打倒帝国主义以实现民族解放的斗争史。1945 年,抗日战争取得胜利。1949 年,中国人民在中国共产党和毛泽东的领导下,推翻南京国民政府,建立了中华人民共和国。

中华民国诞生

　　武昌起义后,全国出现了资产阶级革命高潮,新的斗争形势迫切要求有一个全国统一的领导中心,于是,建立临时中央政府的议题就被提到了日程上来。中央政权如何建立,革命派、立宪派和旧官僚等各种政治势力都在积极策划,力图控制国家大权,这使得组建中央政权的斗争更为复杂起来。

　　武昌起义成功后,武昌最先建立了共和的地方政权,成为众人瞩目之地。武汉起义军虽在北洋军的进攻下失去了汉口、汉阳两镇,但黎元洪与其亲信势力仍想利用起义军起义之名号令各省,执掌全国新生政权。1911 年 11 月,黎元洪发出通电,请已经宣布独立的各省速派代表到武昌商议组织临时中央政府,得到了一些省的响应。11月11日,汤寿潜、程德全又联合陈其美通电独立各省,提出在上海召开"各省都督府代表联合会"。后来,由于武昌方面的一再坚持,会议便于武汉召开,各省代表陆续抵达武昌。自11月30日始,会议在汉口英租界内连日举行。独立各省的代表成分不一,比较复杂。与会期间,北洋军的炮火猛击武昌,给革命派施加压力。英国驻汉口领事也以中立者身份为袁世凯传情达意。会议通过了两项议案:一是初步订立《中华民国临时政府组织大纲》,二是如果袁世凯反对清朝,当公举其为临时大总统。由此可见,筹组民国政府的活动,从一开始就让立宪派和旧势力抢占了上风。

12月2日,江浙联军攻克南京,上海方面的代表们决议以南京为临时中央政府所在地。因武汉方面已无力抗衡,会议便迁往南京继续举行。各省都督府代表在成立中央政府、选举临时大总统问题上,受到了代表清政府的北方势力的牵制,又在推举正、副大元帅问题上发生纷争,这样一来,临时政府仍处于难产状态。25日,孙中山自海外返抵上海,他为革命奔走海内外十几载,以其不凡的才识胆略和顽强的奋斗精神,在革命党人和国民中享有崇高威望。随着他的到来,革命派的气势为之一振。南方各派转而推公认的革命领袖孙中山组织临时政府。29日,各省代表开会选举孙中山为临时大总统。为保全前不久代表会议虚位以待袁世凯的承诺,孙中山致电袁世凯,表示本人"虽暂时承乏,而虚位以待之心,终可大白于将来"。

1912年1月1日,孙中山在南京宣誓就任临时大总统,这一年定为民国元年。3日,代表会议续选黎元洪为副总统,并通过了由孙中山、黄兴提出的九名国务员名单。其中,陆军总长黄兴、外交总长王宠惠、教育总长蔡元培皆是老同盟会员;交通总长汤寿潜、实业总长张謇是立宪派的领头人物;司法总长伍廷芳曾任清政府官职,但他是开明人物,又被推为南方谈判代表;内政总长程德全是颇有影响的"和平独立"代表人物;财政总长陈锦涛在清政府中任过要职;海军总长黄钟英组织过海军舰长起义。可以看出,国务员人选的确定,是孙中山等人同立宪派和旧官僚反复磋商后分配权力的结果。孙中山、黄兴让出实业、交通、内政等席位,用意是借立宪派和旧官僚的经济力量与社会影响,达成各派联合的局面。接着,孙中山以"部长取名,次长取实"的办法,在任命各部次长、局长和总统府秘书长时,几乎全派革命党人充任,使革命党人实际主持各部政务。

1月28日,立法机关临时参议院成立,43名参议员中,同盟会会员33人,立宪派分子8人,其他2人,以孙中山为首的革命派在筹组临时政府的斗争中取得了胜利。南京临时政府内革命党人居于主导地位,临时政府是一个资产阶级革命政权。南京临时政府的成立,标志着资产阶级共和国——中华民国的诞生。

临时大总统孙中山在就职宣言中庄严申明,他领导的南京临时政府要实行新的建国宗旨,即"尽扫专制之流毒,确定共和,普利民生,以达革命之宗旨,完国民之志愿";要将专制横行的封建中国改造为资产阶级共和国,为人民谋福祉。他还宣布临时政府的施政方针,对内要实行民族、领土、军政、内政、财政统一,对外要将"满清时代辱国之举措与排外之心理,务一洗而去之",要建立和平、民主、富强的民主国家。孙中山还阐述了坚持民族团结与祖国统一的思想,强调"国家之本,在于人民,合汉、满、蒙、回、藏诸地为一国,即合汉、满、蒙、回、藏诸族为一人——是曰民族之统一",指出现在各省响应武昌起义的"所谓独立,对于清廷为脱离,对于各省为联合,蒙古、西藏意亦同此"。这对团结全国各民族共同抵制帝国主义肢解中国边疆的阴谋,维护国家统一和领土完整具有重要意义。

孙中山的建国政治方针与同盟会政治纲领和资产阶级革命思想一脉相承。临时政府成立后,颁布了各项政策法令,除旧布新,推行资产阶级民主制度。主要有以下几方面:保障人民的合法权利和平等地位,诸如禁止买卖人口、蓄奴,停止刑讯,保护华侨,给予女子参政的权利等;移风易俗,在全社会树立民主新风气;孙中山自称"公仆",实行不分官阶的低薪供给制;废止一切跪拜礼节,改行鞠躬礼;保护工商业,促进资本主义经济发展,实行鼓励兴办实业的措施,鼓励华侨在国内投资,提倡兴办垦殖业,废除清政府的一些苛捐杂税等;改革文化教育,实行资产阶级教育制度;提倡"自由平等博爱为纲"的公民道德,废除封建的忠君教育;改旧学堂为学校,教科书务必符合民国宗旨。

中华民国建立之初颁布的这些政策和法令,虽然只有一部分得到了贯彻执行,但都体现了资产阶级的原则和利益,反映出资产阶级政权的民主性和革命宗旨。然而,临时政府幻想帝国主义国家能支持和帮助中国革命,并没有出台保护农民利益的措施,而且独立各省的地方政权,大多数为立宪派所控制,这就难免留下了隐患。

杰出的革命军统帅黄兴

黄兴(1874—1916)是同盟会重要领袖,很有军事才能,在革命党人中具有很高的威信。

黄兴于1874年出生在湖南长沙,从小就立下了救国救民的志向。从日本留学回国后,黄兴组织创立了"华兴会",由他担任会长,并准备在湖南起义。起义失败后,黄兴来到日本,结识了孙中山,而后华兴会与其他革命组织合并,组成了中国同盟会。孙中山被推选为总理,黄兴担任庶务,地位仅次于孙中山。

1911年,同盟会在广州发动了一次大规模的起义,即广州起义。黄兴亲自率领100多人,攻打总督衙门,可是由于寡不敌众,起义最终失败了。

在武昌起义中,黄兴担任了战时总司令,和清军战斗了一个多月,牵制了清军兵力,为全国其他地方的革命运动赢得了时间。

中华民国成立后,黄兴担任陆军总长,积极支持孙中山,表现出了宽阔的胸襟。黄兴在中国近代民主革命史上始终占有重要的地位。

清帝溥仪退位

清代末帝溥仪(1906—1967),3岁继承帝位,由他的父亲载沣代理主持朝政,年号宣统。1911年武昌起义成功,清朝政府岌岌可危。在帝国主义的压力下,清廷被迫免去载沣的职位,重新起用袁世凯,任命袁世凯为内阁总理大臣,组织内阁,负责镇压革命党人。

于是袁世凯一面对南方革命党人进行武力威胁,一面进行"议和"活动,

1912年,中华民国临时政府成立后,孙中山多次表示,只要袁世凯迫使清帝退位,同时维护共和政体,愿推举袁世凯为临时大总统。袁世凯获得革命党人的保证后,开始进行"逼宫"。他指使北洋军将领段祺瑞等人联名发出通电,要求清帝立即同意共和,宣布退位。隆裕太后(慈禧太后的侄女)数次召开御前会议,商讨对策。一批年轻的王公贵族组成宗社党,坚决反对皇帝退位。1月26日,同盟会会员彭家珍在北京投弹炸伤了反对共和的贵族良弼,大挫王公贵族的锐气。

1912年1月30日,隆裕太后在御前会议上同意清帝退位,接受共和政体。2月3日,授权袁世凯与南京临时政府商议退位条件。2月9日,南北议和代表达成了《关于大清皇帝辞位之后优待之条件》《关于清皇族待遇之条件》《关于满、蒙、回、藏各族优待之条件》三项协议。对清帝及皇室的优待条件包括:清帝尊号仍存不废,民国政府待之以外国君主之礼;每年由民国政府拨付经费四百万元;清帝暂居皇宫,以后移居颐和园;原有私产由民国政府保护;等等。2月12日,清廷颁布退位诏书。至此,统治中国260多年的清王朝宣告终结。

袁世凯复辟帝制

在中国近代史上,有一个仅做了83天皇帝,就在亿万人民的声讨和唾骂声中被迫下台,他就是被后人称为窃国大盗的袁世凯。

袁世凯是河南项城人,早年投靠淮军,在淮军与洋人合力镇压太平天国运动时表现得精明能干,深得李鸿章的赏识,后被荐为清朝驻朝鲜的全权代表。甲午战争时,清廷为保卫京师筹建新军。袁世凯被任命在天津附近的小站训练陆军。他在戊戌变法时出卖过维新派,又是血腥镇压义和团运动的罪魁。由于他善于见风使舵、玩弄权术,所以晋升很快,不久就代替李鸿章成为直隶总督和北洋大臣。在任职期间,袁世凯大力扶植自己的势力,号称"北洋三杰"的段祺瑞、冯国璋、王士珍就是他一手提拔起来的。他们掌握着清政府北洋新建陆军的大权,故被人们称为"北洋军阀"。

袁世凯的权力越来越大，已威胁到满族统治者的地位，于是清政府解除了他的职务。而武昌起义后，南方各省新军纷纷响应，清政府却无法调动北洋新军，只好又请袁世凯出山。从此，在帝国主义的支持下，袁世凯掌握了清政府的军政大权，开始做起他的皇帝梦。

为了达到做皇帝这个目的，袁世凯的首要任务就是镇压南方的革命势力。袁世凯是个狡猾的阴谋家，他一方面在帝国主义的支持下派北洋军攻打南方的革命党人，逼迫革命党人屈服于他；一方面又在英国公使朱尔典的策划下，假惺惺地要与革命政权和谈。

1912年2月12日，在袁世凯的威逼利诱下，清朝最后一位皇帝溥仪宣布退位。这使袁世凯的身价倍增，许多人认为清廷的倒台是袁世凯的功劳，认为他是赞成共和反对帝制的。孙中山为了稳固刚刚诞生的"中华民国"，也答应辞去临时大总统的职务。2月15日，临时参议院选举袁世凯为临时大总统。

然而，当大总统并不是袁世凯的最终目的，他每天做的都是皇帝梦。所以，他当上大总统后，就开始变本加厉地镇压革命。

1913年3月，袁世凯派人暗杀了国民党（1912年8月以同盟会为基础，联合统一共和党、国民共进会、共和实进会、国民公党组成。推孙中山为理事长，宋教仁主持党务）著名领袖宋教仁，镇压了黄兴、李烈钧领导的"二次革命"（辛亥革命通常叫作"一次革命"），掀起了血腥屠杀革命者的高潮。在湖北省，仅1913年一年被袁世凯杀害的革命人士就有4000多人。

为了得到帝国主义的支持，袁世凯从俄、英、法、日、德五国手中借来了2500万英镑，作为镇压革命的经费；最可恨的是，为了做皇帝，他答应了日本帝国主义提出的"二十一条"，把中国的政治、经济、军事等方面的许多大权拱手让给了日本人。

为了使自己顺利登基，袁世凯还搜罗了一批反动文人为自己歌功颂德。在这批反动文人中，最著名的是梁士诒和杨度。

梁士诒本来是革命党人，后来投靠了袁世凯，溜须拍马、阿谀奉承是他的拿手本领。他办了一份只给袁世凯一人看的报纸，这张歌功颂德的报纸很讨袁世凯的欢心。

杨度也挖空心思吹捧袁世凯，希望能得到重用。他先后发表了许多"拥袁做皇帝势在必行"的文章,又与孙毓筠、严复、刘师培、李燮和、胡瑛组织了一个"筹安会",为袁世凯复辟帝制大吹大擂。

筹安会最主要的活动就是组织各种请愿团,有"商会请愿团""人力车夫请愿团",还有"妓女请愿团""乞丐请愿团"等,他们拿着杨度等人起草的"请愿书",高呼"袁世凯万岁",在北京游行,要求袁大总统"高升一步"。有一次,由流氓地痞组成的"乞丐请愿团"嫌筹安会给的赏钱太少,就在杨度回家途中将他痛打了一顿。

经过袁世凯的文臣武将们的一番折腾,在北京拥戴袁世凯做皇帝的呼声表面看起来很高。袁世凯看时机已到,就唆使他的党羽进行了所谓的公民投票,其实选票都是事先填好的。1915年12月12日,袁世凯建立"中华帝国",并下令将1916年改为"洪宪"元年,元旦正式举行登基仪式。

袁世凯复辟帝制和卖国的行为,激起了全国人民的愤怒,各地反袁斗争此起彼伏。孙中山在日本成立了中华革命党,发表了《讨袁宣言》,号召人民起来"杀此民贼,以救我国民",并曾联合广东陈炯明、广西陆荣廷的军队准备北伐,虽然北伐因陈炯明等人的叛变而失败,但这并不影响人们越来越激烈的反袁斗争。

在众叛亲离的形势下,袁世凯既无力镇压护国军,又难以维护自己的帝位,最终被迫于1916年3月22日取消帝制,并废止"洪宪"年号,仅做了83天的皇帝。而下台后的袁世凯仍要做大总统,但护国军和各阶层坚决要他下台,并宣布他为"民族罪人"。之后,袁世凯在人民群众的声讨中一病不起,终于在6月6日去世。

蔡锷护国

袁世凯复辟帝制和卖国的行为,激起了全国人民的愤怒,各地反袁斗争此起彼伏。而原本拥护袁世凯的进步党领袖梁启超和他的学生蔡锷(1882—1916)在饱尝了袁世凯专制统治的苦酒之后,也走上了反袁的道路,在护国运动中发挥了重要的组织和领导作用。

蔡锷6岁入私塾就读,天资聪颖,刻苦好学,10岁时便读完"四书五经",13岁应院试,被补为县学生,16岁时,考入长沙时务学堂。当时,在这个学校教书的有梁启超、谭嗣同等维新派人物。蔡锷在班里年龄最小,体质孱弱,但成绩优异,思想激进,深得当时任学堂中文总教习的梁启超的赏识,二人建立了深厚的师生情谊。

1899年,蔡锷应梁启超海外函召,东渡日本留学。

光绪三十年(1904年),蔡锷学成回国。他先后任江西随军学堂监督、湖南教练处帮办、广西新军总参谋官兼总教练官等职,后来去了云南。

当时,大批同盟会会员和具有爱国思想的青年军官分布在云南陆军讲武堂和新军第十九镇中。1911年10月10日,革命党人在武昌举行起义,声势浩大,各地纷纷响应。云南革命党人也积极行动起来。云南同盟会会员连续五次召开秘密会议,酝酿响应武昌起义。蔡锷虽不是同盟会会员,但也应邀参加了后四次会议,并被推为起义军临时总司令,预定在10月30日(农历九月初九)夜12时发动起义。

10月30日晚10时,辛亥云南起义爆发。原讲武堂监督李根源等率领云南新军第七十三标,由北面进攻五华山和军械局;蔡锷则率第七十四标和炮标由南面巫家坝向城内推进,进攻总督署和五华山。经过一夜激战,起义军攻陷了云贵总督衙门,活捉了总督李经羲,第二天又占领了昆明全城。11月1日,云南军政府宣告成立,蔡锷被推举为都督,李根源任军政部总长,唐继尧任次长。接着,云南各府、州、县传檄而定,全省迅速光复。

蔡锷就任都督后,进行了大胆改革:撤换贪官污吏,选贤任能;整顿财政,取消各种苛捐杂税,开设银行,提倡节俭;兴办教育,开发实业。云南这个新兴资产阶级掌握政权的省份,呈现出了一派生机勃勃的景象。

1913年,孙中山等人兴师讨袁,发动"二次革命"。蔡锷暗中派兵援助四川熊克武讨袁。袁世凯为了控制云贵,认为必须拔掉蔡锷这颗钉子,于是下令调蔡锷进京。蔡锷迫于形势,又对袁仍抱有某种幻想,便于10月到了北京,决心要干一番事业。到北京后,蔡锷的这种热忱很快就被袁世凯的专制独裁和卖国行径所扑灭。1915年5月,袁世凯与日本帝国主义秘密签订了意图灭亡中国的"二十一条",企图为复辟帝制寻求靠山。袁世凯复辟帝制的罪行,激起了全国人民的愤怒声讨,也使蔡锷看清了袁的丑恶面目,蔡锷决心以武力反对袁世凯复辟帝制的活动。于是，蔡锷表面上表现得若无其事，常去北京八大胡同，与名妓小凤仙厮混，以蒙蔽袁世凯，暗中却多次潜往天津，与恩师梁启超商量讨袁计划，并初步拟定了赴云南发动武装起义的战略构想。11月，蔡锷秘密赴津，以治病为名东渡日本，经台湾、香港、越南抵达云南。

蔡锷到达云南前，云南军队中、下级军官早就积极活动，酝酿发动讨袁起义。蔡锷一到，群龙获首，斗志激昂。蔡锷来不及休养，便连续召开两天紧急会议，决定先礼后兵。12月23日，他以云南都督唐继尧与巡按使任可澄的名义，拍发电报，责令袁世凯取消帝制，诛除祸首，限24小时内答复。袁世凯假装糊涂，电询此电报是真是假。25日，蔡锷等在昆明护国寺宣告云南独立，同时组成维护共和政体、反对复辟帝制的"护国军"，向全国通电讨袁。蔡锷为第一军总司令，出兵四川，扼守长江上游；李烈钧为第二军总司令，出兵两广，伺机进取湘赣；唐继尧为云南都督兼第三军总司令，留守后方，负责前线补给。

1916年元旦，是袁世凯预定举行登基大典的日子。护国军檄告天下，痛数袁贼十九大罪状，号召全国人民不分地域，不分党派，不分种族，团结一致，共讨袁逆。5日，再次通电全国，宣告护国军出师的目的在于维护共和国国体，反对复辟帝制，促进各省经济民力自由发展，建设真正的民主政体，提高中华民族的国际地位。10日，蔡锷率第一军分三路向四川进发：左路经昭通，进取叙府（今属四川宜宾）；右路经松坎，攻綦江；蔡锷则亲自率领主力中路，经永宁，进攻泸州。这时，敌军也已聚集在叙泸前线，阻击护国军。而蔡锷指挥的大军不畏强敌，英勇奋战，先后攻占了叙府、泸州，给袁世凯军队以沉重打击。

正当护国军节节胜利之际，袁世凯急调曹锟、张敬尧等率军赶赴四川。护国军三千余人与敌军数万人作战，力量悬殊，再加上唐继尧为了保存实力，拒绝援助蔡锷，蔡锷不得不指挥部队放弃叙府、泸州，退守大洲驿，据险固守。蔡锷不顾自己虚弱的身体，带病赴前线指挥战斗，与士兵同甘共苦。

3月15日，广西宣布独立，誓师讨袁，打乱了袁世凯对护国军的作战部署。消息传来，四川前线的护国军精神大振，蔡锷乘机整顿部队，下令发动反攻，几天之内，连克江安、南溪等地，敌军伤亡惨重，全线崩溃。在护国军的沉重打击和全国人民反对帝制的浪潮中，袁世凯惊慌失措，最终于3月22日宣布取消帝制，并派人与护国军谈判。5月8日，护国军军政府联合滇、黔、粤、桂四省，在广东肇庆成立了军务院,同袁政府对峙。接着,陕西、四川、湖南等省也相继独立。6月6日,卖国贼袁世凯在众叛亲离的境地中丧了命。

随后,黎元洪继任大总统,并任命蔡锷为四川督军兼省长。而这时蔡锷已患喉结核病,饮食困难,只有去上海或日本的专科医院,方有治愈的希望。在坚持处理完几件紧要的公事后,这位拼死征战的将军离开了他眷恋的战场,搁下他建设四川的规划,赴日本就医。11月8日凌晨4时,蔡锷终因积劳成疾,不幸病逝于日本福冈大学医院,年仅34岁。

蔡锷的人生虽然短暂,却为后人留下了值得纪念的两件大事:在辛亥革命时期,他领导云南"重九"起义,为推翻清朝作出了贡献;袁世凯称帝时,他毅然组织"护国军",发动讨袁斗争,为打倒"洪宪帝"建立了功勋。孙中山寄赠他的挽联是"平生慷慨班都护,万里间关马伏波",把蔡锷比作东汉名将班超和马援,给予了他极高的评价。

陈独秀与《新青年》

《新青年》杂志是中国近代史上最重要的革命刊物之一,它从1915年创办到1926年停刊,历经10年,始终是中国新文化运动和新思想宣传的主要阵地。其创办者和主要撰稿人陈独秀,也因此声名鹊起,成为近代史上的一位风云人物。

陈独秀(1879—1942),字仲甫,安徽怀宁人,早年留学日本。1915年9月,他在上海创办了《青年杂志》(从第二卷起,改名《新青年》),自任主编。1917年,陈独秀应蔡元培之聘,担任北京大学文科学长,《新青年》编辑部随之迁往北京,规模得以扩大。李大钊、鲁迅、钱玄同、高一涵、胡适、沈尹默等先后成为《新青年》的编辑或主要撰稿人。陈独秀仍担任主编,因此早期的《新青年》主要反映了陈独秀当时的思想和观点。

《新青年》创刊伊始就高举民主和科学的大旗,向封建主义及其意识形态发起猛攻。在创刊号上,陈独秀发表《敬告青年》一文,提出政治民主、信仰民主、经济民主、社会民主、伦理民主和用科学与理性制定事物的主张,号召青年人"战胜恶社会,而不可为恶社会所征服",这篇文章也成为《新青年》上第一篇纲领性文章。陈独秀大张旗鼓地宣传民主和科学,这是他的一大贡献。

《新青年》创刊前后,腐朽的封建文学和僵化的文言文仍然统治着中国文学界,严重阻碍着新文化运动的发展。1917年2月起,《新青年》又提出了"提倡白话文、反对文言文,提倡新文学、反对旧文学"的口号,从而举起了"文学革命"的大旗。

陈独秀在《新青年》第二卷第六号上发表了《文学革命论》一文,旗帜鲜明地提出了文学革命的三大主张:"推倒雕琢的阿谀的贵族文学,建设平易的抒情的国民文学;推倒陈腐的铺张的古典文学,建设新鲜的立诚的写实文学;推倒迂晦的艰涩的山林文学,建设明了的通俗的社会文学。"这篇文章成为了文学革命的真正宣言书。此后,钱玄同、刘半农等人相继响应,而鲁迅则更以其文学创作表现了文学革命的最高成就。文学革命是新文化运动的重要一翼,它倡导的"人的文学""平民文学"和"写实文学",为中国新文学的诞生奠定了理论基础。

《新青年》对封建势力狂风暴雨般的攻击,震惊了整个思想界和舆论界,引起了封建卫道士们的极端仇视,新旧思潮的大激战猛烈地展开了。1919年1月,《新青年》第六卷第一号发表了陈独秀执笔的《本志罪案之答辩书》,义正词严地回答了整个封建势力的非难,对《新青年》创刊以来的宣传活动作了一个全面的总结。

新文化运动从《新青年》提倡文学革命起,形成了一个以该刊编辑部为中心的统一战线。1919年1月,《新青年》成立编辑委员会,由具有初步共产主义思想的知识分子、小资产阶级知识分子和资产阶级知识分子三部分人组成,实行轮流编辑制。李大钊则利用他负责编辑第六卷第五号的机会办成了"马克思研究专号"。从此,《新青年》逐渐转变为宣传马克思主义的刊物。

1919年12月,陈独秀在《新青年》第七卷第一号发表《本志宣言》,继承了过去《新青年》的民主主义精神,又确立了社会主义的办刊方向。1920年9月,《新青年》从八卷一号起,改组为中国共产党上海发起组的机关刊物,陈独秀在这一号上发表了《谈政治》一文,开始积极宣传马克思主义。

作为反封建专制斗争的主将和急先锋,陈独秀凭借《新青年》向封建壁垒发起了猛烈冲击,在新文化运动的史册上留下了不可磨灭的一笔,在革命知识分子中赢得了很高的威望,他同李大钊一起被誉为"南陈北李",成为当时进步思想界的领袖和党的创始人之一。

五四爱国运动

早在19世纪末,德国侵略者就用武力强占了中国的胶州湾,后来又逼迫清政府订立不平等条约,将山东划入他们的势力范围。1914年,第一次世界大战爆发后,日本借口对德宣战,出兵控制了山东省,夺去了德国在山东的各种权益,1915年又向袁世凯提出了意欲灭亡中国的"二十一条",而这些条款几乎全被袁世凯接受,日本政府吞食中国的野心越来越强。

1918年11月,第一次世界大战结束。1919年1月,27个战胜国在巴黎召开"和平会议"。会议召开之前,美国总统威尔逊发表了国会演说,提出对一切殖民地的处置应顾全各殖民地民族的利益,而且无论国家大小都要互相保证政治自由和领土完整。这样,中国作为战胜国之一,就有权收回被德国占领的土地,因而中国人民对巴黎和会抱有很大的希望。但日本代表却在会上提出了极其荒谬的无理要求:欧战结束前,德国在胶州、青岛的特权,包括铁路、矿产、海底电缆等一切动产和不动产以及筑路、开矿权,均无条件归日本所有。

日本之所以提出这种无理的要求,是因为段祺瑞(1865—1936)上台后仍充当日本的走狗。1918年9月,段祺瑞派驻日公使章宗祥和日本政府交换了关于山东问题的秘密文件,使得日本在山东占有的权益超越了德国。在和会上,日本代表便以换文为借口,提出无理要求。巴黎和会本是战胜国的分赃会,但中方竟同意了日本的无理要求,段祺瑞的代表也准备签字认账。而这一卖国行径很快便被留日学生披露,通电全国。

消息传到国内,举国震惊。郁积在人民心中的愤怒已不能遏制。1919年4月下旬,北京、天津街头出现了欧美归国留学生组织的社会服务团,公开发起口号为

"废除军阀""打倒列强"等的救国宣传运动。

5月2日,济南3000余名工人集聚在北岗子举行讲演会,要求收回青岛。5月3日,北京国民外交协会开会,决定在5月7日召开国民大会,通电全国各地各界共同行动,阻止北洋政府代表签约。

5月3日晚,北京大学法科礼堂挤满了学生,除北大全体学生外,还有北京高师等校的学生。北大学生代表邓中夏站到讲台上说:"同学们,不能再等待了!段祺瑞政府是个卖国政府,只会讨好其日本主子。明天下午1点同学们到天安门前集合,举行学界大示威,直接唤起民众,制止签约!"

1919年5月4日下午,北京大学、北京高师等院校3000多名爱国学生汇集到天安门城楼下,潮水般地涌向外国使馆区东交民巷,他们高呼着"还我青岛""保我主权""外争主权,内除国贼""废除'二十一条'""拒绝在和约上签字"等口号,开始了声势浩大的示威游行。

当游行队伍被使馆区的警察拦阻时,学生立即转向赵家楼找曹汝霖算账。赵家楼曹公馆挤满了人,"诛卖国贼曹汝霖、章宗祥、陆宗舆"的怒吼声震天动地。正巧,曹汝霖和章宗祥两人刚从总统府饮宴回来不久。二贼吓得面无人色,体似筛糠,战战兢兢地溜到了后院大墙下,企图越墙逃走。曹汝霖在四个仆人的帮助下越墙逃走,章宗祥却不敢翻墙,正急得团团转时,被冲进来的学生发现,学生们一把揪住他,痛打了起来。章宗祥跪地求饶。

学生们痛打了章宗祥,但没有抓住曹汝霖,心头怒火难平,就放火把曹汝霖家烧了。

爱国学生痛打章宗祥,火烧赵家楼,北京民众无不拍手称快。但北洋军阀段祺瑞竟下令逮捕闹事学生,抓走了30多名爱国学生。这更激起了北京民众的抗议。第二天,北京街头便出现了《北京市民宣言》,支持学生的爱国行动,要求集会和言论自由。陈独秀、李大钊等亲自撰写了声援学生的文章。而北京大学开始罢课,并通电全国各界,请求声援。上海、天津、济南、南京、武汉等城市的民众先后集会,抗议政府,声援学生。上海工商界率先罢工罢市,抵制洋货。从6月5日开始,上海工人便自发举行声援学生的罢工,罢工工人有六七万人。斗争如燎原之火蔓延全国,迅速发展到20多个省区、100多个城市。工厂工人罢工,铁路和码头瘫痪,且态势不断向全国各地扩大。

五四爱国运动的中心由北京转到了上海,运动主力由学生转成了工人,全国性的反帝反封建运动迅速展开。北洋政府为形势所迫,不得不免去曹汝霖、章宗祥、陆宗舆三人的职务,并释放被捕的学生。6月27日,旅法华工、留学生、华侨数百人前往中国政府总代表陆徵祥所住医院,要求拒签和约。第二天,中国代表团拒绝在和约上签字。这样,在全国人民的支援下,五四运动取得了胜利,这是中国人民在反帝斗争中取得的第一次胜利。

　　五四运动是中国人民彻底地反对帝国主义、反对封建主义的爱国运动,由此掀开了中国历史的新篇章,中国无产阶级开始作为独立的政治力量登上历史舞台。同时,五四运动也使马克思主义在中国获得了广泛传播,在政治上和组织上为中国共产党的建立作了准备。这标志着比中国资产阶级旧民主主义革命更为波澜壮阔的中国新民主主义革命开始了,中国革命从此进入了一个新的历史时期。

中共召开"一大"

　　五四爱国运动以前,中国知道马克思主义的人极少。经过五四爱国运动,了解马克思主义的人愈来愈多。他们纷纷开始办刊物,宣传马克思主义。李大钊(1889—1927)在北京《晨报》上开辟了"马克思研究"专栏;陈独秀、李达在上海创办了《共产党》月刊;毛泽东(1893—1976)等人在湖南主办《湘江评论》;周恩来(1898—1976)等人则在天津组织了觉悟社,编辑《觉悟》杂志。

　　中国的进步知识分子在斗争中认识到,要彻底改造中国,必须有无产阶级政党的领导。1920年初,陈独秀、李大钊等就开始了建党的探索和酝酿。这年秋天,在共产国际的帮助下,陈独秀在上海建立了中国第一个共产主义小组。不久,各地也先后建立起共产主义小组,这些都是中国共产党的早期组织。这些共产主义小组成立后,就开始有计划、有组织地传播马克思主义,并到工人中去开展宣传和组织工作,从而进一步促进了马克思主义同中国工人运动的结合。

1921年1月,李大钊著文公开呼吁创建统一的工人阶级政党。这一年的3月,各地共产主义小组的代表举行了一次会议,并以会议的名义发表了《关于我们的目标和原则的共同声明》。这次会议还制定了临时纲领。这样,在中国建立统一的无产阶级政党——中国共产党的条件日趋成熟了。

各地方党组织的建立促进了马克思主义在中国的传播。而为了有效地开展活动,建立统一的中国共产党,各地代表于1921年7月赶赴上海参加了中国共产党第一次全国代表大会。

1921年7月23日晚上,代表大会在上海法租界望志路106号秘密召开。过了一天,正巧上海代表李汉俊的哥哥李书城有事外出,于是,大会就迁到了他的家里召开。本来商定,为了避免被法租界巡捕发现,大会要每天换个地方举行,但是大家集中精神讨论问题,一时又找不到更换的地方,所以就在李汉俊哥哥家一连开了几天会。而共产国际的代表马林是有过地下斗争经验的,他说:"我们在这里一连开了几个晚上的会,巡捕一定注意到了,明晚一定要换个地方。"但是有几位中国代表缺乏经验,说:"反正明天再开一次就可以结束了,大概不会有什么事的。"所以仍决定在这里召开最后一次会议。

7月30日是最后一次会议,这天晚上,会议刚开始,突然有一个穿长衫的中年男子闯进了客厅,他朝室内张望了一下,便连连说道:"对不起,我走错了。"说完就急忙退了出去。陌生人一走,马林立刻站起来说:"这人一定是侦探,我建议立即休会,大家分别离开。"代表们马上收拾文件,离开了客厅。那时候,上海的石库门房子平时不开大门,只走后门。如果这人真是侦探,后门一定有人监视。所以,大家索性打开大门走了出去,果然没有发生意外。而李汉俊算是房子的主人,就留下来与另一个代表喝着茶,装作无事闲聊。

果然,代表们走了不到一刻钟,一辆警车就开来了,一批法国巡捕跳下车把房子包围住。等他们拥上楼,见房间里只有两个人。巡捕中为首的一个人就气势汹汹地问:"你们刚才要开什么会?"李汉俊用法语回答说:"刚才不是开会,而是北京大学的几位教授和学生在这里谈编辑刊物的事。"

法国巡捕见问不出什么,便不许李汉俊等离开座位,也不许他们说话和喝茶,接着,便在屋里搜查起来。他们搜查了一个多小时,各个角落都翻遍了,都没有找到什么有用的东西。于是,一个法国巡捕指着书架上的书又问李汉俊道:"为什么有这么多马克思主义的书?"李汉俊回答说:"我兼任商务印书馆的编辑,什么书都要看。"

法国巡捕从李汉俊的答话中找不出什么破绽来。后来,法国巡捕又听说这里是李书城(当时政界的名人)的公馆,也不敢多纠缠,既然查不出个究竟来,也就只好离开了。

这次风险总算过去了,但是,代表大会还没有结束。最后一天的会到哪里去开呢?有位代表忽然想起李达的夫人是嘉兴人,就提议可以到离上海不远的嘉兴去开。经过商量,31日清晨,李达夫人就乘火车赴嘉兴,在城旁的游览地南湖雇了一只大游船等候大家,代表们则乘下一班车前往。

这次大会通过了中国共产党的第一个党纲,党纲确定党的名称为中国共产党。党的奋斗目标是推翻资产阶级统治,实现共产主义。党的中心工作是组织和领导工人运动。大会还成立了党的领导机关——中央局,选举陈独秀为中央局书记,李达为宣传主任,并决定建立党的地方组织。

中国共产党第一次全国代表大会的召开,标志着中国共产党的诞生。中国共产党的成立是中国近现代历史上最重大的历史事件。自鸦片战争以来,为完成民主革命,中国人民同帝国主义、封建主义进行了长期顽强的斗争,但都没能完成中国民主革命的任务。历史的发展迫切需要一个新的革命阶级组织、一个新的政党来承担这一任务。而中国共产党一成立,就以马克思主义为思想武器,领导全国人民在一个新的起点上开始了全新的民主革命斗争,使中国革命的面目焕然一新。

中国国民党"一大"

中国国民党"一大",于1924年1月20日至30日在广州召开。出席开幕式的代表有165人,其中共产党员约占百分之十四。孙中山担任大会主席。大会通过了《中国国民党第一次全国代表大会宣言》,重新解释了三民主义:民族主义为中国民族自求解放,反对帝国主义侵略,中国境内各民族一律平等;民权主义是民权为一般平民所共有,凡真正反对帝国主义之个人及团体,均得享有一切自由及权利;民生主义是平均地权和节制资本。

这次大会使得国民党有了明确的反帝反军阀的政治方向,并与共产党在民主革命阶段的纲领基本相符。大会还制定了新的国民党章程,第一次规定了国民党从中央到基层的完整组织系统,确立了"联俄、联共、扶助农工"三大政策,承认共产党员可以以个人身份加入国民党,还选举了有共产党员成员的国民党中央执行委员会。这次大会标志着国民党的正式改组和国共合作的正式建立。

创立黄埔军校

1924年5月,设在广州附近的黄埔岛上的"中国国民党陆军军官学校"(习惯上称"黄埔军校")开学了。它是孙中山创办的革命军事学校。

创办黄埔军校的宗旨是培养军事与政治人才,建立一支革命的武装力量。孙中山在第一学期开学典礼上的讲话中指出,为完成革命,所以才下决心改组国民党,建立党军,实行工农政策。第一步是使革命的武力与民众相结合,第二步是使革命的武力成为人民的武力。这就是创办黄埔陆军军官学校的宗旨,也是黄埔陆军军官学校的使命。

军校第一期学生于1924年5月入学,学员500名,至1926年,军校招收学生五期,共约7400人。孙中山亲自兼任总理,同时任命曾被派往苏联考察的粤军参谋长蒋介石(1887—1975)为校长,著名的国民党左派人物廖仲恺为党代表,刚从欧洲归国不久的中共两广区委委员长周恩来担任黄埔军校政治部主任。而在第一期学生中,共产党员和共青团员有56人,约占学生总数的十分之一。

黄埔军校的最大特点是把政治教育提到了和军事训练同等重要的地位,注重培养学生的爱国思想和革命精神,这是它同一切旧式军校根本不同的地方。那时军队有一种新气象,官兵和军民之间大体上是团结的,奋勇向前的革命精神影响着每一个人。那时军队还设立了党代表和政治部,这种制度是中国历史上所没有的,这种制度也使军队面目一新。

黄埔军校培养的军事、政治干部,对建立国民革命军,统一广东革命根据地,进行北伐战争,起了重大作用。

"四一二"反革命政变

一向坚持国共合作的孙中山逝世后,国民党各派之间的矛盾分歧日趋公开化。这时,对国民党后来的发展起决定性作用的人物,就是当时已具有举足轻重地位的蒋介石,他实际上是国民党右派势力的保护者和组织者。蒋介石的势力是在北伐前后逐渐扩大的。在中国国民党第二次全国代表大会上,蒋介石被选为国民党中央执行委员,随后又被选为常务委员,之后他又兼任了国民革命军总司令。这样一来,他在国民党和国民革命军内的地位大大提高了。

北伐战争期间,上海工人在共产党领导下举行武装起义,解放了上海。这时,原来屯兵上海南郊观战的北伐军才在白崇禧的率领下开进上海。由于北伐革命深得民心,北伐军受到了上海人民的热烈欢迎。四天后,北伐军总司令蒋介石从安徽乘军舰赶到上海,亲笔题写了"共同奋斗"的锦旗,派乐队送到上海总工会,向上海工人表示敬意。

然而,蒋介石却在暗中与帝国主义者、大资产阶级的代表密谋策划起反革命政变。江浙财阀同意给他几百万元的巨额财政资助;帝国主义者答应以驻上海的侵略军相配合;青帮头子黄金荣、杜月笙等人则组织了反动团体——"中华共进会",纠集大批流氓打手,随时听候调遣。

1927年4月2日,国民党中央监察委员会通过了"查办共产党案",随即蒋介石便与白崇禧、李宗仁、陈果夫等在上海举行了一系列"清党""分共"的秘密会议。4月8日,以白崇禧为首的上海戒严司令部成立。4月11日,蒋介石密令东南各省一致"清党"。经过一系列密谋策划,蒋介石做了充分的准备。

中共中央和上海区委对蒋介石的某些阴谋活动有所觉察,便努力加强工人纠察队,力图巩固革命成果。周恩来、赵世炎更是多次提醒总工会和工人纠察队要提高革命警惕,防止突发事变。可是,中共中央总书记陈独秀对此却毫无警惕,并于4月5日与汪精卫发表《联合宣言》,说蒋介石决无驱逐友党、摧残工会之事。这就使受蒋介石表面行为欺骗的大部分纠察队员处于无戒备状态。

4月11日下午4时,国民革命军的大批士兵开始在街头巡逻。深夜,上海总工会所在地——闸北湖州会馆灯火通明,人们进进出出,异常忙碌。快10点30分时,一名联络员奔进来气喘吁吁地说:"二十六军二师已经宣布戒严,不准行人在街上行走,到处在进行盘问!"

就在这天,上海总工会委员长、共产党员汪寿华接到了杜月笙的请柬,邀请他晚上参加在法租界的宴会。汪寿华考虑再三,还是按时赴了约。

4月12日凌晨,蒋介石的党徒指使青帮流氓等数百人冒充工人,从租界纷纷出动,来到了预定的各个目的地。4时许,天还没亮,60多个流氓突然冲向湖州会馆。他们每人臂上都缠着一块白布,上面有一个黑色的"工"字。到了会馆近前,他们就噼噼啪啪地放起枪来。20多名纠察队员见这伙人来势凶猛,便马上开枪还击。

双方正在射击时,突然开来了一支军队,带队的是第二十六军二师五团的团长。只听他大声喊道:"为什么开枪?停止射击!停止射击!"枪声停了下来,但双方还对峙着。团长奔到总工会门口,问纠察队员们:"你们都是工人,为什么发生内讧,互相开枪?"纠察队员见对方是国民革命军的长官,便纷纷说:"这帮人冲过来不问情由就开枪,我们当然要还击!"

团长迟疑了一下,说:"请你们不要还击,这帮人由我们去缴他们的械。"不一会儿,那60多个流氓果然都被缴了械,有几个不肯缴枪的还被捆绑了起来。纠察队员看到军队支持总工会,便请团长等人进屋吃茶。大家客气了一会儿,团长便对纠察队总指挥说:"既然发生了这种不愉快的事情,就请你跟我们一起到二师司令部去见见师长,商量个解决的办法吧。"

总指挥尽管觉得有些蹊跷,但没有多想,便带着6个纠察队员跟团长走了。走了一段路,团长突然板起脸对总指挥说:"他们那一方的枪缴了,你们的枪也得缴!"总指挥吃了一惊,但立即沉着回答道:"那不行。他们是来捣乱的流氓,我们是工人纠察队,怎么可以缴械呢?"

团长冷笑一下,向旁边人递了个眼色,一名营长便马上指挥士兵把总指挥等人的枪缴了,随即又回到了湖州会馆。团长把全体纠察队员叫来说:"为了维持地方秩序,我代表国民革命军要求你们也全部缴械。如果不听我的忠告,我就下令强制执行!"

纠察队员都不肯缴枪,于是团长换了笑脸说:"是呀,缴械总不大好看。那就不缴吧,请你们把枪靠在一边就行啦,不然我没法向上级交代。"纠察队员缺乏经验,就照他说的把枪三叉式地靠在了一起。不料枪刚架好,军队就架起机关枪,逼迫纠察队员全部退出湖州会馆。

同一时间,工人纠察队总部和各区的工人纠察队驻地都发生了类似的诱骗缴械事件。虽然有些地方也做了抵抗,但因众寡悬殊,很快被镇压了下去,有百余名纠察队员当场被杀害,数百人受伤。而赴宴的上海总工会委员长汪寿华也被杜月笙谋害。

蒋介石、白崇禧等人的反动行径激起了上海人民的极大愤怒,当天中午12点,五万多名工人和市民在闸北青云路广场举行集会,要求交还纠察队枪械,肃清流氓反革命分子,保护工会。南市群众在集会后,又一起到龙华白崇禧的总指挥部请愿,白崇禧却避而不见。数万名群众在大雨中站了3个小时,谈判毫无结果。

在中国共产党的领导下,上海总工会决定再次发动上海总同盟罢工。13日,20多万工人罢工,10万人在青云路广场集会,抗议蒋介石的暴行,要求发还枪支,肃清反革命。会后,他们高呼口号到宝山路的二十六军二师司令部请愿,队伍长达1千米。

当队伍行进到宝山路附近时,从四面的弄堂里突然跑出来一队队全副武装的士兵,对准人员密集的游行队伍,疯狂地用步枪和机关枪扫射起来。霎时间,工人们一批批倒下了。而后面的队伍很长,无法后退,天又下着雨,工人的鲜血和着雨水流在地上,在宝山路汇成了一条血河。

士兵们又冲上前去用枪托打、用刺刀刺,对赤手空拳的工人大打出手。这以后,白色恐怖遍布全城,大批工人领袖、共产党员被杀害。就在短短的3天之内,有300多人被杀,500多人被捕,5000多人失踪。这就是骇人听闻的"四一二"反革命政变。

"四一二"反革命政变以后,蒋介石便在南京建立了国民政府,开始实行独裁统治。

南昌起义

蒋介石和汪精卫先后在上海和武汉发动反革命政变,大肆屠杀共产党人和工农群众,致使革命的力量损失惨重。轰轰烈烈的大革命失败后,中国共产党也总结了教训。为反击国民党反动派的疯狂进攻,挽救革命,中共中央临时政治局决定利用共产党掌握和影响下的国民革命军在南昌举行武装起义,由周恩来负责成立起义总指挥部,具体部署起义计划。当时,参加起义的部队是贺龙、叶挺、朱德、刘伯承等掌握的一部分国民革命军,共3万多人,贺龙担任起义军代总指挥。由此,中国共产党领导的第一支革命军队成立了。

起义前的南昌城气氛紧张。为刺探敌情,做到知己知彼,有的部队派出了侦察员,化装成敌人的伙夫。这些"伙夫"挑着水桶,一边在敌营挑水一边问:"你们是第几营的?团部在哪里?"从这个营挑到那个营,水挑完了,天也黑了,要摸的情况也摸清了。于是,这些"伙夫"自然地混出了敌营。相比之下,教导团侦察敌情的方式则相当轻松。这些年轻的总队长们,以熟悉地形、增长见识为名,请敌军团长亲自领着在敌营房内外仔细考察了一番。此间,朱德还完成了一项特殊的使命。1927年7月31日午后,朱德利用自己与滇军的"旧谊",宴请了敌军的几个团长,一桌鱼翅席,吃得敌军团长昏头涨脑。晚上9点,大家正喝得尽兴的时候,朱德提前安排在院中的起义军冲进屋内,很轻易就下了他们的武装。这样,几个团的敌人群龙无首,为起义部队减少了抵抗力量。

起义的准备工作在紧锣密鼓地进行着。虽然一切都是秘密进行的,但狡猾的汪精卫还是嗅到了共产党要对国民党发动攻击的气息。于是,他惴惴不安地通电全国各党部、省政府、军部严加注意共产党的一举一动。南昌城内军队的频繁调动,也使敌人加强了戒备。他们在一些重要地段构筑了临时工事,严格盘查进出人员。但是,一切补救都为时已晚,整个南昌城已在起义军的控制之中。

但是,起义军某营副营长赵福生叛变投敌,将起义计划报告给了敌军。为避免被动,争取主动,前敌委员会果断决定,将原定的起义时间(8月1日4时)提前两小时。

"砰!砰!砰!"三声清脆的枪声,划破了寂静的夜空。起义总指挥部发出了起义进攻的信号。震惊中外的南昌起义正式爆发了!顿时,古老的南昌城,枪炮轰鸣,火光冲天。

按照预定计划,贺龙指挥的第二十军的主要任务是进攻第五方面军总指挥部,消灭大营房驻敌,解决省政府的守卫部队,并负责警戒南昌北面水陆交通要道;叶挺指挥的第二十四师的主要任务是歼灭天主堂、贡院、新营房等处的敌人,攻占敌卫戍司令部,占领敌人设在佑民寺的修械所和弹药库;朱德则率军官教育团一个营负责监视其驻地附近的敌情,协同友军作战。

战斗首先在叶挺第二十四师第七十一团与敌第五十七团之间打响。8月1日凌晨,敌军企图实施突围,起义军立即以猛烈的火力予以还击,双方展开了激烈的巷战。敌人在起义军的猛烈攻击下,纷纷爬上城墙逃跑,却又遭到早已守在城墙附近的工人纠察队和公安局警士的英勇阻击。敌人见突围不成,转而又向原驻地边打边撤。最后,敌人见大势已去,才被迫缴械投降。

驻天主堂的敌军听到枪声后,也企图冲出大门实行突围,起义军便与他们展开了激烈的巷战。由于该巷道狭窄笔直,双方交战,无法隐蔽,所以易守难攻。起义军在冲击中有20余人伤亡,攻击暂时受阻。营长再次挑选精干官兵组成突击队,重新向敌人发起了进攻。在机枪的掩护下,突击队员匍匐前进,向敌人发起了强攻,终于迫使敌人向天主堂院内撤退。此时,担任迂回进攻天主堂任务的起义军已翻墙进入院内。敌人遭到前后夹击,仓皇逃到了天主堂的钟楼,负隅顽抗。起义军一面继续勇猛冲击,一面敦促敌人缴械,最后敌军举起了白旗。

起义军第七十二团向驻扎在贡院的敌军发起进攻。敌人遭到起义军的突然袭击,惊慌失措,试图沿着与贡院毗邻的东湖向北败退,却又遭到被安排在东湖对岸水观音亭中起义军的机枪火力的阻击,很快便失去了战斗力。

打得最为激烈的是进攻朱培德第五路军总指挥部的战斗。这支部队是朱培德的"精锐之师"。由于叛徒赵福生告密,敌人事先已有戒备,因而,战斗异常激烈。贺龙首先命令军部特务营封锁了敌总指挥部的大门,接着从正面向敌人发起强攻。但是,敌人的火力十分凶猛,贺龙急令人火速增援。据当时的一位排长回忆:晚上11时左右,团长命令一营各连全副武装,赶到军部待命。出发时,全体官兵将袖子和裤腿卷起,不吹号,不惊动居民。在路上他听到枪声骤起,接着全城枪声大作,他急忙问连长是怎么一回事。连长说,最先响枪的地方大概是子固路,离军部不远。当他们跑步赶到军部时,一团已经在和敌人交手了。在机枪的掩护下,他们从敌人背后越墙打了进去,配合一团前后夹击,几经拼搏,终于全歼了朱培德的警卫团。

经过5个多小时的激战,8月1日拂晓,战斗结束,起义军共歼敌3000余人,缴获各种武器5000余件。

起义胜利后,中国国民党革命委员会成立,推选宋庆龄、邓演达等人组成主席团,并以宋庆龄等人的名义发表了《中央委员宣言》,号召一切革命者继续为反帝国主义与解决土地问题奋斗,并任命贺龙为国民革命军第二方面军代总指挥,叶挺为代前敌总指挥。

8月3日,起义军按照中共中央的决定,开始撤离南昌城,向广东进军。

八七会议

1927年8月7日,中共中央在汉口召开紧急会议。出席会议的正式代表共21人,其中中央委员10人,候补中央委员3人,中央监察委员2人,共青团代表3人,湖南、湖北代表各1人,军委代表1人。会期一天,参会人员听取了共产国际代表罗明纳兹的报告和瞿秋白关于党的新任务的报告,毛泽东、邓中夏、蔡和森、罗亦农、任弼时等在会上作了发言。会议通过了关于最近农民斗争、最近职工运动、党的组织问题等议案,发表了著名的《中共"八七"会议告全党党员书》。会议坚决纠正和结束了国民革命高潮时期以陈独秀为代表的右倾机会主义错误;确定了开展土地革命和武装反抗国民党反动派的总方针,决定于秋收时在革命基础较好的湘、鄂、赣、粤等省发动农民进行武装起义。毛泽东在发言中明确提出了"政权是由枪杆子中取得的"的论断。会议还成立了由苏兆征、向忠发、瞿秋白、李维汉等九人组成的新的临时中央政治局。这次会议在革命紧急关头纠正了共产党内的右倾机会主义错误,明确了党在新时期的斗争方针,从此中国革命进入了以武装斗争为主要形式、以土地革命为中心内容的新阶段。

秋收起义

1927年8月7日,中国共产党在汉口召开紧急会议,确定了开展土地革命和武装反抗国民党反动统治的总方针。会后,毛泽东到湖南准备秋收起义。他把中国共产党掌握的原武昌国民政府警卫团、平江和浏阳的农民军、安源煤矿的工人武装等约五千人编为了工农革命军第一军第一师,并亲自担任前敌委员会书记。

9月9日,在湖南、江西边界,秋收起义爆发了。工农革命军从修水、铜鼓、安源分三路进攻长沙。由于敌强我弱,加上革命军中一些旧军人突然叛变,革命军遭受到了严重损失,随后,部队撤到了浏阳文家市。毛泽东召开了前委会议,决定放弃攻打长沙的冒险行动,把部队转向敌人统治势力薄弱的农村,建立农村革命根据地。于是他率军南下,在江西永新三湾村对部队进行改编,开始在部队中建立党的各级组织,奠定了新型的人民军队的基础。10月,毛泽东率军到达井冈山地区,经过近半年的努力,创建了我国第一个农村革命根据地——井冈山革命根据地。

广州起义

广州起义是继南昌起义和秋收起义之后,中国共产党领导的又一次重要的武装起义。

1927年大革命失败后,南方爆发了粤、桂军阀混战,广州城内兵力空虚。中共广东省委书记张太雷和共产党人叶挺(1896—1946)、恽代英、叶剑英等决定利用这一有利时机,领导组织广州的工人、农民和士兵进行武装起义。

12月11日凌晨3时,广州起义爆发。起义军迅速攻占邮政局、电话局、火车站、各区警署以及国民党的党政机关,占领了市内绝大部分地区。上午8时,中国第一个城市工农民主政权——广州苏维埃政府(又称广州公社)成立了。苏兆征当选为苏维埃政府主席,叶挺、恽代英、周文雍等当选为委员。广州苏维埃政府发表宣言,宣布一切政权归苏维埃,打倒国民党反动派和军阀,实行八小时工作制,一切土地收归国有。

广州起义爆发后,国内外反动派迅速勾结起来,向起义军反扑。11日下午,国民党多个师在美、英、日等国军舰的支援下从东、西、南三面包围起义军。起义军浴血奋战,但由于敌我力量悬殊,最终失败。张太雷等在战斗中壮烈牺牲。

广州起义虽然失败了,但它是中国共产党在革命的转折关头,向反革命势力进行的又一次英勇的反击,是工农武装夺取政权的一次英勇的尝试。

井冈山革命根据地

　　井冈山革命根据地是毛泽东创建的全国第一个农村革命根据地。它位于湖南、江西两省边界的罗霄山脉中段。

　　井冈山远离大城市，敌人统治力量薄弱，地势险要，易守难攻，农产品较丰富，群众基础好。

　　1927年10月，毛泽东率领发动湘赣边界秋收起义的中国工农革命军第一军第一师来到了江西永新三湾。

　　毛泽东对部队进行了改编，把原先的一个师缩编为工农革命军第一军第一师第一团，并在军队中建立了党的各级组织，将支部建在连上，排级设党小组，连以上各级设党代表，营、团级设党委，还成立了党的前敌委员会，由毛泽东任书记。改编后，在军队内部实行民主制度，建立士兵委员会，确立了党对军队的绝对领导，为中国共产党建立新型的无产阶级军队奠定了基础。

　　这就是中国革命史上著名的"三湾改编"。随后，毛泽东率部队来到了宁冈县（今已并入井冈山市）古城。

　　在宁冈古城的联奎书院，部队召开了前敌委员会扩大会议。会议总结了起义的经验教训，并决议到敌人统治的薄弱地区——井冈山建立革命根据地。最后，毛泽东分析了将井冈山作为革命根据地的有利条件。

　　毛泽东反复教育干部和战士，必须下定决心，坚决为创造以宁冈为中心的政权而奋斗。

　　毛泽东的话，极大地鼓舞了干部和战士们，大家齐声高呼："我们要上井冈山，建立革命根据地。"会后，毛泽东率领部队向井冈山进军，并于10月到达井冈山。

　　从1927年10月到1928年2月，以毛泽东为书记的前敌委员会，发动群众，建立革命政权，坚持土地改革，分别于1927年11月和1928年1月，攻克了茶陵和遂川，并打破了江西国民党发动的第一次"进剿"，初步奠定了井冈山根据地的基石,开创了"工农武装割据"的局面。

1927年11月,为争夺广州,粤系军阀张发奎与桂系军阀李济深打得不可开交,为支持张发奎,湖南军阀也卷入了混战,致使茶陵一带防务空虚。前敌委员会抓住时机,决定攻打茶陵县城。

11月18日清晨,革命军向茶陵守军发起了猛攻,很快茶陵就被攻下。28日,边界的第一个红色政权——茶陵县工农兵政府正式成立。

敌军在连接赣南、粤北的遂川守备力量薄弱,于是该地区被革命军选为了攻击目标。1928年1月,在一个大雪纷飞的早晨,工农革命军顶风冒雪,挺进遂川,仅用三个小时就将敌军赶出了县城。攻克遂川城后,迎接工农革命军的却是空荡荡的大街和紧闭门户的店铺。

由于豪绅地主的反革命宣传,这里的百姓将革命军当作了无恶不作的"打砸抢部队"。于是工农革命军走上街头,宣传党的宗旨和政策,发出"打倒土豪劣绅""实行土地革命""工农要武装起来"的号召。

在开展宣传工作的同时,革命军还带领群众打土豪,分田地,终于得到了老百姓诚心诚意的拥护。

井冈山的生活是艰苦的,但艰苦的生活压不垮英勇的革命战士。他们唱着"红米饭,南瓜汤,秋茄子,味好香,餐餐吃得精打光(方言,指精光,一点儿不剩)。干稻草,软又黄,金丝被儿盖身上,不怕北风和大雪,暖暖和和入梦乡"的歌谣,又粉碎了江西国民党发动的"进剿",取得了永新城大捷。

1928年4月,朱德、陈毅率领在南昌起义中保留下来的一部分部队和湘南农军,跋山涉水,突破敌人的重重封锁,到达了井冈山,和毛泽东率领的中国工农红军胜利会师。

5月4日,会师庆祝大会隆重举行。会上,前敌委员会宣布,两军合并,成立中国工农红军第四军,由毛泽东同志任党代表,朱德任军长,陈毅任政治部主任。毛泽东将这次会师大会诙谐地称为"背上驳壳枪,师长见军长"。

毛泽东和朱德所率部队的会师,增强了井冈山地区的武装力量,为进一步扩大革命根据地创造了条件。

5月20日,中共湘赣边界第一次代表大会在宁冈茅坪召开,会议选举产生了湘赣边界党的最高领导机关——中共湘赣边界特别委员会(简称"特委"),毛泽东任书记,统一领导湘赣边界红军和根据地的革命斗争。

12月,彭德怀、滕代远率领红五军主力到达井冈山,与红四军会合,壮大了根据地的武装力量。在中国共产党的领导下,井冈山根据地不断得到巩固和扩大,给了国民党以致命的打击。

1929年1月,毛泽东、朱德率井冈山地区红军主力向赣南进军。后来在当地共产党组织和红军游击队的配合下解放了兴国、瑞金、宁都等地,并建立了县级苏维埃政权,奠定了中央革命根据地的基础。

各地起义部队也相继建立了革命根据地。到1930年夏,全国红军已发展到十三个军,近十万人,开辟了十五块根据地。较大的有:贺龙、周逸群等开辟的湘鄂西根据地;潘忠汝和徐向前等领导的鄂豫皖根据地;彭德怀、滕代远等领导的湘鄂赣根据地;方志敏、邵式平等开辟的闽浙赣根据地;邓小平(1904—1997)、张云逸、韦拔群等开辟的左右江根据地。此外,在海南,广东的海陆丰,川东的宣汉、达县地区,江苏的如皋等地区,也都创建过革命根据地。

井冈山革命根据地的建立,开辟了一条农村包围城市,武装夺取政权的革命道路。

中国工农红军

中国工农红军简称"红军",是中国共产党领导的人民军队,是中国人民解放军的前身。1927年"八一"南昌起义后,中国共产党开始创建人民军队。1928年5月,根据中共中央《军事工作大纲》规定,中国工农革命军及其他革命武装改称中国工农红军。先后组成第一方面军、第二方面军、第四方面军等,曾发展至三十余万人。创建了中央革命根据地和湘鄂西、鄂豫皖、湘赣、湘鄂赣、闽浙赣、左右江、川陕、湘鄂川黔、陕甘等革命根据地,多次粉碎国民党军队的大规模"围剿"。1934年,由于王明"左"倾机会主义的错误领导,中央红军未能粉碎国民党军队的第五次"围剿",被迫于同年10月撤离中央苏区,进行长征。此后,除陕甘红军外,各地红军主力也都先后退出原来的革命根据地进行长征。

1935年1月,遵义会议召开。之后,红军在中共中央和毛泽东的正确领导和指挥下,粉碎了数十万敌军的围追堵截,掌握了战略主动权,克服了张国焘(1897—1979)的分裂主义。1935年10月和1936年10月,三大主力红军先后到达陕甘地区,保存了革命骨干力量约三万人。抗日战争爆发后,根据国共达成的协议,主力红军改编为国民革命军第八路军,后又改称国民革命军第十八集团军,南方八省的红军游击队改编为新四军。

"九一八"事变

1929年,资本主义国家先后爆发了经济危机。日本统治集团为了摆脱经济困境,缓和国内的阶级矛盾,加紧了侵略中国的准备。其实,日本帝国主义者对中国的侵略是蓄谋已久的,他们很早就利用同清朝政府订立的不平等条约,把中国东北的南部地区强行划为自己的势力范围,在那里设立殖民机构,如关东都督府、南满洲铁道株式会社(简称"满铁"),并驻扎强大的关东军,对东北进行全面的政治、军事控制和经济掠夺。1931年,日本又多方制造事端,寻衅滋事。在形势如此危急的情况下,国民党政府却忙于国民党内部的派系斗争和军阀混战,更忙于调集军队"围剿"中国工农红军,陆续抽调东北军入关,因此,东北边防日渐空虚。

1931年9月18日夜,关东军以"柳条湖"事件为借口,突然袭击东北军驻地北大营和沈阳城,挑起了"九一八"事变。

北大营的指挥部内气氛紧张。赵镇藩请示荣臻的结果,出乎赵镇藩的意料,竟然是不许抵抗,不得与日本人发生冲突。但是,没有一位团长执行他的命令,大家都站在原地一动不动。"去呀!这是命令!"赵镇藩瞪着几位团长,几位团长也使劲地瞪着他,大家都默不作声,屋内的空气和他们的心情一样憋闷。赵镇藩果断地挥起手臂:"准备迎击敌人!""是!"团长们异口同声地响亮回答,然后齐刷刷地跑出屋去。

不一会儿，旅部及第六二一团附近的林荫路上响起了自卫还击的枪声，赵镇藩率领旅部和两个团与日军交上了火。

这反击的枪声犹如一针强心剂，令营房内其他的士兵振作精神，大家摩拳擦掌，准备给日军以迎头痛击。但是，荣臻再次下达命令："不准抵抗！"士兵们不敢贸然违抗命令，只好原地待命，眼睁睁地看着战友与日军奋战。可由于日军火力很猛，自卫军又孤立无援，长此发展下去，部队伤亡太大。凌晨3点多，赵镇藩下令撤退，他一边率领士兵与日军展开激烈的巷战，一边指挥部队突围。士兵们一边突围，一边回身依依不舍地望向枪声大作、火光冲天的北大营。

在进攻北大营的同时，日军也开始有预谋地分三路进攻沈阳。一夜之间，宪兵总司令部、电话局、有线电局、无线电台、东北边防军司令长官公署、省政府、东三省官银号、中国银行、交通银行、学校、工厂等相继被占。

日军侵占沈阳后，开始对中国人民进行残酷迫害，并大肆掠夺财物。据不完全统计，仅官方财产的损失就在十八亿元以上。尤其是枪支弹药、军械器材和飞机大炮的损失。其中飞机损失二百六十余架，迫击炮损失三百余门，战车损失二十余辆，步枪和手枪损失十一万余支，机关枪损失五千余挺。此后，在短短的六七天时间里，日军又接连侵占了安东（今丹东）、海城、营口、辽阳、鞍山、铁岭、本溪、抚顺、四平、长春、吉林等二十多座城市及周边广大地区，并完全或部分控制了十二条铁路线，完成了"九一八"事变军事进攻的第一阶段。

1932年1月1日，日本侵略军从三面向锦州发动总攻，2日占领了锦州。到1932年2月5日占领哈尔滨为止，日军只用了不到半年的时间就侵占了整个东北三省。

"九一八"事变后，中国100多万平方千米的锦绣河山和无尽的宝藏，都被蒋介石的"不抵抗政策"断送得干干净净。在日本帝国主义的铁蹄下，三千万东北人民过着亡国奴的生活，长达14年。

"九一八"事变，是中国人民抗日战争的起点。

伪满洲国

"九一八"事变后,日本帝国主义侵占了中国东北。日本关东军急于在东北地区建立傀儡政权。在得到日本政府批准后,关东军当即指使汉奸搞"独立运动",脱离中国政府。在日本特务土肥原贤二的操纵下,清朝废帝溥仪被挟持到了东北。

1932年2月,关东军召集东北三省汉奸首脑在沈阳召开了"建国会议"。3月1日,宣布"满洲国"成立,发表《满洲国建国宣言》,自称"新国家"。3月9日,溥仪在长春举行了就职典礼,宣布就任伪满洲国执政,年号"大同",首都为长春(当时改称"新京")。根据日本关东军司令部的安排,由汉奸郑孝胥出任"国务总理",张景惠任"参议府议长"。伪满洲国声称实行"民主共和制"。

同年9月,伪满洲国与日本政府签订了《日满议定书》,根据这份条约,日本政府可以控制伪满洲国的一切活动。1934年3月1日,为满足溥仪称帝的要求,"满洲国"改称"满洲帝国",溥仪为皇帝,年号"康德",实行君主立宪制。而伪满洲国的宗主权在日本天皇手中,日本关东军司令部则是伪满洲国的实际主宰者,各方面大权都掌握在日本人手中。他们镇压东北人民的反抗,仅1934年一年,因"反满抗日"而被杀害的就有六万余人;在经济上则大肆掠夺东北的丰富资源;在文化上又推行奴化教育。伪满洲国成了日本帝国主义在中国东北实行殖民统治的工具。直到1945年8月,日本投降,溥仪被苏联红军俘虏,伪满洲国才彻底覆灭。

四次反"围剿"

红军和农村根据地的迅速发展壮大,使国民党感觉到了威胁,全党陷入了极度恐慌之中。从1930年秋至1933年春,国民党军队对中央革命根据地及其他革命根据地先后发动了四次大规模的"围剿"。英勇的工农红军在当地人民的全力支持下,进行了四次反"围剿"斗争,给以蒋介石为首的国民政府带来了重创。

1930年10月,蒋介石发动了对中央苏区的第一次大规模"围剿"。他调集了约十万兵力,采取"长驱直入,分进合击"的战略,妄图消灭中央根据地的红军。

毛泽东根据敌我力量的对比和红军对敌斗争的经验,提出了"撒开两手,诱敌深入,待机破敌"的作战方针,确定了"积极防御,诱敌深入"的战略,率领红军主力东渡赣江,向南转移,在根据地中部伺机歼敌。

红军初战告捷,国民党第十八师九千余人全部被歼,张辉瓒被活捉,吓得各路敌军纷纷撤退,于是红军乘胜追击。在短短的五天时间里,红军连续打了两个大胜仗,歼敌一个半师,共一万余人,缴枪万余支,获得了第一次反"围剿"的胜利。

1931年3月,蒋介石再次纠集二十万杂牌军,向中央革命根据地发动第二次"围剿",并疯狂地叫嚣,要"在三个月内消灭红军"。蒋介石认为,第一次"围剿"的失败是因为兵力不足,包围不严,部队又冒进。这次他提出"稳扎稳打,步步为营,齐头并进,紧缩包围"的作战方针,并对根据地实行了严密的经济封锁。

毛泽东在全面分析了敌军的具体情况后提出,先打富田地区的第五路军。因为第五路军虽然人数众多,但士兵来自北方,不习惯爬山,加之惧怕红军,所以,军心不稳。将这支部队吃掉以后,红军再由西向东横扫。

1931年4月23日,红军主力集结于东固。东固正处于被敌军三面包围的"牛角"之中,环境险恶。但红军在老根据地人民群众的掩护下,建立起了一道铜墙铁壁。在苦苦等待了二十五天之后,敌人终于按捺不住,行动起来。隐蔽在白云山的红军便向敌人发起了袭击。当即,敌人吓得魂飞魄散。至下午3时左右,战斗结束,红军共缴枪五千多支、迫击炮三十多门。

首战告捷后,红军又乘胜出击。从5月16日到30日,十五天中,红军从赣江边上的富田、固陂打起,由西向东横扫,走了七百余里路,五战五捷,一直打到福建的建宁,酣畅淋漓地粉碎了敌人的第二次"围剿"。

"围剿"的连连失利,使蒋介石恼羞成怒。距第二次"围剿"失败不到一个月,蒋介石就再次集结三十万人马,并亲任"剿匪"军总司令,向根据地发起了第三次"围剿"。此次"围剿",蒋介石采取了长驱直入的作战方针。

这次"围剿",不仅敌军来势迅猛,而且敌我力量悬殊。刚刚打退了敌人第二次"围剿"的红军,还没有来得及休整,就又要投入新的战斗。毛泽东、朱德根据敌人急于寻找红军主力决战的情况,毅然决定:红军千里回师,采取"避敌主力,打其虚弱,乘退追歼"的方针和红军牵着敌人的鼻子盘旋式打圈子的打法,击破敌人新的围攻。

1931年7月,红军冒着南方的酷暑炎热,仅仅用了十天时间,就靠双腿从福建的建宁绕道千里走回了赣南根据地的兴国,并与由湘赣苏区转来的红七军及红二十军第一七五团会合。

一开始,红军准备进攻富田的敌军,但情况有变,红军便改向莲塘一带突破。夜里,红军神速潜行,秘密地跳出了敌人的包围圈,然后,像一把钢刀,直插敌后,使得敌人草木皆兵,疲于奔命。红军在六天之内三战三捷,顺利地完成了第一阶段的任务。

随后,红军再次派出了一支由两千多人组成的部队,佯装红军主力,虚张声势,声东击西,带着敌军在崇山峻岭中来回转圈子,将不善于爬山的敌军害得苦不堪言。当他们发现自己上当时,已经没有力气追赶红军主力了。而红军主力早已严阵以待,八十天内歼敌十七个团,毙伤和俘敌三万多人,粉碎了国民党军队对中央革命根据地的第三次"围剿"。

1933年2月,蒋介石发动第四次"围剿"之时,正是日本帝国主义悍然入侵中国之际。但是,蒋介石以"攘外必先安内"为由,任日本帝国主义的铁蹄蹂躏中华大地,并鼓吹这回"围剿"的成败,关系到国家的生死存亡,此时若不能立即肃清,中国唯有灭亡而已。于是蒋介石调动军队50万人,向中央革命根据地猛扑而来。

由于王明在党内推行"左"倾冒险主义路线,撤销了毛泽东在红军中的领导职务,并对坚持正确路线的邓小平等人进行了"残酷斗争,无情打击",红军在第四次反"围剿"中受挫。先是鄂豫皖革命根据地反"围剿"失败,然后是湘鄂西红军被迫转移。蒋介石为此得意扬扬,集结人马,分三路纵队,气势汹汹地向中央革命根据地扑来。他们上有飞机保驾护航,下有大炮鸣锣开道,准备一举将红军歼灭。

而中央红军在周恩来和朱德的领导下,创造性地运用了毛泽东同志的战略思想,先将敌人吸引到了南丰一带,然后再日夜兼程西进到东韶。敌人果然上了当,孤军深入宜黄地区。2月26日,国民党进入黄陂红军伏击圈。红军出其不意,集中优势兵力发动攻击,经过2月28日和3月1日两次激战,歼敌五十二师和五十九师,俘敌两师师长,创造了红军战争史上前所未有的大兵团伏击歼敌的范例。3月21日,红军在草台岗又歼敌近一个师。

黄陂、草台岗两战共歼敌近三个师,俘敌一万余人,缴枪一万余支,红军成功取得了第四次反"围剿"的胜利。反"围剿"胜利后,中央根据地已经地跨湘赣闽粤四省,人口约有三百万,就在红一方面军也发展到了十万人左右。

二万五千里长征

长征是中国革命史上举世无双的伟大壮举。20世纪30年代,战斗在长江南北各根据地的主力红军部队,为了挽救革命进行了战略大转移。红军战士靠自己的双腿,历时两年,途经十多个省,长驱二万五千里,冲破了国民党军队从地上到空中的围追堵截,在中国的西北部胜利会师,从而把中国革命的大本营转移到了陕北根据地。

长征开始于1934年10月。当时,中国共产党已经在南方建立了中央、鄂豫皖、湘鄂赣等多块革命根据地。而蒋介石把这些根据地看作眼中钉,连续发动"围剿"。中央红军先后粉碎了国民党四次"围剿"。可是由于当时控制党中央的王明"左"倾路线的错误领导,第五次反"围剿"失败了。中央红军被迫于1934年10月仓促撤出包括福建西部和江西南部的中央革命根据地,向湘江以西转移,踏上了长征之路。

在这前后,其他革命根据地的红军也进行了战略转移:湘赣根据地的红军第六军团于1934年8月离开根据地西进,于10月到达贵州东北部,与红军第二军团会合,后来组成红军第二方面军继续西进;坚守鄂豫皖根据地的红军第二十五军于1934年9月向陕南转移;早前离开鄂豫皖根据地转移到陕南、川北的红军第四方面军,也于1935年3月退出川陕根据地,加入到了长征的行列。

中央红军在长征途中,首先突破了蒋介石的四道封锁线,到达了湘江以西地区。由于指挥错误,部队由八万多人锐减到了三万多人,陷于危急之中。当时,毛泽东提出了向敌军力量薄弱的贵州进军的英明决策,原来准备北上的中央红军,突然挥戈西南,强渡乌江,占领了遵义城,在这里举行了中央政治局扩大会议,停止了博古、李德对红军的领导,结束了"左"倾路线在党中央的统治,确立了毛泽东在红军和中共中央的领导地位。此后,在新的党中央的正确领导下,红军采取了灵活机动的战略战术,四渡赤水,巧渡金沙江,强渡大渡河,爬雪山,过草地,历尽千难万险,终于在1935年10月19日胜利到达陕甘革命根据地吴起镇。一年后的1936年10月22日,经过长途转战的红军第二方面军、第四方面军和中央红军在甘肃会宁胜利会师,宣告了二万五千里长征的结束。

长征胜利结束之后,中国革命进入了一个新局面。中国共产党以陕北为大本营,领导全国人民开始了轰轰烈烈的抗日战争。

遵义会议

1934年12月,红军经浴血奋战后渡过湘江。由于连续苦战,红军人数锐减。12月中旬,抵达湘黔边界时,毛泽东力主放弃原定进入湘西与红二、红六军团会师的计划。28日,中央政治局召开会议,接受了毛泽东的建议,决定向以遵义为中心的川黔地区前进。红军主力突破乌江天险后,敌人魂飞胆战,匆忙逃往遵义,并扬言死守遵义,决不给红军以任何可乘之机。

遵义，北靠大娄山，南临乌江，位于贵州到重庆的交通要道上。中共中央政治局决定：攻打遵义，建立以遵义为中心的黔北根据地，继而向川南发展。红一军团第二师六团则担起了夺取遵义的重任。团政委王集成在红军总参谋长刘伯承的启发下，为减少伤亡，思考起抗敌妙计。

1935年1月6日，红军在距遵义三十千米处发现了敌人的一个据点，有一个营以上的兵力。"全歼这股敌人。"刘伯承当即下达指令要全歼这股敌人，不准有一个漏网，否则攻打遵义的计划就会被敌人察觉。于是部队迅速出击，很快就结束了战斗，敌人全营除了战死的，剩余的其他人都当了红军的俘虏，红六团圆满地完成了战斗任务。

随后，刘伯承采纳了王集成的建议，利用这批俘虏，化装成敌人，智取遵义城。1月7日凌晨，遵义获得了解放。

红军攻占遵义后，中央决定召开政治局扩大会议。事实上，这个会议的召开已酝酿了相当长的一段时间。

长征开始后，广大干部和指战员眼睁睁地看着自第五次反"围剿"以来，红军屡次失利，部队不断受创，被敌人追着猛打，濒临绝境，这与前四次反"围剿"的成功形成了鲜明的对比。第五次反"围剿"的失败和长征初期"血"的教训，使广大指战员对"左"倾思想由怀疑发展到了不满与愤怒。

与此同时，高级领导层内也酝酿着要求纠正错误、改换领导的意见。张闻天较早地对李德的错误军事路线产生了怀疑，王稼祥也渐渐地对李德表示了不满。长征途中，王稼祥经常和毛泽东在一起商讨军事路线问题，逐渐接受了毛泽东的正确主张。在这种形势下，召开一次政治局会议，总结经验教训，纠正领导上的错误的条件已经成熟。在王稼祥、张闻天等人的积极倡导下，1935年1月15日至17日，在遵义旧城一个军阀公馆的小楼上，中共中央召开了政治局扩大会议。这就是历史上著名的遵义会议。

出席遵义会议的政治局委员有毛泽东、张闻天、周恩来、朱德、陈云、博古，候补委员有王稼祥、刘少奇、邓发、何克全，还有红军总部和各军团负责人刘伯承、李富春、林彪、聂荣臻、彭德怀、杨尚昆、李卓然，以及中央秘书长邓小平。共产国际驻中国的军事顾问李德及担任翻译工作的伍修权列席（参加会议，有发言权而没有表决权）了会议。

会议首先由中共中央临时负责人博古做了关于反对敌人第五次"围剿"的总结报告。博古在报告中过分强调了客观困难,将红军失败完全归咎于敌方力量的过于强大等,并没有承认自己与李德在军事指挥上犯的严重错误。然后,周恩来做了副报告。周恩来实事求是地指出造成第五次反"围剿"失败的主要原因是军事领导方面战略战术的错误。

之后,毛泽东做了重要发言。他站起身,神情严肃又略为激动地讲了一个多小时,明确指出,是在军事上执行"左"倾冒险主义的错误主张,导致了第五次反"围剿"的失败,造成了红军在长征中的重大牺牲,并一针见血地批评李德纸上谈兵。紧接着,王稼祥、张闻天、朱德、陈云、刘少奇、刘伯承、李富春、聂荣臻等也在会上发言,批评了错误的军事领导,明确表示支持毛泽东指挥红军。

此次会议的重点批评对象是博古,共产国际驻中国的军事顾问李德的处境也非常尴尬。大家都是围着长桌就座,只有他坐在会议室的门口。当大家你一言我一语地指责他军事指挥有误时,他就一边听着伍修权的翻译,一边一个劲儿地抽烟,神情十分沮丧。

会议最后指定张闻天起草《中共中央关于反对敌人五次"围剿"的总结决议》。这个决议充分肯定了毛泽东等指挥红军取得多次反"围剿"胜利的战略战术的基本原则。《决议》还指出,在战略转变与实行突围的问题上,博古、李德犯了原则上的错误。他们没有及时转变内线作战的战略方针,实行战略上的退却,以保存主力红军的有生力量,从而贻误了战机。因此在突围中,基本上不是坚决的与战斗的,而是一种惊慌失措的、逃跑的及搬家式的行动。

《决议》还总结了与国民党十九路军建立抗日统一战线的经验教训,指出党中央同十九路军订立停战协定、推动其抗日反蒋是正确的,但博古、李德等根本不理解在政治上和军事上同时利用"十九路军事变"是粉碎第五次"围剿"的关键之一,没有在军事上采取与之直接配合的方针,从而失去了宝贵的机会。

会议最后改组了中央领导机构,推选毛泽东同志为政治局常委,取消博古和李德的最高军事指挥权,决定仍由中央军委主要负责人周恩来、朱德来指挥军事。随后,根据会议精神,常委又进行了分工,决定由张闻天代替博古总负责,毛泽东、周恩来则负责军事。在撤离遵义以后的行军途中,毛泽东、周恩来、王稼祥又组成了三人军事指挥小组。

遵义会议是中国共产党历史上一个生死攸关的转折点，标志着中国共产党在政治上开始走向成熟，结束了"左"倾冒险主义在党中央的统治，在极端危急的历史关头，挽救了中国共产党，挽救了红军，挽救了中国革命。从此，中国共产党在以毛泽东为核心的党中央的领导下，克服重重困难，一步步地走向了胜利。

西安事变

西安事变发生于1936年12月12日，所以又称"双十二事变"。这是以张学良（1901—2001）为首的国民党东北军和以杨虎城为首的国民党第十七路军为了迫使国民党领袖蒋介石停止内战、联共抗日，而对其进行"兵谏"的重大事件。

"九一八"事变后，日本帝国主义肆意践踏我国东北领土，张学良义愤填膺，但蒋介石却不许他打回东北。张学良多次劝蒋抗日，但屡遭拒绝，于是他不得不含羞忍辱，背着"不抵抗"的罪名，遭到全国人民的唾骂。

1935年10月，中央红军到达陕北。不久，"一二·九"运动爆发，全国人民抗日救亡运动出现了新的高潮，蒋介石的"攘外必先安内"政策更加不得人心。此时，在西北地区承担围剿红军任务的东北军和西北军也更加厌恶内战，在全国人民抗日热情的推动和中国共产党抗日民族统一战线政策的影响下，东北军、西北军领导人张学良、杨虎城开始与共产党联系，初步形成了三方团结抗日的政治基础。

蒋介石对张、杨二人极不放心，遂于1936年12月4日飞往西安，向驻扎在西安的张、杨二人及所部施加压力：如不出动军队"剿共"，即将东北军、西北军分别调往福建、安徽。当西安一万多名学生举行要求抗日的示威游行时，蒋介石竟命令张学良以武力镇压。张学良、杨虎城经商议后，毅然决定以"兵谏"的方式劝蒋介石抗日。

1936年12月12日凌晨2点，西安城外一片寂静，五十名全副武装的士兵在营长孙铭九的带领下，分乘两辆军用卡车，奔驰在通往临潼的公路上。凌晨4点多，卡车准时抵达华清池外。此时，担负外围警戒任务的东北军也将华清池秘密包围了。卡车一路向院内开去。院门口的哨兵举手示意卡车接受检查。"冲过去！"孙铭九果断地下达命令，于是卡车直奔院内。哨兵立即鸣枪报警。蒋介石的亲信侍卫听到枪声后，便马上用手提机枪封锁了正面进入内院的通道。孙铭九眼见强攻不成，就急中生智，带人悄悄地摸到假山后的小路上，直接冲入了五间厅。

冲进五间厅后，孙铭九直奔蒋介石的卧室，但卧室内空无一人，而衣架上挂着蒋介石的衣服和帽子，桌上还放着他的公文包。孙铭九赶紧打电话给司令张学良。张学良听后，询问蒋介石的座车是否还在。士兵检查了车库，车库内的车一辆都不少。这就说明蒋介石不可能逃远，于是孙铭九带人继续搜寻。

天亮后，在骊山上的一块石头后，东北军找到了蒋介石。原来，已经就寝的蒋介石听到枪声后，急忙爬墙逃到院外，后又一路狼狈地往骊山爬，躲在一块石头后面，结果还是被东北军抓住了。

上午9点，汽车载着蒋介石驶向了西安。这就是震惊中外的西安事变。

扣押蒋介石后，张、杨两人接着通电全国，提出了"停止内战、联共抗日"等八项主张。

西安事变的突然爆发，在全国引起了强烈的反响。爱国人士"捧读文电，雀跃无比"，百姓也欣喜若狂，群情激昂。南京政府却指责张、杨"犯上作乱、不忠不孝"。何应钦欲取蒋而代之，所以，他不顾蒋介石的死活，力主讨伐。亲英美派的宋子文、宋美龄等人为营救蒋介石，便寻求和平解决事变的途径。在这紧要的历史关头，中国共产党提出了和平解决西安事变的正确方针，向困境中的张学良、杨虎城伸出了援助之手。

1936年12月17日，周恩来肩负着中共中央的使命来到了西安，之后与张学良彻夜长谈。周恩来表示，这次事变符合全国人民的意愿，是正义的，并且必将产生巨大的影响，但是，以武力扣留蒋介石，如果解决不好，会引起新的内战。张学良听后，心里一沉，急切地询问该怎么办。于是，周恩来仔细地分析了情况，西安事变的前景存在两种可能性：一种是使中国变好，一种是使中国变坏。如果能够说服蒋介石停止内战，枪口对外，一致抗日，中国就会免于被日寇吞并，这是应当尽力争取的好的前景。如果把他杀了，不仅不能停止内战，反而会引起更大规模的内战，不仅不能达到联合抗日的目的，反而会给日本帝国主义可乘之机。所以，中共主张和平解决西安事变，并同意张学良的意见，只要蒋介石答应"停止内战，

"一致抗日"的条件,就可以放他回南京。周恩来的一席话打动了张学良,两人很快拟定了一份致南京方面的公文,并研究了东北军、国民党第十七路军、红军三军联合抵抗"讨逆军"的军事措施。

第二天下午,周恩来会见了杨虎城,向他陈述了种种利害关系。但是杨虎城对于释放蒋介石疑虑重重。周恩来便耐心地开导他说,逼蒋抗日不是不可能的,特别是现在,他是抗日则生,不抗日则死。至于他将来是否会报复,不完全取决于他。只要促成抗日统一战线,他想报复也报复不成。杨虎城被周恩来以民族利益为重的气量与胆识折服了,接受了中国共产党和平解决西安事变的主张。

几天以后,宋子文、宋美龄飞抵西安。在张学良公馆西楼的会客室里,国民党与中国共产党举行了关于和平解决西安事变的谈判,具有重大意义。周恩来作为中国共产党的全权代表,与宋子文等人耐心斡旋,最后双方达成了六项协定。为巩固谈判成果,第二天晚上,周恩来又在张学良及宋子文、宋美龄的陪同下去会见了蒋介石。周恩来向蒋介石明确阐述了中国共产党和平解决西安事变的方针,并指出如果蒋介石能够改变"攘外必先安内"的政策,停止内战,一致抗日,不但他个人可以听蒋介石的话,就连红军都可以听蒋介石指挥。最后,蒋介石接受了六项协定。

12月25日下午,张学良亲自护送蒋介石到达机场,并一同返回了南京。结果,蒋介石一到南京就扣留了张学良。随即,蒋介石开始履行在西安的承诺。

西安事变的和平解决,是扭转时局的关键。它标志着十年内战的基本结束和国内和平局面的初步实现,并为国共两党的重新合作创造了契机。

第二次国共合作

西安事变获得和平解决之后,从1937年2月至7月,中国共产党派周恩来、叶剑英等多次同国民党代表就两党合作抗日的问题进行了谈判。7月7日,日本侵略军炮轰卢沟桥,发动了全面侵华战争。第二天,共产党发表抗日通电,号召全中国同胞团结起来,筑成抗日民族统一战线的坚固长城,抵抗日本的侵略,并再次提出国共两党亲密合作的问题。不久,共产党又将《国共合作宣言》送交国民党,表示愿意在团结抗日、实行民主政治的前提下,取消苏维埃政府,改编红军,从而为第二次国共合作的实现创造了重要条件。

根据国共两党的协议,在西北的红军主力改编为国民革命军第八路军,简称"八路军",由朱德任总指挥,彭德怀任副总指挥。后来,南方八省的红军游击队改编为国民革命军新编第四军,简称"新四军",由叶挺任军长,项英任副军长。

9月22日,国民党公布了共产党提交的《国共合作宣言》。23日,蒋介石发表了承认共产党合法地位的谈话。这样,国共两党实现了第二次合作,抗日民族统一战线正式建立了。从此,中国人民在以国共两党合作为基础的抗日民族统一战线的旗帜下,开始了全民族的抗战。

在抗日战争时期,国民党先后发动了三次反共高潮,但由于共产党坚持了独立、自主的原则,执行了"坚持抗日、团结、进步,反对投降、分裂、倒退"等正确方针,最终战胜了逆流,维护了同国民党的合作关系,并壮大了抗日力量。历史证明,第二次国共合作对于中国打败日本侵略者、取得抗日战争的最后胜利起了极大的推动作用。

抗日战争胜利后,蒋介石为了抢夺胜利果实,于1946年夏发动了全面内战,第二次国共合作彻底破裂,人民解放战争全面展开。

卢沟桥事变

1931年"九一八"事变,是中国人民抗日战争的起点。此后,日本帝国主义逐步向中国华北扩张其侵略势力,1933年侵占热河,1935年又策动汉奸成立伪冀东防共自治政府,蚕食了华北北部广大地区。当时,北平的丰台至山海关铁路沿线均有日本在华北的驻军,北平东面是日本羽翼下的伪冀东防共自治政府,北面和西北面,又有日本豢养的察北伪蒙军,北平几乎完全处于日伪军的包围之中。位于北平西南的卢沟桥便成为北平与内地交通联系的唯一门户。日军如果占领卢沟桥，就可以孤立平津。于是，日军就以卢沟桥为突破口，策划了全面侵华战争。

在卢沟桥东面约二百米处，有一座古老的城池——宛平城，是当时宛平县政府的所在地，守卫卢沟桥的中国军队也驻扎在城中。该部队属国民党二十九军三十七师一一〇旅。驻防宛平城并负责守卫卢沟桥的是二一九团三营。营长金振中曾参加过长城抗战，作战英勇，屡立战功。

一一〇旅旅长何基沣在1933年曾率官兵在长城喜峰口英勇抗击日军，是著名的长城抗战英雄。该部官兵在进驻卢沟桥地区后，深受当时抗日救亡运动的影响，抗日激情高昂。何基沣旅驻扎卢沟桥地区后，经常遭遇日本军队的骚扰挑衅，而他们始终据理力争，针锋相对，寸土不让。

1935年，日本帝国主义开始策划华北五省自治，企图将华北从中国分裂出去，见阴谋未能得逞，便大举增兵至华北北部，企图以武力攻占北平、天津，进而侵占整个华北。自1937年4月起，驻丰台地区的日军开始在卢沟桥附近频繁地举行挑衅性军事演习，以期挑起事端，为发动侵略战争制造借口。

1937年7月7日晚10时，日军在距北平十余千米的卢沟桥附近进行军事演习，向中国驻军挑衅。日军诡称有一名士兵失踪，要求进入桥边的宛平城搜查，遭到拒绝后，就开始向宛平城和卢沟桥开枪开炮。在日本侵略军的疯狂进攻下，中国守军忍无可忍，奋起反击，震惊中外的卢沟桥事变由此爆发。

日本侵略军兵分两路，一路直扑龙王庙，另一路从东面进攻宛平城。日军企图迅速攻占两地，进而占领卢沟桥。进攻龙王庙的日军排成了四路纵队，手持上了刺刀的步枪，杀气腾腾地直扑龙王庙。龙王庙的中国守军约有两个排，一排排长挺身而出，迎着日军的枪口走上前去，阻止他们前进。日军突然开枪，排长当即重伤倒地。中国士兵们早已对日军恨之入骨，日军的突然袭击更是激起了士兵们的极大愤怒，于是在另一位排长的指挥下，士兵们拿起武器，开始向敌人射击。不久，敌人冲上了阵地，士兵们与敌人展开了激烈的拼杀。但由于寡不敌众，大部分士兵壮烈牺牲。龙王庙最终落到了日军手中。

另一路日军，先以大炮猛烈轰击宛平城，随后在炮火掩护下，向宛平城发起了攻击。城上的中国守军以城垣为依托，待日军进入有效射程后，再以猛烈的火力在短时间内消灭敌人，从而一次次击退了日军的进攻。傍晚时分，日军再次向宛平城发起进攻。在猛烈的炮火轰击后,日军又以9辆坦克为先导,掩护步兵向中国守军发起猛攻。此时,宛平城内早已被炸成一片废墟,城内守军仅有一个连的兵力,但士兵们人人斗志昂扬,个个抱定誓与城共存亡的决心,仅依靠手中的手榴弹、步枪等简陋武器,与日军激战了3个多小时,终于击退了敌人的进攻。

入夜之后,二一九团团长吉星文为夺回白天被敌人占领的阵地,组织了大刀突击队,用绳梯悄悄坠出城墙,以庄稼地做掩护,沿永定河岸无声无息地逼近日军占领的铁路桥。午夜12时,大刀队突然冲向敌人阵地,士兵们齐声呐喊,举刀砍杀。日军遭此突袭,顿时张皇失措,东逃西窜。战斗一直持续到第二天凌晨,侵占铁路桥的日军几乎被全歼于桥上,铁路桥阵地再次回到了中国军队手中。

激烈的战斗时断时续,一直持续到7月10日。7月11日,中日双方在北平达成停战撤军协议,中国军队开始遵协议撤退。

日军方面一边以和谈为缓兵之计,一边将关东军两个旅团、驻朝鲜的一个师团、国内的三个师团派往华北,又将18个中队战斗机编为临时航空兵团,从国内派往山海关、锦州、大连。到7月下旬,日本驻派在平津一带的兵力已达10万人,日军已然完成了对平津的作战部署。7月25日,日军连续在北平西郊发动攻击。26日,日军强占廊坊,切断了北平与天津的联系,并企图派兵进入北平城,与中国守军进行战斗。当日,日军向国民党二十九军发出最后通牒,限二十九军三十七师于28日正午前退出北平附近。但未等中国方面答复,日军便于28日早晨对北平发动了总攻。二十九军奋起反击,在南苑等地与日军激战,副军长佟麟阁和一三二师师长赵登禹在激战中殉国。

为配合二十九军保卫北平,卢沟桥守军在何基沣、吉星文等将领的率领下,主动向驻守在丰台车站的日军出击。他们设计将日军引出车站阵地,然后集中优势兵力加以包围歼灭,并夺回了丰台车站。然而局部的胜利已无法扭转整个战局。29日,北平沦陷。北平失守后,坚守卢沟桥已毫无意义。30日深夜,卢沟桥的保卫者眼含热泪,离开了浴血奋战20多天的卢沟桥,怀着满腔的悲愤,与二十九军余部一同撤出了北平地区。

卢沟桥事变的第二天,中共中央向全国发布通电,揭露了日本帝国主义妄图用武力侵占平津进而侵占华北的阴谋,指出中华民族已到危急关头,疾呼全国同胞实行全民族抗战,号召全国人民武装保卫平津,保卫华北,不让日本帝国主义占领中国寸土。国民党爱国将领及地方人士也纷纷发表通电，主张坚决抗战。许多民众团体及文化界人士也积极支援前方抗战部队。7月17日，国民党军事委员会主席蒋介石发表"庐山谈话"："……地无分南北，人无分老幼，无论何人，皆有守土抗战之责……"表明了南京政府的抗战立场。

卢沟桥事变，标志着中国全民族抗战的开始。

南京大屠杀

震惊世界的南京大屠杀，是日本侵略者在中国犯下的滔天罪行之一，是日军在1937年12月13日侵占中国国民政府所在地南京后进行的。

日军一开进南京城，就进行了灭绝人性的烧杀抢掠"大竞赛"。他们用机枪、步枪疯狂地向居民射击。在城南一带，有的街巷堆有一人多高的尸山，所有的防空洞都填满了尸体。在燕子矶，日军把大批中国军民驱赶到江滩上，然后再用机枪扫射。仅这一处就先后有5万多人被杀害，江滩上尸体成堆，连江水也被血染红。而在日军对南京居民和中国军人所进行的几次大规模的集体屠杀中，以下关草鞋峡的屠杀规模最大。12月18日，日军先用铅丝把中国男女老幼5万多人捆住，然后驱赶到草鞋峡，用机枪密集扫射，凡中弹未死的，再用刺刀刺死。事后，日军又在尸骸上浇上煤油，将尸骸焚化。一些日军官兵还举行了"杀人竞赛"，以此取乐，日军大本营竟认为这是"耀扬国威"的"光荣"举动。

据战后远东国际军事法庭调查，日军在6个星期的南京大屠杀中，共杀害中国军民30多万人。在日军的铁蹄下，南京变成了人间地狱。南京大屠杀充分显露了日本帝国主义的凶残本性，在人类文明史上留下了最野蛮的一页。

血战台儿庄

台儿庄会战又叫台儿庄大捷,是中国军队在抗日战争中为保卫徐州进行的一次重要战役。

1938年春,日本侵略军为了沟通南北战场,打通津浦铁路,兵分两路,企图合围徐州。

而中国军队已经做好了应战的准备。指挥作战的是第五战区司令长官李宗仁(1891—1969)。李宗仁骁勇善战,在将士中有一定的威信。他知道敌军攻打徐州,必然要经过台儿庄。台儿庄在距徐州东北30千米的大运河北岸,在临城(今山东枣庄市薛城区)至赵墩的铁路支线上,战略地位十分重要。于是,李宗仁命令孙连仲的第二集团军在台儿庄迎战,同时命令汤恩伯军团从侧面攻击日军,然后由两路大军共同把日军压到台儿庄附近的微山湖予以歼灭。

3月,日本精锐部队矶谷师团由山东南侵,在飞机、坦克、大炮的火力掩护下,直扑徐州的门户台儿庄。

台儿庄一带守军配备有威力强大的防御炮,炮兵营长下令对着敌军当中的坦克开炮。中间的4辆坦克被击中,中了弹的坦克顿时原地不动了,领头的坦克也不知如何是好,只在原地打转。而后面的坦克见情况不妙,掉头就跑。靠坦克掩护的步兵也只得纷纷后退。

守军乘胜攻击,一下子歼灭了600多敌人,剩下的敌人逃窜到小北洛,据险固守。其实这时日军并不知道守军的战略部署,因此并没有集中兵力来攻台儿庄。按原计划,汤恩伯军团这时应该抓住时机从侧面攻击日军主力,但是他们与日军打了三四天,非但没有完成原定计划,反而暴露了攻击的意图。于是,日军大举向台儿庄发动进攻。24日,矶谷师团开始猛轰台儿庄。台儿庄的城墙用砖石砌成,非常坚固,但是在日军炮火的猛烈轰击下,还是有多处都倒塌了。

日寇在炮轰之后,又以坦克为先导掩护步兵向前猛冲。

守卫台儿庄的战士英勇地与敌军奋战,致使敌军部队久攻不下。日军矶谷师团团长不禁恼羞成怒,于3月29日亲临台儿庄西范口附近督战。30日,日军疯狂发动攻击,当晚就占据了城内东半部。但是,城内守军并没有被敌人的嚣张气焰所吓倒,而是在大街小巷与敌人白刃拼搏,至死不退。他们组织了一支又一支突击队,机动有效地打击敌人。城外守军同时发起反击,截击了日军炮兵部队,在城周围与敌人展开了激烈厮杀,以减轻城内守军的压力。

李宗仁非常清楚台儿庄的战况,他心急如焚,急忙命令汤恩伯军团迅速南下,以形成南北夹击之势,缓解台儿庄的紧张局面。汤恩伯却逡巡不前,消极避战。于是,台儿庄的战况越来越激烈,形势越来越严峻。

到4月1日,台儿庄守军第三十一师的4个团已经伤亡过半,第三十师调入城内的2个团伤亡也很严重。台儿庄城西北门、北门、东门、东南门均已陷入敌手,全城有一半的地方被敌军占领了。然而,守军并未败退,而是据守南关一隅,拼死坚守,城内各守备队利用断垣残壁,筑起了一道道阵地工事,挨街逐巷与敌人周旋搏斗。他们还组织起了一支200多人的奋勇队,偷袭敌人据点,不断打击敌人。

守卫的战士虽然英勇奋战,但伤亡实在太大,实力也越来越弱。4月4日深夜,孙连仲向李宗仁报告说:"第二集团军已经伤亡惨重,敌人火力太强,攻势过猛,但是我们把敌人也消耗得差不多了,请长官答应让我们暂时撤退到运河南岸,好让第二集团军留点儿种子,也是长官的大恩大德!"李宗仁没有作声。他深知前线的艰苦,但是他又考虑到:汤恩伯的军团第二天中午就可到达台儿庄北部,此时撤出战斗,岂不前功尽弃?想到这里,他狠了狠心,斩钉截铁地说:"敌我在台儿庄已血战一周,胜负之数决定于最后五分钟。援军明日中午可到,我本人也将于明晨来台儿庄督战。你务必守到明天拂晓。这是我的命令,如违背命令,当军法处置!"在电话中,他还要求孙连仲组织夜袭,以打破敌军明日拂晓攻击的计划。孙连仲听到此言,知军命不可违,便立即部署战斗。他对池峰城师长命令说:"士兵打完了你就自己上前填进去。你填过了,我就填进去。有敢退过运河者,杀无赦!"

池师长奉命,号召部下发扬连续作战精神,拼死抵抗顽敌的进攻。

午夜,孙连仲组织起先锋敢死队数百人,分组向敌人发起突袭。本来,孙连仲的预备队已全部用完,部队伤亡过大,但是经过战前动员,轻伤员们自动组织起来,组成了一支锐不可当的敢死队。队员们乘着夜色,冲入敌阵,奋勇异常。日军仓促应战，乱作一团。血战数日后，为敌所占领的台儿庄市街，被一举夺回了四分之三，敌人丢盔弃甲，死伤无数。

4月5日拂晓，汤恩伯军团终于到达台儿庄北，对敌矶谷师团形成了反包围。4月6日，我军全线出击，杀声震天。敌军血战十多天后，筋疲力尽，弹尽粮绝，机动车辆多数被击毁，其余也因缺乏汽油而动不了窝。他们狼狈地突围逃窜，溃不成军。而我军乘胜追击，敌方部队除濑谷支队数千人逃掉之外，其余全部被歼灭。

台儿庄战役前后历时近一个月，日军恃其兵器优越，炮火猛烈，不断发动进攻。而中国守军在李宗仁的正确指挥下，浴血奋战，仅依靠步枪、手榴弹、机关枪和少量重武器，以伤亡近两万人的代价，击溃了日军精锐部队的疯狂进攻，歼敌一万多人，缴获了大量的战利品，获得了最终的胜利。

台儿庄大捷，是国民党正面战场自抗战以来取得的最大的一次胜利。这次胜利又一次打破了日军不可战胜的神话，一扫抗战以来失城失地的局面，极大地振奋了中华人民的抗战精神。

百团大战

百团大战是抗日战争中八路军投入兵力最多、组织规模最大的一次战役。从1940年8月20日到1941年1月24日，八路军在彭德怀（1898—1974）的指挥下，先后组织了105个团，在华北2500多千米的战线上，向日本侵略军及伪军发起了大规模的进攻和反"扫荡"，史称"百团大战"。

这次战役共经历了三个阶段。第一阶段到9月10日结束，主要是进行交通破袭战，中心任务是破坏交通线。第二阶段到10月上旬结束，重点进攻交通线两侧的敌人，并摧毁深入根据地的日伪军据点。第三阶段到1941年1月24日结束，中心任务是进行反"扫荡"。

1940年8月20日，八路军各参战部队冒雨隐蔽在正太路两侧。晚上8时，战斗全面打响。正太路沿线各处突然响起了密集的枪声，刹那间，一颗颗红色信号弹腾空而起,划破了夜空,各路突击部队简直像猛虎下山,扑向了敌人的车站和据点,雷鸣般的爆炸声一处接着一处,响彻正太路全线。

日军事先毫无准备,只得仓促应战,结果被打得落花流水。在东团堡歼灭战中,日军突围无望,中佐井田仰天长叹,命令残存的士兵投火自焚。

捷报不断传来。在正太路战役中,八路军战士一夜之间几乎把榆次到石家庄的所有敌军据点,包括桥梁、隧道、车站等都摧毁了,还破坏了井陉煤矿。冀南军民冲破敌人的严密封锁,把该区的公路全部破坏了。有的地区铁路桥梁被炸毁,铁轨也被运走了。敌人的交通陷入瘫痪。

日军在受到沉重的打击后,急忙从各地调来了3万多人,对根据地进行报复性的"扫荡"。因此,从10月上旬开始,八路军转入了反"扫荡"斗争。到1941年1月24日,敌人的"扫荡"被粉碎,百团大战告一段落。这样,经过5个多月的战斗,百团大战取得了重大胜利。

在百团大战过程中,华北各根据地的人民群众给了八路军有力的支援。他们不但配合部队破路、平沟、拆墙,并且帮助部队运送弹药、救助伤员。有些地方的群众还作为主力破坏了大量铁路和公路。在支援八路军作战的过程中,也涌现出了许多可歌可泣的英雄人物。如和顺县寺沟村的一位老大娘,在日军逼近该村的危急时刻,一连把7名伤员背进山沟,把他们隐蔽了起来。广大人民群众的大力支援是百团大战取得胜利的重要因素。

百团大战期间,八路军及民兵总计作战2000多次,歼敌5万多人,破坏铁路400多千米,公路1500余千米。这次大战中,尽管八路军也付出了巨大代价,但这次大战是八路军在抗日战争中歼敌和缴获战利品最多的一次战役。百团大战的胜利,提高了中国共产党领导下的抗日武装的军威,使八路军"游而不击"的谎言不攻自破,表明了中国共产党领导的人民军队已经成为敌后抗战的主力,敌后战场也已成为抗日的重要战场。

百团大战的胜利,增强了全国人民必胜的信心。捷报传来,举国上下一片欢腾。百团大战的胜利还打乱了日本急于结束中日战争,以便抽出深陷于中国战场的日军主力来北攻苏联、南攻英美的战略计划,推迟了日本南进的步伐,给英、美及东南亚各国等带来了战略上的重要支援,因而在国际上引起了很大反响。

抗日战争

1931年"九一八"事变，是中国人民抗日战争的起点。1937年卢沟桥事变，则标志着中国全民族抗战的开始。直到1945年8月日本战败投降为止，中国人民进行了长达14年的艰苦卓绝的抗日战争。中国的抗日战场也是第二次世界大战东方反法西斯的主要战场。

1937年7月到1938年10月，是抗日战争的战略防御阶段。国民党军队在正面战场上抗击日军，丢失了华北、华中的大片领土，国民政府遂迁都重庆。中国共产党则指挥八路军、新四军深入敌后，开展了广泛的游击战争，开辟了敌后战场。

1938年10月，武汉、广州沦陷后，抗日战争进入了战略相持阶段。在日本政府的诱降下，国民政府内亲日派头子汪精卫公开向日本侵略者投降。1940年3月，他在南京成立了伪国民政府，纠集一小撮民族败类，公开当了汉奸。同时，国民党的反共倾向也日渐明显。而后日本侵略军集中大部分兵力和几乎全部伪军，对中国共产党领导的敌后抗日根据地进行了残酷的"大扫荡"。敌后战场逐渐成为抗日的主要战场。

从1944年1月到1945年8月，是抗日战争的战略反攻阶段。这一时期，敌后战场开始了局部反攻。1945年8月，美国军队在太平洋战场上对日作战节节胜利，开始逼近日本本土。6日和9日，美国先后在日本的广岛和长崎各投掷了一枚原子弹。同时，苏联也对日宣战，出兵中国东北抗击日军。8月15日，日本政府被迫宣布无条件投降。9月2日，日本代表在投降书上签字，抗日战争宣告结束。

14年抗战，中国抗日军民共消灭日军150余万人，消灭伪军118万人，最终取得了战争的胜利。但是，中国人民也作出了巨大的牺牲。据不完全统计，中国军民伤亡达3500万人。

国共重庆谈判

抗日战争一结束,蒋介石就想发动内战,消灭中国共产党及其领导下的人民武装力量,建立国民党一党专政的独裁统治。但是,遭受多年战乱的中国各阶层人民、各民主党派,要求和平、民主的愿望十分强烈。

蒋介石为避免遭到全国人民的强烈反对和国内外舆论的谴责,企图把发动内战的责任推卸到中国共产党身上。但由于蒋介石的军队主力还远在西南、西北大后方,有的嫡系部队还远在缅甸、印度等国,要把全部军队调到内战的前线,尚需一段时间。所以,蒋介石在加紧准备内战的同时,又摆出了"和平协商"的姿态,连续三次电请毛泽东到重庆进行和平谈判。

蒋介石一面邀请毛泽东赴重庆参加和平谈判,一面又不顾共产党所提出的制止内战的各项主张,在美国的帮助下,迅速将大量兵力调往华北、华东、东北地区,以受降为名,抢占国内的大城市和交通要道,对解放区进行分割包围,伺机发动内战。

国民党还发动宣传攻势,诋毁共产党的和平诚意,制造毛泽东不肯去重庆谈判的舆论,企图把舆论的矛头指向共产党。

1945年8月27日,美国驻华大使赫尔利和国民党政府军事委员会政治部部长张治中由重庆飞抵延安,专程迎接毛泽东等人赴重庆谈判。

1945年8月28日下午1点30分开始,九龙坡机场就热闹了起来。下午3点30分,两架飞机缓缓地接近地面,在低空盘旋了两周后平稳降落。在一片热烈的掌声中,赫尔利大使陪同毛泽东走下飞机,接着走出来的是张治中将军和周恩来、王若飞等人。

毛泽东亲临重庆进行和谈,出乎蒋介石的意料,震惊了全国,也震惊了世界。

重庆谈判从8月29日开始,到10月10日结束。毛泽东与蒋介石就国共两党关系重大问题进行了多次直接会谈,具体问题则由中国共产党方面的代表周恩来、王若飞与国民党方面的代表王世杰、张群、张治中、邵力子等人进行谈判。

9月3日,本着和平、民主、团结的原则,从国内时局的实际情况出发,中共代表周恩来、王若飞将需要谈判的各种问题总结成了一个完整的方案,即《谈话要点》,提出了十一条建议,并将其交付国民党政府代表。

同日,毛泽东与蒋介石二人也单独进行了会谈,就军队、解放区、政治、国民大会等重要问题交换了意见。

毛泽东和周恩来除了同国民党进行针锋相对的谈判之外,还抽出时间同各界人士进行了广泛接触和会晤,多方阐明了中国共产党的政治主张,以求团结一切可以团结的力量。

毛泽东和周恩来还曾几次拜会宋庆龄,对她忠实信守孙中山先生"联俄、联共、扶助农工"的三大政策,反对蒋介石的独裁统治,坚持与中国共产党长期合作的革命精神,表示了由衷的敬意。

此外,毛泽东与周恩来还多次与中国民主同盟领导人张澜、沈钧儒等进行会谈,听取他们的建议与意见,得到了民盟的支持与帮助。

为了争取国民党人士对中国共产党方针、政策的理解,最大限度地减少谈判的阻力,毛泽东与周恩来还同国民党的党政军要人进行了互访、宴请与会晤,分别向他们介绍了中国共产党对时局的看法及和平建国的主张,提醒国民党人认清形势,顺应时代潮流,以人民利益为重,接受历史的教训,勿再重蹈过去十年内战的覆辙。

国民党内一些顽固分子,也不得不惺惺作态,表示愿为两党谈判的成功"尽心效力"。

重庆谈判,是国共两党的一场尖锐的政治斗争,是抗战胜利后国共两党在中国前途这个大问题上的政治较量。共产党为了使谈判顺利进行,避免内战爆发,一再提出积极建议,在许多方面作出了重大让步,得到了社会各界和广大人民群众的热烈支持。

毛泽东率中共代表团,在风紧云沉的时局下,同蒋介石进行了40多天的艰苦谈判。

10月10日下午,在张治中家的客厅里,中共代表周恩来、王若飞与国民政府代表王世杰、张群、张治中、邵力子共同签署了《政府与中共代表会谈纪要》,即《双十协定》。

《双十协定》于10月12日公开发表。这个协定的内容共十二条,对全国人民关注的几个重要问题都有所涉及,但并没有解决实质性的问题。在这个协定中,国民党被迫承认了中国共产党提出的和平建国方针,包括停止内战,实施宪政,实现政治民主化等。

中央军委为调整华中地区的战略部署,迅速实行国共重庆谈判中中国共产党所允诺的让步,促进和谈成功,便命令新四军江南部队撤至长江以北。而在重庆谈判期间,刘、邓指挥的晋冀鲁豫军区部队也取得了上党战役的胜利,加大了共产党和谈的筹码。

10月11日,毛泽东、王若飞在张治中的陪同下由重庆飞返延安,出发前在机场受到了两万多名党政军民的盛大欢送。毛泽东在机场作了简短讲话,表示这次谈判取得了初步成果,说明存在的困难是可以克服的,中国的前途是无限光明的。

次日,王若飞返回重庆,与留驻重庆的周恩来就尚未解决的问题继续同国民党进行会谈。

毛泽东从重庆回到延安后,于10月17日在延安干部会上作了《关于重庆谈判》的报告,向全党汇报了谈判的情况,总结了谈判的意义。毛泽东也对共产党取得上党战役的胜利给予了高度评价,他还指出,中共的方针也是老早就定下的,就是"针锋相对,寸土必争"。

全面内战的爆发

1946年1月10日,政治协商会议在重庆召开,参加这次会议的有中国国民党、中国共产党、中国民主同盟、中国青年党和社会贤达五个方面的代表。

会上通过了政协决议,反对国民党一党专政。但是,国民党当局在完成战争准备后,立刻翻脸,撕毁了停战协定和政协协议,悍然向解放区发动了全面进攻。

国民党军队30万人围攻鄂豫边境的中原解放区便是全面进攻的开始。接着,国民党军队又大举进攻华东、晋冀鲁豫、晋绥、东北及海南岛等解放区。全面内战由此爆发。

而国民党政府过高估计了自己的力量,觉得发动的这场战争可以速战速决。

国民党军队的主要战略企图是:沿主要铁路干线,由南向北进攻,夺取并控制解放区城市和交通线,歼灭人民军队主力,或将它压迫到黄河以北,而后聚歼于华北地区。

对人民革命力量来说,战争初期的形势确实相当严峻。在军事力量和经济力量上,国民党显然占着优势。

当时,人民军队的总兵力为一百多万人,装备基本上是缴自日军、伪军的步兵武器,仅有少量火炮;解放区的人口仅一亿三千六百万,面积约二百三十万平方千米,同时,内部的封建势力尚未肃清,后方还不很稳固;并且解放区是被国民党军分割包围的,在物质上得不到任何支援。

在敌我力量如此悬殊的情况下,敢不敢以革命战争来反对反革命战争,这是中国共产党必须首先回答的问题。

国民党敢于发动全面内战,很重要的因素是依恃美国政府的支持,而当时的美国看起来似乎是不可战胜的,因为它不仅拥有强大的经济实力,而且垄断着原子弹的生产。

在战争初期,一些中间派被国民党的表面强大所迷惑,产生了悲观情绪和畏惧心理,有的人甚至主张解放区军民在国民党的进攻面前采取妥协退让的政策。

在国际上,当时的美国正在加紧进行"冷战"。"美苏必战""第三次世界大战即将爆发"的声浪一时甚嚣尘上。苏联领导人对形势做了悲观的估计。他们认为,中国如果打内战,美苏很有可能卷入,中国将成为世界大战的战场,中华民族会有毁灭的危险。据此,他们主张中共应加入蒋介石的政府,并解散自己的军队。

面对这种严峻的形势,中国共产党始终保持着清醒的头脑并坚定自己的立场。全面内战爆发后,中国共产党所领导的人民军队被迫进行自卫作战,并且认定:蒋介石的进攻不但必须被打败,而且是能够被打败的。

中国的内战会不会引发世界战争?为了回答这个问题,毛泽东在1946年4月写了《关于目前国际形势的几点估计》一文。他指出,世界战争的危险是存在的,但是世界人民的民主力量正在向前发展,必须也必能克服战争危险。美英法和苏联之间，或早或迟要达成妥协。这种妥协，并不要求资本主义世界各国人民随之实行国内的妥协，各国人民仍将按照不同情况进行不同斗争。

同年8月，全面内战爆发后不久，毛泽东在同美国记者斯特朗的谈话中提出了"一切反动派都是纸老虎"的著名论断。他明确指出，反动派的样子看起来是可怕的，但是实际上并没有什么了不起的力量。要从长远的观点看问题，真正强大的力量不属于反动派，而属于人民。

毛泽东的这些论述，使全党、全军和人民都极大地增强了打败国民党的信心和决心。

人民军队在数量上和武器装备上都处于劣势。要打赢这样的大仗，要战胜蒋介石，就只有依靠人民，进行人民战争。人民军队是克敌制胜的关键。

为此，在农村，要坚定地解决土地问题，依靠贫农、雇农，团结中农，并区别对待一般富农、中小地主和汉奸、豪绅、恶霸，进一步巩固各解放区，使战争获得源源不断的人力和物力支持；在城市中，则要依靠工人阶级、小资产阶级和一切进步分子，并注意团结中间分子，孤立反动派；在国民党军队中，要争取一切可能反对内战的人，孤立好战分子。总之，必须在党的领导下，放手发动群众，团结一切可能团结的力量，建立最广泛的人民民主统一战线。

在军事方面，中共中央强调必须实行"集中优势兵力，各个歼灭敌人"的作战原则，将抗日时期以分散兵力打游击为主的作战方法改为以集中兵力打运动战为主的作战方法。实行积极防御的方针，以歼灭敌人有生力量为主要目标，而不以保守或夺取城市和地方为主要目标。

从1946年6月至1947年6月，人民军队处于战略防御阶段。战争主要在解放区进行，而在党的正确方针的指导下，解放区军民齐心协力，粉碎了国民党的全面进攻。

从1947年3月开始，国民党军队在全面进攻受挫的情况下，对解放区进行了重点进攻，在晋冀鲁豫、晋察冀、东北等战场上转取守势，抽调兵力，企图首先消灭陕北、山东两个解放区的人民军队，再将主力转用于其他战场。人民军队继续执行积极防御的作战方针。

在山东，华东野战军在陈毅、粟裕等的指挥下，于2月下旬采取突然行动，在莱芜地区全歼南犯的国民党第二绥靖区副司令长官李仙洲部五万六千余人，压下了敌军的气焰,这十分有利于华东野战军全力向南。

3月初,国民党陆军总司令顾祝同指挥六十个旅约45万人,采取密集平推、稳步前进的战法,向山东战场发起了新的进攻。

华东野战军根据中央军委指示,诱敌深入,持重待机,控制主力于机动位置。5月中旬,他们终于抓住战机,在孟良崮战役中全歼美械装备的国民党精锐主力整编第七十四师三万二千余人。由此,国民党军队对山东解放区的重点进攻基本上被粉碎。

在陕北,国民党军队又投入胡宗南等部25万人的兵力,向中共中央和人民解放军总部所在地延安发动了突然袭击。

陕北的人民军队有两万多人,兵力只有敌军的十分之一,处于绝对劣势。最终,他们在延安以南顽强地进行了6个昼夜的阻击战,掩护中共中央机关和人民群众安全转移,然后于3月19日主动撤出了延安,开始了艰苦的陕北转战。

陕北群众基础好,地形险要,回旋余地大,西北野战兵团在彭德怀的指挥下,遵照中央方针,采取"蘑菇"战术(以小部队与敌方周旋,拖到敌人精疲力尽,然后集中兵力歼灭敌人)与敌周旋,不断给进犯之敌以有力打击。

在撤离延安后45天内,西北野战兵团在青化砭、羊马河、蟠龙镇三战三捷,歼灭胡宗南部1万余人,而后转战西北方向,并在沙家店战役中全歼胡宗南部整编第三十六师。到了8月,国民党军队对陕北的重点进攻也被粉碎。

从1946年6月起至1947年6月止,人民军队平均每月歼敌8个旅,共歼敌112万人,自己的总兵力发展到了190多万人。人民军队结束战略防御阶段,以新的态势跨入了人民解放战争的第二个年头。

千里跃进大别山

1947年是解放战争的关键一年。国民党军队倚仗装备精良,兵力较多,向山东和陕北解放区发动重点进攻,并占领了延安。

此时有人断言：蒋介石已经稳操胜券，共产党则像过早凋谢的黄花，开始枯萎了。连莫斯科方面也认为撤离延安的决定是错误的。

然而，蒋介石低估了毛泽东。在当时的形势下，毛泽东不动声色地下了一着险棋：从蒋介石伸来的虎口般的"钳铰"中央突破，三路大军挺进中原，同时将主要进攻方向指向敌人战场上最敏感而且最薄弱的地区——大别山。占据大别山，可以东慑南京，西逼武汉，南扼长沙，瞰制中原。

毛泽东提出，进军大别山应采取跃进的方式，下决心不要后方，长驱直入，一举插进敌人的战略纵深处，先占领广大乡村，建立革命根据地，以乡村包围城市，然后再夺取城市。毛泽东将这个战略任务交给了刘邓大军。

千里跃进大别山，说起来容易，可是让一支大军孤军深入，进入国民党统治区，没有后方，没有补给，的确是很危险的一着棋。

刘邓当时面临的困难是绝对难以想象的。前面有强大的敌人在堵，有黄泛区（黄河泛滥区域）等障碍；后有敌军在追，天上飞机轰炸，弹药也供给不上。

刘邓大军被迫放弃了所有重武器和辎重，以"走到大别山就是胜利""狭路相逢勇者胜"的气魄，坚决贯彻了党中央的战略意图，克服重重困难挺进大别山。

邓小平说，他们好似一根扁担，挑着陕北和山东两个战场。他们要责无旁贷地打出去，把陕北和山东的敌人拖出来。而他们打出去时挑的担子愈重，对全局就愈有利。

1947年8月7日，刘伯承、邓小平发出命令：勇往直前，不要后方，不向后看，千里跃进大别山。这是一次面临诸多险阻的进军，是一次靠意志和勇敢才能取胜的进军！

刘邓大军创造了奇迹。经过20多天的艰苦跋涉和激烈战斗，刘邓大军以锐不可当之势冲破了数十万敌人的围追堵截，先后越过陇海路、黄泛区、沙河、涡河、汝河、淮河等一道又一道障碍，于8月27日胜利到达大别山区。随后，陈（毅）粟（裕）大军挺进豫皖苏，陈（赓）谢（富治）大军挺进豫西，三军构成品字形，协同作战，共同创建了新的中原解放区。

战争的车轮就在这里扭转，人民解放军的反攻开始了！

辽沈战役

辽沈战役是中国人民解放军东北野战军在辽宁西部和沈阳、长春地区对国民党军进行的一次大规模的战役。

中共中央对战争的形势做了科学的分析,决战的方向首先指向了东北战场。东北战场解放军主力有70万人,国民党军卫立煌集团共有55万人(其中正规军48万人),而国民党军分别收缩在长春、沈阳和锦州三个孤立的地区。

中共中央和毛泽东从全国战局出发,为辽沈战役制定了主力部队南下北宁线(今京沈铁路),攻克锦州,把国民党军封闭在东北,"关门打狗"的战略方针。

1948年9月12日,东北野战军先头部队到达北宁线,会同南线部队,开始包围绥中、兴城、义县,辽沈战役正式打响。

10月1日,解放军全歼义县、兴城、绥中之敌,主力部队包围锦州。蒋介石急忙从华北、山东海运来7个师,加上在锦西、葫芦岛的4个师,组成了东进兵团,10月10日,开始攻打解放军的塔山阵地。

而解放军阻击部队经过6个昼夜的浴血奋战,胜利完成了塔山阻击战的任务。蒋介石又急令驻沈阳的廖耀湘第九兵团十一个师及三个旅的兵力,组成西进兵团,驰援锦州,结果被解放军阻击于黑山、大虎山地区,不得前进。

14日,东北野战军对锦州发起总攻,激战31个小时,全歼守敌,俘东北"剿总"副司令范汉杰、第六兵团司令卢浚泉及其手下10万余人。

17日,被围困在长春的国民党六十军的两万多人在军长曾泽生的率领下起义。

19日,东北"剿总"副司令郑洞国(1903—1991)率领部下投诚,长春宣告解放,辽沈战役第一阶段结束。东北野战军攻克锦州后,回师北上,于10月26日在黑山、大虎山等地包围了廖耀湘兵团,激战了两天一夜,最终歼灭国民党军10万余人,俘虏兵团司令廖耀湘,军长李涛、向凤武、郑庭笈等。由此,辽沈战役第二阶段结束。而后东北野战军乘胜前进,于11月2日解放沈阳,第八兵团司令周福成被迫投降,国民党军13万人被歼;同日解放营口,营口五十二军残敌1万余人入海逃跑。辽沈战役第三阶段胜利结束。

辽沈战役前后历时52天,歼敌47万余人,最终解放了东北全境,并取得了大规模歼敌的经验,获得了具有一定工农业基础的大后方,为解放华北乃至全中国准备了条件。辽沈战役的胜利,使人民解放军的发展进入了一个新的时期。

为了适应战略决战的形势,1948年11月1日,中共中央军委根据"九月会议"的决定,将野战部队改为了野战军。各野战军各所在地区分为西北、中原、华东、东北、华北野战军。

随后,西北、中原、华东、东北野战军,又分别改为了第一、第二、第三、第四野战军,华北野战军则直属总部。

淮海战役

淮海战役是中国人民解放军中原野战军和华东野战军等部在以徐州为中心的广大淮海地区对国民党军进行的一次大规模的战役。

英勇的解放军为了消灭国民党南线主力军,制造进军江南的条件,继辽沈战役之后,立即进行了淮海战役。战役前,集结在淮海地区的国民党军队有徐州"剿总"司令官刘峙、副司令杜聿明等指挥下的4个兵团和3个绥靖区部队,加上后来由华中调来增援的一个兵团,共80万人。中共中央决定由邓小平、刘伯承、陈毅、粟裕、谭震林组成总前委,邓小平为书记,统筹和领导淮海战役。淮海战役是在以徐州为中心,东起海州,西至商丘,北起临城,南达淮河的广大地区展开的,是遵照中共中央和毛泽东的指示,在广大人民群众的支援下,于1948年11月6日发起的一次具有决定性意义的战役。

淮海战役分三个阶段进行。

第一阶段,从11月6日至22日,人民解放军在徐州以东碾庄圩地区围歼黄百韬兵团。战役开始,华东野战军在中原野战军的配合下,兵分三路南下,对黄百韬兵团采取战略包抄。8日,国民党第三绥靖区副司令何基沣、张克侠率领两个军部、三个半师共两万余人,在台儿庄、贾汪地区起义。徐州北大门洞开,解放军乘机插入,切断了黄百韬兵团的退路,黄百韬兵团的一个师在曹八集被歼,第六十三军在窑湾被歼,兵团司令部和四个军则被包围在方圆不到10千米的碾庄地区。12日,解放军发起总攻,22日,全歼黄百韬兵团10万人,黄百韬本人自杀毙命。至此,第一阶段共歼敌17万人,并切断了敌人海上的逃路,形成了包围徐州、兵临江淮之势。

淮海战役第二阶段,从11月23日至12月15日,主要目标是歼灭比较突出的孤立的黄维兵团。中原野战军主力在华东野战军的配合下,于11月25日将黄维兵团包围在了宿县以南的双堆集地区。杜聿明率邱清泉、李弥、孙元良等弃守徐州,支援黄维,12月4日,被包围在了徐州西南陈官庄。12月6日至15日,中原野战军及华东野战军一部发动对黄维兵团的总攻击,全歼该兵团十几万人,并生俘黄维。杜聿明部则由此陷入了彻底孤立的境地。

淮海战役第三阶段,1949年1月6日,人民解放军向在青龙集、陈官庄被围的国民党军发起总攻,至10日上午10时,全歼邱清泉、李弥两个兵团25万人,生俘杜聿明,击毙邱清泉,而李弥只身逃走。

淮海战役历时66天,共歼敌55万余人,基本解放了长江以北的华东、中原地区,为渡江作战、直捣国民党的统治中心南京、解放上海创造了有利条件。

平津战役

平津战役是中国人民解放军东北野战军和华北野战军在北平、天津、张家口地区对国民党军进行的一次大规模的战役。

1948年11月初,辽沈战役结束,全国的军事形势发生了根本变化。人民解放军在东北战场上歼灭国民党军卫立煌集团47万余人,解放了东北全境;又在华东、中原战场上发起了围歼国民党军刘峙集团的淮海战役；在西北战场上将国民党军胡宗南集团主力压缩于关中地区；在华北战场上又围攻了国民党军阎锡山所部。而孤悬在北平、天津、张家口、唐山等地的国民党华北"剿匪总司令部"总司令傅作义集团正面临着东北、华北解放军的联合打击，在战略上处于极为不利的境地。

在这种形势下，蒋介石于11月初电召傅作义到南京商谈，将华北党政大权、统筹经济权力及直接接受山东青岛的美国西太平洋舰队援助的权力授予傅作义。傅作义认为华北解放军只有待东北解放军入关后，才能联合发动较大攻势，但东北解放军需经三个月至半年的休整，因此，控制平、津地区，既可利用美国的援助和华北地区的人力、物力扩充军队，又可将华北、东北解放军钳制在华北，对整个战局亦属有利，遂拟定了固守平、津，以观时局变化的方针。

傅作义依据上述方针，于11月中下旬先后撤了承德、保定、山海关、秦皇岛等地的守军，除归绥（今呼和浩特）、大同外，将其12个军42个师（旅）及地方部队共60余万人部署在东起滦县、西至柴沟堡的长达500千米的铁路沿线上。

这一部署的特点是：蒋系的3个兵团8个军25个师（旅）防守北平及北平以东之廊坊、天津、塘沽、唐山等地；傅系的1个兵团4个军17个师（旅）防守北平及北平以西的怀来、张北、张家口、柴沟堡等地。这个部署反映出蒋、傅虽定下了固守平、津的方针，但又有随时南撤或西逃的企图。

辽沈战役后，人民解放军东北野战军12个步兵纵队、1个炮兵纵队和1个铁道纵队共84万人，除第四、第十一纵队等部组成先遣兵团于1948年10月底向遵化、蓟县地区开进外，主力分别在锦州、营口、沈阳地区休整，积极准备入关作战。

华北军区的3个兵团11个纵队和地方武装共46万余人，除第一兵团（辖第八、第十三、第十五纵队）正围攻太原，第十四纵队正包围安阳、新乡外，第二兵团（辖第三、第四、第八纵队）则集结于河北省阜平地区待机，而第三兵团（辖第二、第三、第四、第六纵队）正包围归绥，第七纵队正进攻保定。这时，华北、东北两大解放区可以用雄厚的物资支援解放军作战。综上所述，华北战场人民解放军比国民党军更占优势。按中共中央部署，由林彪、罗荣桓、聂荣臻组成总前委，领导这一战役。

第一阶段，从1948年11月29日至12月21日，华北野战军两个兵团及东北野战军一部,将国民党7个师、2个骑兵旅分别包围于张家口、新保安两地,采取"围而不打"的方针。其余东北野战军则秘密入关进至平津之间,采取"隔而不围"的方针。

11月29日,东北军攻打张家口,揭开了平津战役的序幕,并采取"声西掩东"的作战方式,直到12月22日,东北野战军80万人全部入关,准备完毕。

第二阶段,从1948年12月22日至1949年1月15日,采取"先打两头,后取中间"的作战方针。

第一步,于1948年12月22日攻克新保安,24日解放张家口。

第二步,于1949年1月14日向坚固设防、拒不投降的天津敌军展开攻坚战,经29个小时的激战,攻克了有13余万守军的天津,生俘天津警备司令陈长捷,天津解放。

第三阶段,从1949年1月22日至31日,和平解放北平。北平守军25万人,处于90万人民解放军的包围之下,完全陷入了欲战不能、欲逃无路的绝境。傅作义虽已与我方开始谈判,但仍犹豫观望。

1月16日,平津前线司令部向傅作义提出了和平解放北平的最后通牒。在此期间,北平地下党亦进行有力的配合。由于中共和平政策的感召和兵临城下的形势所迫,傅作义最终接受了和平改编。1月31日,解放军接管北平,北平实现了和平解放。至此,平津战役胜利结束。

平津战役历时64天,共歼灭和改编国民党军52万余人。华北地区除太原、大同、归绥、新乡、安阳等孤立据点外,全部解放。这样一来,东北、华北解放区连成一片,成为了全国解放战争的战略后方。9月19日,绥远国民党军在董其武的率领下,通电起义,接受了改编。

据不完全统计,三大战役中,光淮海战役,参战的民工就有543万余人,并出动担架30万余副,大小车80多万辆,支援粮食近10亿斤。而三大战役一共历时142天,歼敌154万余人。至此,国民党赖以生存的军事力量丧失殆尽,国民党政府无法摆脱灭顶之灾,而新民主主义革命的胜利已在眼前。

开国大典

南京国民党政府被逐出大陆之后,中国人民解放战争已取得基本的胜利,这时候,成立中华人民共和国的时机完全成熟了。

1949年9月21日,中国人民政治协商会议第一届全体会议在北平中南海怀仁堂隆重开幕。出席会议的各方面代表共662人,代表着中国共产党、各民主党派、无党派民主人士、人民解放军、各人民团体、各地区、各民族以及海外华侨。

毛泽东主持了会议并致开幕词,庄严地宣告:占人类总数四分之一的中国人民从此站立起来了。

中国人民政治协商会议是工人阶级领导的以工农联盟为基础的人民民主统一战线的组织形式,是实现中国人民大团结的一种最重要的方式。会议通过了《中国人民政治协商会议组织法》,选举毛泽东为国家主席,并组成中国人民政治协商会议全国委员会,作为中国人民政治协商会议闭幕期间人民民主统一战线的全国领导机关。在全国人民代表大会召开以前,中国人民政治协商会议的全体会议将代行全国人民代表大会的职权。

会议通过了《中国人民政治协商会议共同纲领》,规定了中华人民共和国的性质为新民主主义即人民民主主义的国家,实行工人阶级领导、以工农联盟为基础、团结各民主阶级和国内各民族的人民民主专政。

规定国家政权属于人民。人民行使国家政权的机关为各级人民代表大会和各级人民政府,各级政权机关一律实行民主集中制;规定中华人民共和国经济建设的根本方针是公私兼顾、劳资两利、城乡互助、内外交流的政策,以达到发展生产、繁荣经济的目的。

规定中华人民共和国境内各民族一律平等,实行团结互助,反对帝国主义和各民族内部的人民公敌,使中华人民共和国成为各民族友爱合作的大家庭;各少数民族聚居的地区,应实行区域自治。

规定中华人民共和国的外交政策的原则,保障国际的持久和平和各国人民的友好合作,反对帝国主义的侵略政策和战争政策。

规定中华人民共和国的文化教育为新民主主义的,即民族的、科学的、大众的文化教育。

规定中华人民共和国建立统一的军队,即人民解放军和人民公安部队,受中央人民政府人民革命军事委员会统率,实行统一的指挥、统一的制度、统一的编制、统一的纪律;中华人民共和国实行民兵制度等。

《共同纲领》是极其重要的历史文献,是中国人民的大宪章,在我国正式宪法尚未颁布前,起着临时宪法的作用。

会议通过了《中华人民共和国中央人民政府组织法》,选举毛泽东为中华人民共和国中央人民政府主席,朱德、刘少奇、宋庆龄、李济深、张澜、高岗6人为副主席,选举周恩来、董必武、陈毅等56人为中央人民政府委员。

会议还通过了:中华人民共和国首都定于北平,并改名为北京;中华人民共和国采用公元纪年;以《义勇军进行曲》为代国歌;中华人民共和国国旗为五星红旗,象征全国人民大团结。

会议还决定:在天安门广场建立人民英雄纪念碑。在举行奠基典礼时,毛泽东率领代表铲土,还亲笔题写了"人民英雄永垂不朽"的碑文。

9月30日,大会闭幕并发表了《宣言》,庄严地宣告:中国的历史,从此开辟了一个新的时代。

中国人民政治协商会议闭幕之后,1949年10月1日下午2时,中央人民政府委员会举行了第一次会议。中央人民政府委员会推选林伯渠为秘书长,任命周恩来为中央人民政府政务院总理兼外交部部长,毛泽东为中央人民政府人民革命军事委员会主席,朱德为中国人民解放军总司令,沈钧儒为中央人民政府最高法院院长,罗荣桓为中央人民政府最高检察署检察长,并责成他们迅速组成政府各机关,处理各项政府工作。

会议宣布中华人民共和国中央人民政府正式成立,接受《中国人民政治协商会议共同纲领》为中央人民政府施政方针。

同时发表公告,向全世界各国政府宣布:中华人民共和国中央人民政府为中国人民的唯一合法政府,愿与遵守平等、互利及互相尊重领土主权等原则的任何国家政府建立外交关系。

同日下午3时,首都30万群众齐集天安门广场,举行了隆重的开国大典。中华人民共和国中央人民政府主席毛泽东在主席台上与群众见面,30万人的目光一齐投向了主席台。

中央人民政府秘书长林伯渠宣布典礼开始,中央人民政府主席、副主席、各位委员就位。乐队奏起了中华人民共和国代国歌——《义勇军进行曲》。正是这战斗的声音,曾经鼓舞中国人民为新中国的诞生而奋斗。接着,毛泽东主席宣布:"中华人民共和国中央人民政府今天成立了!"

这庄严的宣告,这雄伟的声音,使全场30万人一齐欢呼起来。这庄严的宣告,这雄伟的声音,经过无线电的广播,传到了长城内外,传到了大江南北,使全中国人民的心一齐雀跃起来。

接着,开始升国旗。毛主席亲自按动连通电动旗杆的电钮,新中国的国旗——五星红旗开始徐徐上升,30万人一齐脱帽肃立,一齐抬起头,瞻仰这鲜红的国旗。五星红旗升起来了,表明中国人民从此站起来了。

升旗的时候,礼炮也响了起来。54门大炮齐鸣28响。起初全场肃静,只听得见炮声,只听得见国旗和许多旗帜飘拂的声音,到后来,每一声炮响后,全场就响起一阵雷鸣般的掌声。

随后,又宣读了《中华人民共和国中央人民政府公告》,举行了阅兵式。中国人民解放军总司令朱德任检阅司令员,聂荣臻将军任阅兵总指挥。于是朱总司令和聂将军同乘汽车,先检阅了部队,然后朱总司令回到主席台,宣读了中国人民解放军总部的命令。

受检阅的部队由聂将军率领,在《中国人民解放军进行曲》的乐曲声中,由东往西,缓缓进场。

首先是海军两个排,雪白的帽子,跟海洋一个颜色的蓝制服。接着是步兵一个师,以连为单位,列成方阵,齐步行进。接着是炮兵一个师,野炮、山炮、榴弹炮、火箭炮,各式各样的炮,都排成一字形的横列前进。接着是一个战车师,各种装甲车和坦克车两辆或三辆一排,整整齐齐地前进,战士们挺着胸膛站在战车上,像钢铁巨人一样。接着是一个骑兵师,"红马连"一色红马,"白马连"一色白马,五马并行,马腿的动作也完全一致。以上这些部队,全部以相等的距离和相同的速度经过了主席台。

当战车部队经过的时候,人民空军的飞机也一队队排成人字形,飞过天空。毛主席首先向空中招手,群众看见了,都把头上的帽子、手里的报纸和别的东西抛上天去,欢呼声盖过了飞机的隆隆声。

两个半小时的检阅,广场上的人们不断地欢呼,不断地鼓掌。群众几乎把嗓子都喊哑了,把手掌都拍麻了,还觉得不能够表达自己心里的欢喜和感动。所有人都兴高采烈,掌声像波浪一样,一个高潮接着一个高潮。

晚上,毛主席和其他领导人与群众一起参加了庆祝开国大典的游行晚会。举着红灯和火炬的群众队伍像望不到尽头的火龙,通过设在天安门城楼的主席台,分东、西两路穿向全城。

数以百计的秧歌队和许多彩车穿插在游行队伍中,数十面一丈多长的红色大旗迎风招展,直径三尺多的红鼓和数百个腰鼓同时敲起快乐的鼓点。人们欢呼跳跃,放声歌唱,整个广场、整个北京城都沉浸在欢乐的海洋里。

陈嘉庚是海外华侨之一,此次是代表华侨回国参加政治协商会议和开国大典。他在天安门城楼上激动地说:"今天我第一次体会到了作为一名中国人的自豪!"

在同一天,周恩来总理将中华人民共和国中央人民政府的公告送达各国政府,拟与世界各国建立正常的外交关系。

10月2日,苏联政府首先承认中华人民共和国,并且同中国建立了外交关系。接着,朝鲜、保加利亚、罗马尼亚、匈牙利、捷克斯洛伐克、波兰、蒙古人民共和国、阿尔巴尼亚、缅甸、印度、越南、丹麦、瑞士、印度尼西亚等国都承认中华人民共和国并同中国建立了外交关系。

此外,中国还与许多国家恢复和发展了商贸关系,加强了与世界各国人民的友好往来。

多国党、政府和人民团体纷纷来电祝贺中华人民共和国的诞生。苏联各报都刊载了毛泽东当选为中华人民共和国中央人民政府主席的喜讯,塔斯社(全称"苏联国家通讯社")还转播了《中国人民政治协商会议宣言》全文。

美国共产党全国委员会主席福斯特在给中国共产党的贺电中说:中华人民共和国的诞生,是十月社会主义革命以来世界上最重大的事件之一。

中华人民共和国的成立,结束了中国几千年来的剥削制度,结束了国民党的统治,开创了中国历史的新纪元。它标志着中国新民主主义革命的伟大胜利和社会主义革命与建设的开始,中国人民从此成为了国家的主人。

从此,我国将从一个落后的、受奴役的旧中国,逐步变成安定、统一、繁荣和昌盛的伟大的社会主义强国。

大事年表

距今约 170 万年　迄今发现的最早的原始人类——元谋人。

距今约 70 万至 23 万年　北京人生活在北京周口店一带。

距今约 1.8 万年　山顶洞人生活在北京周口店一带。

距今约四五千年　传说中的炎帝、黄帝和尧、舜、禹生活在中原地区。

夏、商、西周

约公元前 2070 年　禹建立夏朝。

约公元前 1600 年　商汤灭夏,商朝建立。

公元前 1046 年　周武王灭商,建西周。

公元前 841 年　国人暴动。

公元前 770 年　周平王迁都洛邑,东周开始。

春秋、战国

公元前 651 年　齐桓公称霸。

公元前 636 年　重耳当上晋国国君。

公元前 597 年　楚军重创晋军,楚庄王称霸。

公元前 551 年　思想家、教育家孔子诞生。

公元前 473 年　越王勾践灭吴,成为春秋时期最后一个霸主。

公元前 403 年　晋国被分为韩、赵、魏三个诸侯国。

公元前 356 年　商鞅在秦变法。

公元前 279 年　田单智摆火牛阵,收复齐国失地。

约公元前 278 年　诗人屈原投汨罗江。

公元前 260 年　长平之战，秦白起大败赵括。

公元前 257 年　魏信陵君救赵，大败秦军。

公元前 256 年　秦灭周。

公元前 230 年—公元前 221 年　秦灭六国。

公元前 227 年　荆轲刺秦王失败。

秦朝

公元前 221 年　秦王嬴政称始皇帝。

公元前 213 年　开始焚书。

公元前 212 年　开始坑儒。

公元前 212 年　兴建"阿房宫"。

公元前 210 年　秦始皇死，胡亥继位。

公元前 209 年　陈胜、吴广起义。

公元前 207 年　巨鹿之战爆发。

公元前 206 年　刘邦攻入咸阳，秦亡。

公元前 206 年—公元前 202 年　楚汉相争。

汉朝

公元前 202 年　刘邦建立西汉。

公元前 196 年　杀韩信、彭越。

公元前 188 年　吕太后临朝。

公元前 154 年　吴楚七国之乱。

公元前 138 年、公元前 119 年　张骞两次出使西域。

公元前 119 年　卫青、霍去病大败匈奴。

公元前 100 年　苏武出使匈奴，被扣留长达 19 年。

公元前 91 年　司马迁著成《史记》。

公元前 87 年　汉昭帝继位。

9 年　西汉灭亡，王莽建立新朝。

25 年　刘秀建立东汉。

105年　蔡伦改进造纸术。

117年　张衡制成浑天仪。

132年　张衡制成地动仪。

184年　张角领导黄巾军起义。

三国

196年　曹操挟汉献帝以令诸侯。

200年　官渡之战。

208年　赤壁之战。

220年　曹丕称帝,建魏。

221年　刘备称帝,建立蜀汉。

249年　司马懿杀曹爽。

263年　钟会、邓艾攻蜀,蜀亡。

两晋、南北朝

265年　西晋建立。

280年　西晋灭吴。

291—306年　八王之乱。

316年　匈奴人刘曜攻占长安,西晋亡。

317年　司马睿建立东晋。

376年　前秦苻坚统一北方。

383年　淝水之战。

462年　祖冲之完成大明历。

隋唐

581年　隋朝建立。

589年　杨坚统一全国。

605年　隋炀帝命令开凿大运河。

617年　李渊在太原起兵反隋。

618年　李渊称帝,建立唐朝。

626年　玄武门之变,唐太宗李世民登基。

627—649年　贞观之治。

629年　唐僧玄奘离开长安前往印度取经。

641年　文成公主入藏。

690年　武则天称帝,改国号为周。

705年　唐中宗李显继位复唐。

712年　唐玄宗继位,次年任姚崇为相。

713—741年　开元盛世。

742—753年　鉴真六次东渡日本,最后成功。

755—763年　安史之乱。

756年　马嵬坡兵变,唐肃宗继位。

762年　诗人李白去世。

764年　唐大将李光弼去世。

770年　诗人杜甫去世。

819年　唐宋八大家之一柳宗元去世。

846年　诗人白居易去世。

874年　王仙芝起义。

881年　黄巢率义军进长安,建大齐政权。

五代十国

907年　朱温称帝,建后梁,唐亡,五代开始。

916年　耶律阿保机建立契丹政权。

宋朝

960年　赵匡胤称帝,建立北宋。

975年　大将曹彬攻破金陵,宋灭南唐。

993年　王小波、李顺起义。

1004年　寇准促宋真宗亲征。

1005 年　宋、辽缔结澶渊之盟。

1038 年　李元昊建立西夏。

1043 年　范仲淹实行新政。

11 世纪中期　毕昇发明活字印刷术。

1069 年　王安石开始变法。

1072 年　大文学家欧阳修去世。

1084 年　司马光完成《资治通鉴》。

1115 年　女真族完颜阿骨打建金。

1120 年　方腊起义。

1125 年　李纲抗金，保卫京城；金灭辽。

1127 年　金灭北宋，赵构称帝，南宋开始。

1130 年　钟相起义；韩世忠在黄天荡阻击金军。

1140 年　郾城大战，岳飞大破金军。

1141 年　宋、金达成"绍兴和议"。

1142 年　岳飞被秦桧诬陷，遇害。

1206 年　成吉思汗建立蒙古政权。

1210 年　南宋诗人陆游去世。

1234 年　蒙古灭金。

元朝、明朝、清朝

1271 年　忽必烈定国号为元。

1276 年　元灭南宋。

1283 年　文天祥就义。

1351 年　韩山童、刘福通发动红巾军起义。

1368 年　明朝建立，灭元。

1405—1433 年　郑和七次下西洋。

1406—1420 年　修建紫禁城。

1408 年　《永乐大典》编纂完成。

1449 年　土木之变，于谦保卫北京。

1457年　夺门之变,于谦被杀害。

1565年　戚继光、俞大猷基本肃清倭寇。

1572年　张居正开始辅政。

1582年　《西游记》作者吴承恩去世。

1587年　抗倭英雄戚继光病逝。

1593年　李时珍去世。

1616年　努尔哈赤建立后金。

1636年　后金改国号为清。

1644年　李自成入京建"大顺"政权,明亡。

1661年　顺治始建东陵。

1662年　郑成功收复台湾。

1673年　三藩叛乱开始。

1681年　康熙帝平定三藩之乱。

1684年　清朝设置台湾府。

1689年　中俄签订《尼布楚条约》。

1750—1764年　兴建清漪园(颐和园前身)。

1771年　土尔扈特部重返祖国。

1786年　天地会林爽文起义。

1796—1805年　白莲教大起义。

1813年　天理教起义。

1839年　林则徐禁烟。

1840—1842年　第一次鸦片战争。

1842年　签订中英《南京条约》。

1851年　洪秀全金田起义,太平天国建立。

1856—1860年　第二次鸦片战争。

1858年　签订中俄《天津条约》、中美《天津条约》、中英《天津条约》、中法《天津条约》。

1860年　签订中英《北京条约》、中法《北京条约》、中俄《北京条约》。

19世纪60到90年代　洋务运动。

1864 年　太平天国运动失败。

1878 年　左宗棠率兵收复新疆。

1881 年　中俄签订《伊犁条约》。

1883—1885 年　中法战争。

1888 年　北洋海军正式成立。

1894 年　中国近代第一个革命团体兴中会成立。

1894—1895 年　中日甲午战争。

1895 年　签订中日《马关条约》。

1898 年　戊戌变法。

1900 年　义和团运动高潮；八国联军侵略中国。

1901 年　签订《辛丑条约》。

1904 年　宋教仁、黄兴等人创建了华兴会。

1905 年　中国同盟会成立。

1907 年　秋瑾就义。

1909 年　宣统登基。

1911 年　黄花岗起义、武昌起义爆发。

中华民国

1912 年　宣统退位；"中华民国"成立。

1916 年　袁世凯的洪宪帝制破灭。

1917 年　孙中山领导护法运动。

1919 年　五四运动。

1921 年　中国共产党诞生。

1924 年　国共第一次合作开始。

1925 年　孙中山逝世。

1926 年　国民革命军开始北伐。

1927 年　"八一"南昌起义。

1928 年　毛泽东与朱德在井冈山会师。

1931 年　"九一八"事变。

1934 年　红军开始长征。

1936 年　西安事变。

1937 年　卢沟桥事变。

1941 年　皖南事变。

1945 年　抗日战争胜利结束。

1948—1949 年　辽沈、淮海、平津三大战役。

1949 年　中华人民共和国成立。